Ingeborg Ferstl

KOMM

Mit Zuversicht und Hoffnung zu einem vertrauenden Glauben finden

KLECKS VERLAG

Ratgeber

Ingeborg Ferstl

KOMM

Mit Zuversicht und Hoffnung zu einem vertrauenden Glauben finden

Teil 1

Ratgeber

Inhalt

Vorwort 7
Der Glaube als Hoffnungsträger 20
Glaube an Gott und sein Wort 37
Nur Mut, denn die Wahrheit macht dich frei 63
Nur ein schlechter Start 113
Schonungslose Offenheit Jesus macht frei 162
Der Weg mit Jesus ist das richtige Ziel 223
Nur ›Schönreden‹ hilft nicht weiter 260
Leben mit Erkenntnis 272
Gebet für dich: 319

Vorwort

Ein Leben zu führen, das von Verunsicherung, seelischen Verletzungen, Abhängigkeit oder auch von Sinnlosigkeit geprägt ist, macht keine Freude. Mehr noch, es macht unzufrieden, launisch, mürrisch, wütend, unbeständig und führt zu Überforderung, Depressionen oder gar Suizidgedanken. Es verursacht körperliche Beschwerden und macht krank. Unsere Gefühle können uns so sehr bestimmen, dass sie uns buchstäblich das Leben zur Hölle machen. So lebte ich selbst jahrzehntelang. Rastlos und ziellos. Ich fand den Sinn in meinem Leben nicht. Ich ließ es zu, dass andere Menschen meinen Wert bestimmten, mich manipulierten und mir Angst machten. Ich hatte keinen gesunden Selbstwert und wollte trotz innerer Zerrissenheit immer einen guten Eindruck machen. Ich hatte Menschenfurcht, die Meinung der anderen war für mich maßgebend. Die meisten Menschen machen ihr Sein von ihrem Tun abhängig. Wir sind aber nicht das, was wir tun, sondern wir sind das, was wir sind. Ich schreibe hier auch über Gewalt und Missbrauch in der Kindheit und deren Auswirkungen und was erlebte Gewalt mit einem Kind machen kann. Hier kannst du auch etwas über unseren Feind –

Satan – lesen und auch, dass Vergebung der Weg zur Heilung ist.

Unser Leben ist von Verunsicherung, Angst, Überforderung und dauernden Sorgen geprägt. Viele Menschen leben ihr Leben mit Verurteilung, Selbstverdammnis, Schuld- oder Schamgefühlen. Ein Leben, auch erfüllt von Ärger, Wut, Hass, Neid oder Überheblichkeit. Ein Leben in Gebundenheit, Freudlosigkeit oder Sinnlosigkeit. Ein Leben mit negativen Gedanken über sich selbst und über andere. Viele, wenn nicht sogar die meisten Menschen, leben ein unerfülltes Leben, und stehen sich selbst im Weg – dabei wäre ein Leben mit Gott ein erfülltes. Ein Leben hin zu Gottes Vergebung und erfüllt von Seiner bedingungslosen Liebe für uns.

Der Glaube hat mein Leben verändert. Das kann und will ich mit aufrichtigem Herzen bezeugen. Der Glaube hat mir vor allem das Wissen verliehen, wer ich bin und warum ich bin. Diese Erkenntnis und diesen Glauben hatte ich aber nicht mein ganzes Leben. Ich musste 53 Jahre lang selbst durch die Wüste wandern, damit ich jetzt anderen Menschen Hoffnung machen kann. Hoffnung auf ein besseres Leben schon hier auf der Erde und vor allem nach unserem Tod durch den Glauben an Jesus Christus. Durch diesen können wir unseren Frieden mit Gott machen, durch Seine Liebe Vergebung empfangen, von unseren Verletzungen geheilt werden, Freude erleben und glücklich sein. Es gibt nichts Schöneres und Besseres, als zu wissen, warum man lebt und wohin man geht. Ich danke unserem Herrn von ganzem

Herzen für Seine überfließende Gnade, Seine Liebe und die Erkenntnis, wer wir in Ihm sind.

Ich habe gebetet, immer wieder, dass Gott meine Arbeit als Autorin segnen möchte. Ich wollte mir sicher sein, dass dies Sein Wille ist. Ich denke, die Frage erübrigt sich, warum ich mir sicher sein wollte. Ich habe schon öfter einmal aus ›eigener Initiative‹ gehandelt und im Nachhinein gemerkt, es funktioniert nicht. Wenn Gott uns segnen soll, müssen wir **mit** und **nach** Seinem Willen handeln. Wir müssen Jesus **nachfolgen. Nicht vorauslaufen.** Sonst wird unser Glaubensleben nicht segensreich und wir werden keine Frucht bringen. Denn ohne Ihn können wir nichts tun. Zumindest nichts, was Gottes Reich betrifft, weil die Segnungen dann fehlen werden. Wenn man für Gott etwas tut, dann nicht aus einem eigenen, egoistischen Motiv, sondern weil man aus Dankbarkeit, aus Liebe zu Ihm und aus Gehorsam etwas tun möchte! Das ist der Unterschied. Und da Gott ja einen guten Plan für unser Leben hat, werden wir auch Freude haben mit dem, was wir tun, weil diese Gaben, diese Berufung auch von Ihm kommt. Eigentlich ganz einfach, stimmt's? Aber manchmal kann es etwas dauern, die wahre Berufung und die von Gott verliehenen Gaben zu entdecken. Es kann dauern und dauern und dauern. Aber irgendwann kommt der Durchbruch! Du musst nur Geduld haben, und die wird sich entwickeln, wenn du darauf wartest. Nicht passiv, sondern aktiv. Warten heißt vor allem auch Veränderung. Wenn wir dann etwas für Gottes Reich tun, dann kommt es immer anderen zugute. Das ist Gottes Plan für die Menschen. Man kann nichts aus sich selbst heraus tun; Gott bewirkt alles. Das glauben viele Menschen aber nicht. Sie sind der Meinung, dass sie alles alleine geschafft und verändert haben. Das ist aber ein Trugschluss. Der Feind Gottes täuscht den Menschen das nur vor, indem er ihre Gedanken kontrolliert und ihnen sagt, dass sie keinen Gott bräuchten. So war es schon zu Beginn der Schöpfung bereits, dass Satan genau dies den Menschen vermittelte. Er möchte nicht, dass Menschen gerettet werden. Und bis heute werden die Menschen belogen und getäuscht. Die große Masse wird durch das Tor des Verderbens gehen, und die meisten Menschen gehen den falschen Weg. So beschreibt es uns die Bibel, in Mt. 7, 13–14.

Das Gegenteil von Lüge, Hass und Täuschung ist Gott. Er möchte uns mit der Wahrheit frei machen. Er hat uns geschaffen und Er liebt uns bedingungslos. Wenn man die Liebe von Gott annehmen kann, dann möchte man diese Liebe auch weitergeben. Das ist ein großer Segen, wenn man sich mit der Liebe Gottes überschütten und diese unverdiente Liebe für sich in Anspruch nehmen kann. Große Gnade will Gott den Menschen schenken, damit sie erfahren, wie gut Er ist. Gott schenkt uns so viel. Und Er zeigt uns unsere Berufung. Wenn man seine Berufung kennt, dann werden wir auch Freude haben daran. Diese Freude kommt von Gott und Er schenkt uns Seine überfließende Gnade dazu, damit wir alles annehmen können. Gott kann uns so reichlich beschenken. Er beschenkt uns mit Seiner Kraft, Seiner Güte und Seiner Barmherzigkeit, mit Seiner Vergebung und Seiner unerschütterlichen Liebe, sodass diese gottgeschenkten Gaben und Eigenschaften dann immer mehr unseren Charakter und unsere Persönlichkeit verändern und formen. Wenn uns diese Eigenschaften füllen, bis es in uns überfließt, dann möchten wir diesen Überfluss auch weitergeben an andere Menschen. Das mag vielleicht für viele, mitunter auch für Christen, etwas verwirrend sein, muss es aber tatsächlich nicht. Diese Erfahrung, dieser Überfluss, entsteht aus einer persönlichen Beziehung zu Jesus Christus. Und das alles aus reiner Gnade.

Dieses Wissen um die Gnade Gottes ist die wichtigste Erkenntnis, damit wir ein Leben in Freiheit führen können. Ein erfülltes Glaubensleben erwächst aus dieser Erkenntnis, vor allem, wenn dieses Wissen mit dem Bewusstsein der Liebe Gottes seine Erfüllung findet. Aus der Gnade heraus dürfen wir auch zu unseren Schwächen und zu unseren Fehlern stehen und bekennen, dass wir schwache Menschen sind. Aber auch Menschen, die selbst noch Schwächen haben, werden von Gott befähigt und beauftragt, etwas zu tun. Zeugnis zu geben, ist deshalb auch ein Auftrag, den ich aus Dankbarkeit und Gehorsam erfüllen will.

Gott sagte zu Mose: Es liegt in meiner freien Entscheidung, wem ich meine Gnade erweise; es ist allein meine Sache, wem ich mein Erbarmen schenke. Es kommt also nicht auf den Willen und die Anstrengung des Menschen an, sondern einzig auf Gott und sein Erbarmen. (Röm. 9, 15–16)

meinem Leben machen soll. So sollten wir beten. Ich möchte den Willen Gottes erfüllen. Weil ich so sehr dankbar bin, und weil ich Gott liebe. Schon allein das Wissen, zu Seiner Familie zu gehören und errettet zu sein, weckt eine große Dankbarkeit in mir.

Es erfordert natürlich Mut, wenn jemand seine Lebensgeschichte öffentlich macht. Ich tue dies in erster Linie, weil ich glaube, dass Gott mir ins Herz gelegt hat, zu schreiben und zu reden. Er möchte, dass alle Menschen von Seiner Güte, Barmherzigkeit und Seiner Gnade erfahren. Gott möchte, dass wir Zeugnis geben – davon, was Er heute noch im Leben der Menschen bewirken kann, und dass Er auch heute noch Menschen verändert.

Er möge mich leiten, bei allem, was ich hier schreibe. Wenn Gott es möchte, dann werden weitere Bücher folgen, da ich so viel schreiben könnte, dass mein restliches Leben hier auf dieser Erde wahrscheinlich nicht reichen würde. Allein Sein Wort, die Bibel, bietet aktuelle Themen genug, und vor allem auch Hilfestellungen für unsere Beziehung zu Gott, für unser Leben, für die zwischenmenschlichen Beziehungen, unsere seelische und körperliche Gesundheit und nicht zuletzt für unsere Finanzen.

Du liest nun den ersten Teil des Buches mit dem Titel: *Komm.* In einem zweiten Teil werden viele weitere persönliche und aktuelle Themen unserer Zeit zu lesen sein. Aber der Schwerpunkt ist und wird immer Jesus bleiben. Ich möchte etwas dazu beitragen, dass Menschen Jesus kennenlernen.

Der ein oder andere wird sich fragen: Warum tut man das? Weil die eigene Erfahrung, die Erkenntnis und vor allem Gottes Liebe einen Menschen dazu bewegt, diese Liebe auch weiterzugeben. Man kann gar nicht anders, so schreibt auch der Apostel Paulus. Man kann gar nicht anders, als Jesus nachzufolgen, aus Dankbarkeit, aus Liebe und aus der tiefen Erkenntnis all dessen, was Er für uns getan hat. Unser Auftrag als Christen, als Jünger von Jesus ist, dass alle Menschen die Gute Nachricht hören und erfahren sollen.

Ich hoffe, dass mein Zeugnis bei dir auch den Wunsch erweckt, diesen barmherzigen und guten Gott kennenzulernen. Ich bete, dass der Geist Gottes dich bewegt und dir in dein Herz spricht. Wenn du schon Christ bist, dann umso besser. Dann hast du bestimmt auch schon Erfahrungen durch und mit Gottes Liebe gemacht, und vielleicht lebst du ja auch schon in der Nachfolge von Jesus Christus. Aber viel wichtiger wäre mir, wenn dich das, was hier aufgeschrieben steht, zu einem lebendigen Glauben an Jesus Christus bringt, oder du zumindest neugierig geworden bist. Wenn du bereits wiedergeborener Christ bist, dann hoffe ich sehr, dass deine Beziehung zu Jesus vertieft werden konnte. Das ist das alles Entscheidende. Das ist meine Vision – den Menschen Hoffnung zu geben und sie zu lehren, vertrauensvoll an Jesus zu glauben. Dann hätte dieses Buch sein Ziel erreicht. Gott gebe seinen Segen dazu.

Lasst uns Gott vertrauen, in allem, was wir tun, für unser Leben. Wenn das nur immer so einfach wäre! Nicht immer gelingt es uns, in Gott zu vertrauen. Das geht dir sicher auch so. Unsere selbstsüchtige Natur hat da auch noch ein ›Wörtchen‹ mitzureden, gerade beim Thema Vertrauen und Eigeninitiative. Nun, es bleibt uns aber letztendlich nichts anderes übrig, als zu vertrauen. Denn alles andere passiert aus eigenen, oftmals selbstsüchtigen Taten und Werken.

Wenn Gott will, kann er uns alles ermöglichen, was in Seinem Sinn und letztlich auch gut für uns ist. Alles! Bei Gott ist nichts unmöglich! Nun, dann kann es doch auch sein, dass dieses Buch weltweit verkauft wird, Menschen auf der ganzen Welt es lesen können und dadurch zum Glauben finden. **Zu einem wahren Glauben**.

Das Evangelium, die Gute Nachricht von Jesus, **ist** der wahre Glauben. Nur durch Ihn werden die Menschen gerettet, heute noch geheilt und ihr Leben wird positiv verändert, sodass viele in der Nachfolge Jesu leben. Das ist auch Ziel und Sinn dieses Buches. Die Wahrheit und die dadurch verbundene Hoffnung weiterzugeben, als ein Nachfolger von Jesus Christus. Jesus lebt und Sein Geist wirkt in Menschen, die an ihn glauben. Jesus kann alles verändern. Jesus ist unser Retter, unser Helfer und unser Heiland. Als Jesus zwei Blinde heilen wollte, fragte Er sie vorher, ob sie es Ihm zutrauen würden, dass Er ihnen helfen könnte.

Ja, Herr, antworteten sie. Da berührte Jesus ihre Augen und sagte: Was Ihr in eurem Vertrauen von mir erwartet, soll geschehen. Da konnten sie sehen. (Mt. 9, 28–30)

Da konnten Sie sehen! Im übertragenen Sinn ist dies nicht nur auf das Körperliche bezogen. Was heißt es denn, wenn wir ›sehend‹ werden? Es heißt, zuerst zum wahren Glauben an Jesus Christus zu finden und den Glauben zu ›aktivieren‹. Das wiederum bedeutet, dass du und ich von selbst gar nichts tun können, aber Gott kann es tun. Er kann unseren Glauben dann auch in Taten umsetzen. Der Glaube ohne Taten ist tot, so sagt es die Bibel. Ein gläubiger Mensch, der verstanden hat, was Gott von ihm will, wird dann für seine Mitmenschen etwas tun, in welcher Form auch immer. **Gott hilft uns also, unseren Glauben zu aktivieren.**

Gott zeigt uns auch unsere Berufung. Wenn wir beten, wenn wir um einen tiefen und starken Glauben und um eine immer tiefer werdende Erkenntnis bitten, wenn wir uns mit seinem Wort beschäftigen, es studieren und darüber nachdenken, zeigt uns Gott unsere Berufung, unseren eigentlichen Sinn in unserem Leben. Vor allem aber wird unsere Beziehung zu Gott vertieft, wenn wir regelmäßig stille Zeit mit Ihm verbringen. Der Sinn und das Ziel in unserem Leben sind eigentlich andere Menschen. Gott hat uns als Menschen geschaffen, die füreinander da sein sollen. Wir können viel hier auf Erden tun, um ein erfülltes Leben zu haben und gleichzeitig Seinen Plan auszuführen – jede und jeder nach seinen persönlichen Gaben und Talenten. Das ist wunderbar, aber auch nicht immer einfach. **Trotzdem ist es das Allerwichtigste, Gott zu vertrauen**. Ein vertrauensvoller Glaube wird von Hoffnung erfüllt. Und diese Hoffnung erfüllt uns auch mit Freude. Diese Hoffnung bringt auch

Frieden mit Gott, weil wir wissen, dass eine Ewigkeit auf uns wartet und wir Kinder Gottes, unverdient geliebt sind.

Glaube einfach und setze deinen Glauben ein. Es gibt nichts im Leben, was schöner und vor allem besser für dein Leben sein kann, als der Glaube an Jesus Christus. **Ihn** zu erkennen, ist das Wichtigste, was dir im Leben geschehen kann.

Ich hoffe, dass dir dieses Buch Freude macht und du Gott findest oder in deinem persönlichen Glaubensleben weiter wachsen kannst. Ich bin Jesus so dankbar, dass Er meine Wege so gelenkt hat, dass ich ein neues Leben mit Ihm beginnen durfte. Er möchte auch dein Leben verändern.

Ich bitte Gott, dass Er jede Leserin und jeden Leser segnet, jeden, der auch auf der Suche nach Gott, nach Seiner Liebe, Seinem Frieden, Seiner Freude und Seiner Vergebung ist. Die wahre Erfüllung finden wir nur bei Jesus! Vor allem auch, weil Er eine große Hoffnung auf ein ewiges Leben ist. Menschen werden ein sinnerfülltes Leben finden, wenn sie den Weg zu Jesus Christus anstreben. Auch du wirst ein erfülltes Leben haben, wenn Jesus in dein Leben kommt. Der Glaube soll auch dich erfüllen. Gott kann so unendlich viel mehr tun, als wir uns jemals vorstellen oder erbitten können. Er tut es auch heute noch!

Gebet: Himmlischer Vater, ich bitte um deinen Segen, dass andere Menschen durch dieses Buch auch gesegnet werden und sie dadurch zum Glauben an dich finden, oder dich dadurch noch besser kennenlernen. In Jesu Namen bete ich. Amen.

DER GLAUBE ALS HOFFNUNGSTRÄGER

Denn für mich steht fest: Allein aufgrund des Glaubens nimmt Gott Menschen an und lässt sie vor seinem Urteil als gerecht bestehen. Er fragt dabei nicht nach Leistungen, wie das Gesetz sie fordert. (Röm. 3, 28)

Der Glaube, also die Frage, ob es einen Gott oder einen Schöpfer gibt, oder an was oder an wen man glauben soll, beschäftigt seit jeher die Menschen. Es gibt viele verschiedene Religionen, denen man angehören kann oder nicht. Ich glaube an Gott, an unseren Schöpfer, weil ich diese Welt und das ganze Universum, mit der wunderbaren und auch geheimnisvollen Vielfalt dann erst richtig bewusst wahrnehmen kann. So auch die Natur in all ihrer Schönheit, mit ihren Farben und ihrem Nutzen für die Schöpfung. Oder die wunderbare und auch oft amüsante Tierwelt, mit ihrem manchmal rätselhaften Wissen und Verhalten, und nicht zuletzt der Mensch selbst, der als Gottes Ebenbild geschaffen wurde. Ich glaube nicht, dass unser Gewissen, unser gefühlvolles Herz, unser eigentliches Wissen, was Recht und Unrecht ist, unser Mitgefühl oder unsere Emotionen aus einem Einzeller im Wasser entstanden sein sollen. Ich glaube auch deshalb an Gott, weil Er heute noch wirkt und weil ich Ihn persönlich erfahren habe. Aber vor allem, weil der Glaube an Jesus Christus Leben verändert. Gott verändert einfach alles; unseren Sinn, unsere Gedanken, unsere oft negativen Einstellungen oder Haltungen und wandelt es in etwas Positives. Wir werden verändert in Gottes Sinn. Und das kann nur gut werden und sein, weil Gott gut ist! Der Glaube an Jesus, eine persönliche Beziehung zu Ihm, verändert unser ganzes Leben. Er heilt Verletzungen, und wir dürfen Hoffnung auf eine bessere Zukunft haben. Nicht nur im Hier und Jetzt, sondern auch in der Ewigkeit. Wir sind durch Jesus errettet. Lass dich doch auf eine Beziehung mit Ihm ein. Dein Leben wird sich verändern, wenn du an Jesus glaubst. Ich habe die beste Entscheidung in meinem Leben getroffen, indem ich mich für den Glauben an Jesus entschieden habe. Ich weiß einfach, dass Er lebt und durch Seinen Geist wirkt. Dieses Wissen war aber nicht sofort vorhanden, es war ein Prozess. Gott gibt uns nicht nur Kraft und Freude, Er wirkt auch heilend auf unsere Seele. Nur Gott kann uns Hoffnung auf ein gutes Leben und auf eine wunderbare Zukunft in der Ewigkeit schenken. Nur Er kann dir dauerhafte Freude schenken und eine tiefe Gewissheit, dass du geliebt wirst. Gott gibt dir einen Sinn für dein Leben hier auf der Erde und Hoffnung auf ein zukünftiges, ewiges Leben.

Nur Er kann dein Leben retten. Die Bibel, Gottes Wort, bestätigt es vielfach. Deshalb möchte ich auch dich dazu bewegen, dieses Buch zu lesen. Du kannst dadurch auch zu einem wahrhaftigen Glauben an Jesus finden. Vielleicht bist du ja auch bereits Christ und hast dein Leben unserem Herrn Jesus bereits anvertraut. Dann wirst du im Glauben vielleicht weiter bestärkt und ermutigt. Gott kann und wird für jeden Menschen etwas tun. Er liebt dich und mich bedingungslos. Er wartet nur darauf, dass du dich Ihm zuwendest, an Ihn glaubst, weil du auch den tiefen Wunsch danach verspürst, mit Ihm leben zu wollen. Weil es tatsächlich das Beste für uns und unser Leben ist.

Es wird auch dein Leben positiv verändern, wenn du zum wahren Glauben an Jesus findest. So wie mein Leben verändert wurde, durch Jesus Christus, unseren Herrn. Ihm gebühren alle Ehre und aller Dank.

Durch Christus haben wir Anteil bekommen am künftigen Heil. Dazu hat Gott uns von Anfang an bestimmt nach seinem Plan und Willen – er, der alle Dinge bewirkt. (Eph. 1, 11)

Hier heißt es: Anteil an unserem künftigen Heil durch Jesus Christus. Wir müssen uns deshalb fragen: Glauben wir an Ihn? Glauben wir an eine Bestimmung für unser Leben? An einen guten Plan, den Gott für uns vorgesehen hat? An unser künftiges Heil, dass Gott uns schon hier und jetzt ein erfüllendes Leben schenken möchte und nicht erst in der Ewigkeit? Glauben wir das wirklich, ganz tief in uns drin? Oder glauben wir, dass es nur für andere gilt, ihrer Bestimmung zu folgen? In der oben genannten Bibelstelle steht nicht, dass nur einige Anteil haben am Heil und am guten Plan für ihr Leben. Es gilt für alle! Auch für dich! Für alle, die an unseren Herrn Jesus Christus glauben. Dazu ist aber ein vertrauensvoller Glaube notwendig. Zudem müssen wir erkennen, dass selbst dieser ein Geschenk von Gott ist. Jeder kann glauben, wenn er will und sich dafür entscheidet. Gott hat uns den freien Willen gegeben, uns für oder gegen Ihn zu entscheiden. Er wünscht sich so sehr, dass die Menschen an Ihn glauben.

Der Glaube kann wahrlich alles verändern. Nicht nur deine Umstände, deine Beziehungen oder dich selbst. Der Glaube an Jesus Christus ist nicht nur eine lebensverändernde, sondern vor allem auch eine lebensrettende Botschaft. Nur Gott vermag zu retten, was verloren ist. Woher ich das weiß? Nun die Bibel ist voll von solchen Verheißungen. Außerdem habe ich die Barmherzigkeit und überfließende Gnade Gottes selbst erlebt, und tue es immer noch. Was Gott einst zugesagt hat, gilt auch heute noch! Die Liebe und Güte Gottes weiterzugeben, ist nun mein Lebensinhalt. Ich möchte Zeugnis geben und dich dazu ermutigen, selbst diesen liebenden Schöpfer kennenzulernen und an Gott und Jesus Christus zu glauben.

Nur Jesus kann dich frei machen, dir Heilung schenken und dich retten.

Der Glaube wird wachsen und kann sehr tief werden. Durch eine persönliche Beziehung zu Jesus, kann der Glaube zu einem bedingungslosen, vertrauenden Glauben werden.

Glauben heißt Vertrauen, und im Vertrauen bezeugt sich die Wirklichkeit dessen, worauf wir hoffen. Das, was wir jetzt noch nicht sehen: im Vertrauen beweist es sich selbst. In diesem Vertrauen haben unsere Vorfah-

ren gelebt und dafür bei Gott Anerkennung gefunden. Durch solches Vertrauen gelangen wir zu der Einsicht, dass die ganze Welt durch das Wort Gottes geschaffen wurde und alle sichtbaren Dinge aus Unsichtbaren entstanden sind. (Hebr. 11, 1–3)

Wir haben einen universellen Schöpfer, der uns die Möglichkeit zu glauben bereits gegeben hat. Jesus kam als menschgewordener Gott auf diese Welt.

Er kam in seine eigene Schöpfung, doch seine Geschöpfe, die Menschen, wiesen ihn ab. (Joh. 1, 11)

Gott selbst kam auf diese Welt, in seine eigene Schöpfung, um uns alle zu erlösen – von der Schuld und der Sünde. Auch heute noch haben die meisten Menschen kein aufrichtiges Interesse am Glauben, an einer persönlichen Beziehung zu Gott.

Der evangelische Pfarrer Werner Tiki Küstenmacher hat einmal gesagt, dass wir das eigene Leben als Geschichte der Erfahrungen mit Gott begreifen müssen. **Begreifen können wir aber erst etwas, wenn wir uns darauf einlassen**. Die meisten Menschen wollen sich auf den Glauben aber nicht einlassen, wollen selbstbestimmt leben und scheitern dann letztendlich daran. Ein Leben ohne Glauben ist ein Leben auf einer ständigen Suche nach dem Sinn in unserem Sein. Es ist ein trauriges und unbefriedigendes Leben, denn alle Dinge der Welt können das Loch nicht füllen, das der Mensch selbst zu stopfen versucht. Wenn wir uns auf die Suche machen, dann sollten wir uns auf die Suche nach dem wahren Glauben machen, nach Frieden mit Gott, nach Freude und Hoffnung im Leben. Eine freudige Hoffnung, die nur durch Jesus Christus eintreten kann. Vor allem schenkt kein anderer Glaube diese Vergebung. Wenn der Glaube keine Erfüllung und keine Veränderung bewirkt, keinen Frieden schenkt und keine Hoffnung auf ein besseres Leben bringt, dann bleiben Menschen gefangen in sich selbst oder in ihrer Gesetzlichkeit. Der wahre Glaube an Jesus bewirkt, dass ein Mensch sich der Gnade Gottes bewusst wird und vor allem durch Gottes Liebe auch Veränderung seines Charakters erfährt.

Der wahre Glaube an Jesus Christus entzündet auch ein Feuer im Herzen. Seine Liebe ausgegossen in unsere Herzen bewirkt, dass wir Jesus auch beginnen zu lieben.

Jesus hat uns seinen Geist bereits als ›Anzahlung‹ für das ewige Leben geschenkt. Der Heilige Geist entzündet ein Feuer der Leidenschaft in uns. Viele Christen folgen deshalb eifrig Jesus nach und wollen in Seinem Sinn etwas für andere tun. Alle, die an Ihn glauben, umkehren und bekennen, dass Jesus von nun an der Herr in ihrem Leben ist, können dieses Glaubensfeuer erhalten. Jesus ist der Glaubensträger. Er hilft uns, aus unserem Leben ein erfülltes und sinnvolles Leben zu machen. Er schenkt uns einen leidenschaftlichen Glauben, einen erfüllten und von Freude und Hoffnung geprägten Glauben. Auch wenn es Leid und Probleme gibt, durch Jesus erfahren wir auch Veränderung und können dann mit den täglichen Schwierigkeiten und Belastungen, mit seelischen, körperlichen, zwischenmenschlichen oder wirtschaftlichen Nöten und Problemen besser umgehen. Wir möchten dann unser Leben trotzdem sinnvoll einsetzen, auch wenn wir selbst in Bedrängnissen leben. Das ist ein Prozess der Veränderung. Vertrauen muss wachsen. Auch ein **vertrauender Glaube** muss wachsen. Das gilt besonders in einer Beziehung. Und Gott bietet uns eine solche an. Nur durch den Glauben an Gott und Jesus Christus können wir erfüllt leben und werden unser Leben nicht einfach sinnlos leben.

Der französische Politiker und Philosoph Michel Eyquem de Montaigne (1533–1592) hat gesagt: »Sein Geld verschleudert niemand an andere, jeder aber seine Zeit und sein Leben.«

Die Zeit ›verschleudern‹! Ja, ich glaube tatsächlich, dass dies ein absolut brennendes Thema unserer heutigen Zeit ist. Vor allem, wenn wir die Zeichen der Gegenwart mit den Voraussagen der Bibel vergleichen. Wir leben »in den letzten Tagen«, das weiß eigentlich jeder Christ, der die Bibel etwas kennt.

Sein Leben ›verschleudern‹ ist dann ja wohl die Krönung des Ganzen, wenn man es mal so leger ausdrücken darf. Ich möchte mein Leben aber nicht weiter verschleudern, das habe ich viel zu lange getan. Ich möchte die Zeit, die mir bleibt, noch sinnvoll für das Reich Gottes und für meine Mitmenschen einsetzen. Auf diesem Weg werde ich mein Leben nicht ›verschleudern‹, sondern es gewinnen. Ich habe mein Leben dann sinnvoll eingesetzt – in Gottes Sinn. Wenn wir uns bewusst für das Reich Gottes einsetzen, dann haben wir unseren Sinn hier auf Erden erfüllt und Schätze für den Himmel gesammelt.

Ich möchte vor allem Zeugnis geben, als Nachfolger von Jesus. Jüngerschaft, also Nachfolge, ist unser eigentlicher Auftrag, für alle, die an Ihn glauben. Und nicht zuletzt werden wir auch selbst voller Freude sein, weil wir etwas für Gottes Reich tun können und vor allem dürfen. Ist das nicht das Beste, was uns in unserem Leben passieren kann? Es ist ein absolutes Vorrecht, für Gott etwas tun zu dürfen, dafür sollten wir so dankbar sein. Und ich bin dankbar, dass der Herr mich gerufen hat, dass ich in der Nachfolge von Jesus leben darf und kann. Alles, was ich tue und schreibe, möchte ich Gott zu Ehren tun, damit Er verherrlicht wird und die Menschen sehen, was Er durch einen Menschen tun kann, der selbst ein tief verletzter und verunsicherter Mensch war. Durch ausgesuchte Bibelverse, die ich hier aufgeführt habe, spricht Gott selbst zu uns, zu jedem Leser ganz persönlich. Ich rühme nicht das, was **ich** tue, sondern das, was der Herr **an** mir tut und getan hat. Dafür stehe ich in Dankbarkeit und Demut vor Ihm.

Gebet: Himmlischer Vater, ich danke dir, dass du mir hilfst, die richtigen Bibelverse zu finden, um bestimmte Leser zu erreichen, damit du ganz persönlich zu ihnen sprechen kannst. Im Namen von Jesus bete ich. Amen.

Unser Gott ist so gut!

Wir Menschen, Seine Geschöpfe, wollen unserem großen und allmächtigen Gott manchmal sagen, was und wie Er etwas tun soll. Und vor allem, dass es doch eigentlich sofort geschehen möge. »Gott, ich will doch glauben«, sagen wir vielleicht manchmal. Nun, auch ich habe vieles auf meinem Weg mit Gott nicht verstanden und auch eigenmächtig Versuche unternommen, bestimmte Dinge für Ihn und für die Menschen zu tun. Es waren gute Dinge, aber es geschah nicht nach Gottes Zeitplan und es war auch nicht das, was Er für mich vorgesehen hatte. Es liegt in unserer menschlichen Natur, immer wieder einmal selbstständig zu agieren, indem wir Dinge einfach selbst in die Hand nehmen. Das wird aber nicht funktionieren! Wir werden in unserem Glaubensleben öfter einmal an etwas scheitern oder auch Gott vielleicht verkehrt verstehen. Das ist aber für Gott kein Problem, wenn es auch für uns keines ist. Aufstehen und weitergehen, lautet deshalb Gottes Devise! Kennst du die Geschichte von dem kranken Mann am Teich Betesda? Er lag 38 Jahre lang nur herum und bemitleidete sich selbst (Lk. 5, 1–9). Jesus sah das, und was waren seine Worte? »Steh auf, nimm deine Matte und geh!« Ich habe mir oft darüber Gedanken gemacht, warum Jesus anscheinend kein Mitleid mit dem Mann aufbringen konnte. Aber Er wusste genau, dass Mitleid dem Kranken nicht wirklich helfen würde. Und so wie in dieser Geschichte müssen auch **wir** manchmal im Glauben einfach aufstehen und weitermachen. Jesus sagt auch zu Dir und mir: »Steh auf!«

Mittlerweile habe ich kapituliert, mich gebeugt und vor Gott gedemütigt. Ich habe es verstanden und die weiße Fahne hochgehalten. Alles andere macht sowieso keinen Sinn. Es ist sinnlos, sich gegen Gott aufzulehnen und sein ›eigenes Ding‹ durchziehen zu wollen. Aus eigener Kraft und Mühe kommt man schnell an seine Grenzen, und Gott kann uns auch nicht segnen. Außerdem sind eigenmächtige Werke letztendlich auch Auflehnung und Rebellion gegen Gott. Gott möchte, dass wir demütig Ihm gegenüber sind und auch gehorsam. Aber unser Ego, unser Fleisch, will eben immer wieder einmal selbst entscheiden.

Wenn du das Buch von Hiob in der Bibel liest, dann wirst du erfahren, dass auch er nach langem Aufbäumen und Kampf gegen Gott aufgegeben hat. Also können auch wir gleich die weiße Fahne hochhalten und sagen: »Gott, es passiert sowieso alles, wie du es möchtest. Deshalb soll dein Wille geschehen.« Wir beten das ja einfach so dahin im ›Vater unser‹. Aber wir tun uns eben auch manchmal schwer, Gottes Willen zuzulassen. Wir müssen uns deshalb **entscheiden** für die Demut vor Gott und Ihm jeden Tag danken für Seine Gnade, die Er uns täglich, immer wieder zur Verfügung stellt. **Jeden Tag eine demütige und dankbare Haltung einzunehmen, ist der Schlüssel für eine gute Beziehung zu Gott.** Gott möchte aber keine falsche Demut. Das wird von manchen Religionen verkehrt ausgelegt. Es heißt, demütigt euch unter die mächtige Hand Gottes. Es heißt nicht, demütigt euch unter die Menschen, oder unter die Macht oder Ohnmacht der Menschen, unter falsche religiöse Rituale, alteingesessene Traditionen, von Menschen gemachte zusätzliche religiöse Gesetze oder falsch ausgelegte Bibelverse, die dann auch noch aus dem Zusammenhang gerissen werden.

Demütigt euch unter Gottes Wort, das Wort, das auch Jesus heißt.

Johannes schreibt im Buch der Offenbarung über Jesus, unseren Retter, und sein machtvolles Erscheinen: ***Sein Mantel war blutgetränkt und sein Name ist das Wort Gottes.*** (Offb. 19, 13)

Jesus also. Das lebendige und bleibende Wort Gottes. Ich kann dir versichern, dass man anders mit Problemen und Nöten umgehen kann und wird, wenn man Jesus sein Leben überlässt. Er ist es, der alles bewirkt. Alles!

Der Glaube und die Entscheidung, Jesus in sein Leben zu lassen, ist wahrlich die beste Entscheidung im Leben eines Menschen. Es verändert sich so viel, aber nicht zu unserem Nachteil. Selbst wenn diese Veränderung, dieser Bruch auch sehr schmerzlich sein kann, kommt am Ende etwas Gutes dabei heraus! Meine Gedanken wurden nach und nach verändert, die Gedankenkontrolle wurde mir immer mehr bewusst, da der Geist Gottes immer mehr Raum in einem wiedergeborenen Menschen einnimmt. Man denkt dann immer mehr wie Gott selbst. Die Veränderung im Sinn Christi ist aber ein langer Prozess. Er dauert unser ganzes Leben. Wie Gott denkt, lässt Er uns ja auch wissen. In Seinem Wort, der Bibel. Durch das Studium der Bibel und den Heiligen Geist veränderte sich auch mein Blickwinkel auf mein Sein, auf mein Leben und auf die Menschen. Meine manchmal verdrehte und auch falsche Sichtweise, bezogen auf die unterschiedlichsten Situationen in meinem Leben, wurden mir immer mehr bewusst. Man betrachtet Menschen und auch Dinge, die passieren, dann anders, weil Gottes Liebe und die Erkenntnis, die Veränderung, die man durch Gottes Geist erhält, immer mehr unser Leben bestimmen. Diese Veränderung erfolgt aber von innen nach außen, nicht umgekehrt. Der Geist Gottes wirkt **in uns** – und ja, Er kann uns auch in bestimmte Situationen führen, in denen wir dann durch andere Menschen beeinflusst werden, damit wir uns immer mehr bewusst werden, wo unsere Schwachpunkte liegen. Ein Beispiel dazu aus meinen eigenen Verhaltensweisen: Ich habe ein Problem mit stolzen und selbstgerechten Menschen. Aus mir heraus, würde ich am liebsten öfter solchen Menschen meine Meinung sagen und sie auf ihre schlechte Haltung hinweisen. Vor allem weil ich auch Wut spüre, wenn jemand so mit mir umgeht. Das hat natürlich etwas mit meinen eigenen Erfahrungen zu tun. Der Heilige Geist spricht dann auch zu uns, dass wir bestimmte Dinge auch einfach aushalten und stehen lassen müssen. Ich würde ja immer zu gern bei solchen Menschen gleich in einen ›Verteidigungsmechanismus‹ gehen, worauf ich in einem späteren Kapitel noch genauer eingehe. Mittlerweile durfte ich fleißig üben. Die Welt, die Gesellschaft, bietet ein ›großes Übungsfeld‹, da es ja auch viele selbstgerechte und überhebliche Menschen gibt. ☺ Da werden wir nun jeden Tag geprüft, wie sehr wir die Menschen lieben können. Gott ist sehr einfallsreich. Er hat viele Möglichkeiten, uns dahin zu bringen, was für uns auch gut und letztendlich in seinem Sinn ist! Unser Sinn, unser Verhalten, unser Charakter wird durch Gottes Wort verändert und erneuert und wir wachsen weiter im Glauben. Mit der geistlichen Wiedergeburt durch Jesus Christus beginnt diese Veränderung. Du beginnst, Dinge und auch Menschen anders wahrzunehmen und auch nicht mehr einfach negativ zu bewerten, weil dir bewusst wird, dass du hier auf dieser Erde nur auf einer Reise bist – und du selbst ein Mensch voller Schwächen und Fehler und von Gott abhängig bist. Du siehst die Menschen anders, weil dir bewusst wird, **warum** die Welt und die meisten Menschen solche Probleme oder Nöte haben. Du hast ein physisches Auge und bekommst ein geistliches dazu. Gottes Geist ist es. Dir wird immer mehr bewusst, wer du in Christus bist. Das ist das größte Geschenk, das Gott dir machen kann – **zu erkennen, wer du in Christus bist!** Wachsende Erkenntnis ist immer ein Segen von Gott.

Deshalb ist der Glaube das Wichtigste im Leben eines Menschen. Ich hoffe, du findest zum Glauben, und dein Vertrauen auf Gott wird dadurch noch stärker, wenn du dieses Buch gelesen hast. Ich möchte dir Mut machen mit meinen persönlichen Erfahrungen mit Gott. **Jesus möchte auch eine persönliche Beziehung zu dir.**

Gott wird uns bis an unser Lebensende hier auf der Erde immer mehr Erkenntnis und Offenbarungen schenken. Wir lernen jeden Tag und wachsen weiter im Glauben, bis wir irgendwann ›reifere‹ Christen sind. Aber vollkommen werden wir nie sein. Das können viele Christen auch heute noch nicht unterscheiden. Da habe ich, da haben wir alle, noch einen weiten Weg vor uns, zu erkennen, dass wir keine vollkommenen Menschen – und von Gott abhängig – sind. Mit Gottes Hilfe und

Seiner Gnade dürfen wir unser Leben bis zum Ziel trotzdem genießen – selbst mit Fehler, mit Schwächen und schwierigen Umständen. **Das ist die reine Gnade Gottes, wenn wir unser Leben, trotz schwieriger Lebensumstände genießen können.** Ich möchte mit dir meine Dankbarkeit Gott gegenüber teilen, vor allem für das, was Jesus für uns am Kreuz getan hat.

Meine Hoffnung ist vor allem, dass auch du zum Glauben findest, oder mit diesem Buch noch ein größeres Fundament im Glauben bekommst. Dass auch du zu einem wahren und vertrauensvollen Glauben an Gott und Jesus Christus findest. Gott segne dich hierfür, und Er möge dir seinen Geist senden, damit dich auch bestimmte Stellen in diesem Buch ansprechen, weil Gott dir vielleicht etwas sagen möchte. Er möge auch deinen Glauben auf ein Fundament stellen, das dir niemand mehr nehmen kann. **Auf ein Fundament, das Jesus Christus heißt.** Er allein schenkt uns Beständigkeit und Freude. Er lässt uns immer mehr geistlich wachsen und zieht uns in eine immer tiefere erfüllende Beziehung zu sich.

Ich habe gepflanzt, Apollos hat begossen, Gott aber hat das Wachstum gegeben. So ist weder der da pflanzt etwas, noch der da begießt, sondern Gott, der das Wachstum gibt. (1. Kor. 3, 6–7)

Gott schenkt jedem seiner Kinder geistliches Wachstum. Darum sollen wir auch darum bitten, dass der Heilige Geist uns täglich hilft, geistlich reife Christen zu werden. Der hingebungsvolle und aufrichtige Glaube an Gott, möchte aber auch etwas in unserem Leben bewirken. Die Bibel lehrt uns vor allem auch Zeugnis zu geben. Jesus sagte:

Ich sage Euch: Wer sich vor den Menschen zu mir bekennt, zu dem wird sich auch der Menschensohn am Gerichtstag bekennen, vor den Engeln Gottes. (Lk. 12, 8)

Wer den Sohn Gottes anerkennt, trägt dieses Zeugnis in seinem Herzen. (1. Joh. 5, 10)

Ja, Zeugnis für Jesus geben, das möchte ich mit aller Hingabe. Mit Leidenschaft und vollster Überzeugung, weil ich Jesus so sehr liebe! Der Bibelvers oben aus Lukas 12, 8 lässt uns eigentlich auch fast keine andere Wahl, stimmt's? Hat sich Jesus nicht klar ausgedrückt damit? Doch, das hat er. Und soll ich dir was sagen? Ich möchte nicht, dass mich Gott einmal fragt: »Warum hast du nicht die Worte befolgt, die ich dir ins Herz gelegt habe? Warum hast du kein Zeugnis für meinen Sohn gegeben?« Nein, ich möchte lieber hören: »Gut gemacht, du treuer Knecht!«

Nun, es ist bei jedem anders. Gott erwartet auch nicht von allen Seinen Kindern, dass sie ein Buch schreiben. Er erwartet von uns nur, gehorsam zu sein und auf Ihn zu hören. Dazu gibt Er uns Sein Wort und Seine Gaben. Dadurch können wir dann auch unsere Berufung erkennen. Hast du deine auch schon erkannt? Gott hat auch einen guten Plan für dein Leben!

Es gibt so viele Gaben, die von Gott kommen, gute und wunderbare Gaben. Gaben, die das Leben hier auf Erden mit Sinn erfüllen. Und all diese Gaben von Gott sind gut und nützlich. Außerdem stattet Er **uns alle** mit den unterschiedlichsten Gaben aus, nicht zuletzt, damit wir uns gegenseitig helfen, ergänzen oder ermutigen können. Aber auch, damit wir uns gegenseitig ermahnen oder auch zurechtweisen können.

Doch an jedem und jeder in der Gemeinde zeigt der Heilige Geist seine Wirkung in der Weise und mit dem Ziel, dass alle etwas davon haben. Die einen befähigt der Geist Gottes dazu, Gottes weisheitsvolle Pläne zu enthüllen; andere lässt er erkennen, was in einer schwierigen Lage getan werden soll. Derselbe Geist gibt dem einen besondere Glaubenskraft und den anderen die Kraft zu heilen. Der Geist ermächtigt die einen, Wunder zu tun, andere macht er fähig, Weisungen Gottes zu verkünden. Wieder andere können unterscheiden, was aus dem Geist Gottes kommt und was nicht. Die einen befähigt der Geist, in unbekannten Sprachen zu reden; anderen gibt er die Fähigkeit, das Gesagte zu deuten. (2. Kor. 12, 7–10)

Hast du deine Gabe erkannt, wenn du diese Verheißung liest? Bitte Gott, dass Er dir deine Gaben zeigt. Es gibt aber noch viel mehr gute und erbauende Gaben für die Gemeinde Gottes. Die Gabe des Helfens, die Gabe der Musik, die Gabe der Barmherzigkeit, die Gabe der Fürbitte bzw. des Gebets und noch viele andere mehr. Wir erhalten diese Gaben, damit wir sie nutzen sollen. Vor allem auch für andere Menschen. Ich möchte deshalb meine Gaben nutzen. Dann werden wir auch nach dem biblischem ›Saat-und-Ernte-Prinzip‹ handeln. Du erntest, was du säst. Ich möchte gute Saat aussäen. Mit meinen Gaben, mit den Früchten des Heiligen Geistes und vor allem mit Gottes Wort.

Ich möchte dich auch ermutigen. Vielleicht durchlebst du momentan eine Beziehungskrise oder hast finanzielle Probleme. Vielleicht lebst du auch in belastenden oder schwierigen Umständen. Ich möchte dir Hoffnung machen, durch den Glauben an Gott. **Der Glaube ist ein Hoffnungsträger!** Gott möchte, dass wir hoffen können. Das gibt dem Leben wirklich Sinn. Gott kann **für dich** das Gleiche tun wie für mich!

Ich möchte dich ermutigen, dir Gedanken zum Glauben zu machen. Gedanken über den Inhalt dieses Kapitels. Falls du schon dein Leben Jesus gegeben hast, möchte ich dich daran erinnern, dass Gott dich immer lieben wird. Und wenn du dein Leben unserem Herrn Jesus noch nicht geschenkt hast, möchte Er dich vielleicht durch diese Worte hier zu sich hinziehen, weil Er auch dich liebt.

Ich möchte dich darin bestärken, nicht aufzugeben und daran zu glauben, dass **auch du** ein erfülltes Leben haben kannst.

Der Herr dein Gott ist in deinen Mauern, er ist mächtig und hilft dir. Er hat Freude an dir, er droht dir nicht mehr, denn er liebt dich; er jubelt laut, wenn er dich sieht! (Zef. 3, 17)

Gott jubelt! Er hat Freude an uns. Ist das nicht wunderbar? Kannst du das annehmen? Wir machen auch Ihm Freude, wenn wir an Ihn glauben, Ihn ehren und Ihm dienen.

Danke Herr, du bist so unbegreiflich gut!

Glaube an Gott und sein Wort

Was der Glaube im Leben eines Menschen tun kann: Erfahrungen und Veränderungen durch Jesus.

So schuf Gott die Menschen nach seinem Bild, als Gottes Ebenbild schuf er sie und schuf sie als Mann und als Frau. (1. Mos. 1, 27)

Hast du dir den Vers einmal richtig durchgelesen? Wirklich? Ganz ehrlich? Wir sind als Gottes Ebenbild geschaffen. Nach seinem Bild! Wow, schon allein der Gedanke haut mich fast um. Stell dir das doch einmal vor! Gott schuf **uns Menschen nach seinem Bild**. Ist nicht schon **allein der Gedanke daran** unbegreiflich und erfüllt uns gleichzeitig mit Ehrfurcht? Was muss dieser Schöpfer Freude und Liebe für seine Schöpfung, für uns empfinden? Unbegreiflich ist dieser liebende Gott! Ich kann nur sagen, dass ich Jesus jeden Tag bitten muss, damit er mir hilft, das alles immer wieder ehrfurchtsvoll, staunend und dankend anzunehmen. Vor allem, dass ich würdig bin, als sein Ebenbild zu leben, als sein Nachfolger, sein Jünger. Auch wenn es mir nicht jeden Tag gelingen wird, da wir alle Sünder sind, unvollkommene Menschen, solange wir noch in unserem sündigen Körper leben. Unser Fleisch, wie die Bibel es beschreibt, unser Ego, unsere Selbstgerechtigkeit oder auch unser Stolz fordern uns täglich heraus. Aber ich weiß, ich habe es erfahren und erfahre es immer wieder, dass dieser liebende Vater, so unbegreiflich gütig und vergebungsvoll ist, dass er mir die ›täglichen Alltagssünden‹ vergibt. Er sieht dir und mir ins Herz! Er liebt uns deshalb nicht weniger, weil wir wieder einmal versagt haben. **Gott kommt es letztendlich nur auf unser Herz an.** Er sieht unser Herz. Die Bibel beschreibt sogar, dass Er bei jedem einzelnen Menschen bis in den tiefsten Winkel des Herzens schaut. Obwohl wir nicht immer ein reines Herz haben, erhalten wir die Gnade Gottes immer und immer wieder. Wir erhalten Vergebung, wenn wir unsere Sünden bekennen und Gott bitten, uns zu vergeben. Seine Gnade ist jeden Tag neu! Jeder erhält so viel Gnade wie er braucht. Du musst sie nur annehmen. Oder soll ich lieber schreiben, du darfst sie annehmen? Sie ist ein tägliches Geschenk von Gott. So viel Gnade ist unbeschreiblich!

Gott ist vor allem wichtig, **warum** und mit welcher Haltung wir etwas tun, nicht **was** wir tun. Er prüft die Menschenherzen. Wir dagegen können nicht in das Herz eines Menschen schauen, wir können den anderen nur an den Früchten erkennen, so beschreibt es die Bibel. Wir können zwar hören, was und wie Menschen etwas sagen, wahrnehmen, was sie tun oder wie sie sich verhalten, aber in die eigentlichen Gedanken und in das Herz eines Menschen können wir nicht hineinsehen. Aber Gott kann es.

Die Früchte des Geistes, die wir von Gott erhalten haben, sind somit göttlich und durch Gottes Geist gegeben. Alles, was von Gott kommt, bringt deshalb gute Frucht. Wenn wir die Früchte des Geistes empfangen und mit der Zeit auch leben können, werden sie auch weiter gute Frucht bringen. Die Früchte des Geistes werden gute zwischenmenschliche Beziehungen, gute Ehen und Freundschaften, gute Mütter und Väter und gute Arbeitsverhältnisse hervorbringen. Sie werden gute Lehrer- und Schüler- sowie gute Eltern- und Kind-Beziehungen hervorbringen. Stell dir so einen wunderbaren Menschen vor, so wie ihn Gott sich vorstellt. Er schenkt uns all das – und wir dürfen dies alles annehmen. Wunderbare Charaktereigenschaften und Tugenden.

Die Früchte des Geistes, die wir durch Ihn erhalten, sind Liebe, Freude und Frieden, Geduld, Freundlichkeit, Güte und Treue, Bescheidenheit und Selbstbeherrschung. (Gal. 5, 22)

Ich muss gestehen, dass ich unter anderem und vor allem immer noch, mit Geduld und Selbstbeherrschung zu kämpfen habe. Für diese Schwächen brauche ich jeden Tag immer wieder aufs Neue die Hilfe von unserem guten und barmherzigen Gott. Er möchte, dass wir Menschen Folgendes erkennen: Wir sind von seiner Gnade und Güte abhängig. Wir brauchen Gott. Wir brauchen täglich das Wirken des Heiligen Geistes. Der Geist Gottes wird etwas in uns bewirken, er wird mit uns reden und uns das Gute zeigen, das wir tun sollen. Gott wird uns verändern, wenn wir es auch zulassen. Nicht wir sind es also, die aus eigener Gerechtigkeit ›so gut wären‹. Die Veränderung zum Guten eines Menschen, dessen Herz und Geist sich auch verändern, wird letztendlich immer von Gott gelenkt.

Wir alle haben ein Ego, das ist auch nicht generell schlecht. **Jedoch müssen wir dieses egoistische Verhalten immer wieder neu ausrichten** – es ausrichten auf **Gottes Willen** und uns täglich bemühen, aus reinen Motiven, aus Liebe zu Gott und zu den Menschen zu handeln. Ohne Gott wird es aber keine Veränderung geben. Ohne sein Wort und den Heiligen Geist werden wir nicht verändert. Gott kann uns dazu verhelfen, dass wir unseren Stolz und unsere Selbstgerechtigkeit bekämpfen und uns vor Ihm demütigen. Aber wir haben auch einen freien Willen und müssen uns deshalb für den Glauben, für Jesus entscheiden, damit wir mit Ihm zusammen zur wahren Demut finden können. Manchmal braucht es erst ›gehörige Lektionen‹, bis wir begreifen, dass Gott nur das Beste für uns will. **Demut vor Gott ist deshalb ein Schlüssel zur wahren Veränderung unserer selbstsüchtigen Natur.**

Die menschliche Selbstsucht kämpft gegen den Geist Gottes und der Geist Gottes gegen die menschliche Selbstsucht: Die beiden liegen im Streit miteinander, sodass ihr von euch aus das Gute nicht tun könnt, das ihr eigentlich wollt. (Gal. 5, 17)

Paulus beschreibt diesen Kampf in unserem Inneren wie einen Streit. Er erklärt, dass wir von uns aus das Gute, das wir tun wollen, nicht tun können. Doch gibt es auch eine gute Nachricht: Jesus hilft uns, durch seinen

Geist. Selbst wenn wir versagt haben, können wir um Vergebung bitten, die Vergebung annehmen und danach wieder mutig nach vorne schauen. Wieder ein kleiner weiterer Schritt auf dem Weg zur Heiligung. Lies den nachfolgenden Vers:

Wenn ihr euch aber vom Geist Gottes führen lasst, dann steht ihr nicht mehr unter dem Gesetz, dass euch diesem Widerspruch ausliefert. (Gal. 5, 1)

Durch Jesus Christus und durch die Erlösung, die Er uns gebracht hat, Seine Auferstehung und die Sendung Seines Geistes, dürfen wir uns leiten lassen. Weil wir aus der Gnade leben dürfen, nicht mehr aus Werken! Wir wollen Gottes Gesetze befolgen und bemühen uns auch. Die Erkenntnis, dass Jesus Christus uns leitet, weil er in uns wohnt, wird uns befreien. **Freiheit bedeutet, dass wir nicht mehr dem Gesetz unterworfen sind, weil wir sonst ja nicht aus der Gnade leben können**. Das hat natürlich nichts damit zu tun, dass wir die Gebote Gottes oder das, was Jesus lehrte, einfach missachten dürfen. Aber letztendlich bleibt die Gnade übrig, weil wir alleine die Gesetze, die Vorgaben, die Weisungen Gottes nicht einhalten können. Kein Mensch! Gott weiß, dass wir das nicht können.

Wir dürfen aber jeden Tag wieder mutig vor Gottes Thron treten und um Vergebung bitten, auch wenn wir uns wieder nicht ganz so ›heilig‹ verhalten haben. Wir sind aus Gnade errettet, und Jesus kennt uns durch und durch. Er versteht uns. Errettung ist aus geistlicher und biblischer Sicht eine unmittelbare Tat Gottes und Jesus Christus', in dem Moment, in dem du Jesus um Vergebung deiner Sünden bittest und Ihn als Herrn in deinem Leben anerkennst. Heiligung, also unser Leben heilig vor Gott zu leben, ist ein Prozess und dauert unser ganzes Leben.

Die Bibel sagt ganz klar dazu, dass wir einen Hohepriester haben, der uns versteht, da Er selbst in Seiner Zeit hier auf Erden die Nöte der Menschen erlebt und selbst so viel Leid auf sich genommen hat. Jesus hatte die gleichen Emotionen wie du und ich. Er hatte auch Angst, Er war auch wütend, Er war traurig und Er war fröhlich. Vor allem aber war Er liebend! Er liebte die Menschen, war barmherzig und vergebend. Allerdings ohne jegliche Sünde! Er war und ist Gottes Sohn. In Menschengestalt kam Gott selbst zu uns.

Als Jesus vor dem jüdischen Rat stand, vor den Gesetzeslehrern und führenden Priestern, verhörten sie Ihn. Für sie war Jesus eine Gefahr, sie hatten Angst, dass sie durch Ihn ihr Ansehen verlieren und sie waren neidisch.

Sie forderten ihn auf: Wenn du Christus bist, der versprochene Retter, dann sag es uns! Jesus antwortete: Wenn ich es euch sage, werdet ihr mir nicht glauben und wenn ich euch etwas frage, werdet ihr keine Antwort geben. Aber von nun an wird der Menschensohn an der rechten Seite des allmächtigen Gottes sitzen. Da riefen sie alle: Dann bist du also der Sohn Gottes? Er antwortete: Ihr sagt es: Ich bin's. (Lk. 22, 67–71)

Jesus sagte, dass sie Ihm nicht glauben werden. Auch heute ist es noch so, dass die meisten Menschen keinen Glauben an Jesus haben und vor allem nicht wissen, dass **nur Er allein** unsere Rettung bewirkt hat.

Ich habe fast ein Jahr lang hin- und herüberlegt, ob ich schon ›für Gott arbeiten darf‹ und mit Vorträgen oder mit dem Schreiben beginnen sollte. Ich habe immer wieder mit Gott gesprochen, gebetet und das Wort studiert. Zuerst dachte ich, ich darf erst damit beginnen, wenn ich alles, auch meine ausgeprägten Emotionen und meine wirtschaftlichen Verhältnisse im Griff habe. Aber Gott fordert Menschen auch in ihrer jeweiligen Situation auf loszugehen.

Wenn du den Ruf Gottes verspürst, dann solltest du Ihm oder deiner Berufung folgen. Wenn du nie damit beginnst, wirst du nie herausfinden, ob es Gottes Ruf ist oder nur dein persönlicher Wunsch.

Mir ist klar geworden, dass ich auch für Gott etwas tun soll, selbst wenn ich noch nicht so bin, wie ich sein sollte. Denn ich habe verstanden: **Gott liebt uns, wie wir sind, nicht wie wir sein sollen!** Wir sollen für Gott und Sein Reich etwas tun, weil es anderen Menschen hilft und Sein Plan ausgeführt werden soll. Es ist interessant, welch unterschiedliche Persönlichkeiten Gott benutzt für Seine Pläne: Menschen wie du und ich, Menschen mit Schwächen, mit Fehlern, weniger gebildete und auch hochgebildete. Jeder wird sehen, was dieser unbeschreiblich gute Gott bei – und durch einen Menschen – tun kann.

Hört gut zu, meine lieben Brüdern und Schwestern. Hat Gott nicht gerade die erwählt, die in den Augen dieser Welt arm sind, um sie aufgrund ihres Glaubens reich zu machen? Sie sollen in Gottes neue Welt kom-

men, die er denen versprochen hat, die ihn lieben. (Jak. 2, 5)

Wenn uns diese Verheißung Gottes immer mehr bewusst wird, dann erkennen wir den wahren Reichtum im Leben. Die Liebe Gottes zu uns Menschen.

Natürlich will Gott, dass wir unser Leben, unsere Emotionen, unsere Finanzen, unsere schlechten Haltungen oder Abhängigkeiten in den Griff bekommen. Er verurteilt uns nicht, ganz im Gegenteil, Er hilft uns dabei, ein gottgefälliges Leben zu führen. Er weiß ja stets bereits vorher, was wir sagen, tun oder eben nicht tun werden. Jesus hat auch heute noch Verständnis für dich. Und Er hat auch bestimmte Dinge in unserem Leben zugelassen, damit wir daraus lernen – emotional und geistlich.

Wir dürfen und müssen Gott vertrauen. Dazu braucht es aber erst einmal den Glauben an Gott und Sein Wort. Der Glaube entsteht durch das Hören der Botschaft, vor allem aber, durch das Studium Seines Wortes. Wenn wir das Wort Gottes lesen und es immer mehr verinnerlichen, wird unser Geist durch Seinen Geist verändert und inspiriert. Unser Denken wird verändert. Die Wahrheit der Schrift wird uns immer mehr durchdringen und unseren Sinn nicht nur verändern, sondern auch erneuern. Du erhältst immer mehr Erkenntnis durch das Wort. **Gott will durch Sein Wort wirken.**

Gottes Offenbarungen bezüglich unseres Lebens und unserer Berufung werden uns mit der Zeit immer bewusster. Natürlich auch, **was** man bei den unterschiedlichsten Herausforderungen des Lebens tun soll und vor allem, **wie** man etwas tun soll. Vorrausetzung ist, du nimmst das Gnadengeschenk durch Jesus Christus an und gewährst dir täglich stille Zeit mit Gott. Wenn du an Jesus glaubst, aufrichtig deine Sünden bereust und umkehrst, Ihn als deinen Retter und Herrn anerkennst, dann bist du vor Gott gerecht gemacht, durch Jesus' Erlösungswerk. Du gehörst dann zur Familie Gottes und bist Sein Kind und dir ist das ewige Leben geschenkt. Voraussetzung ist der Glaube an Jesus Christus.

Und das ewige Leben besteht darin, dich zu erkennen, den einzig wahren Gott, und den, den du gesandt hast, Jesus Christus. (Joh. 17, 3)

Du merkst mit der Zeit, dass Gott dich immer mehr in Seine Wahrheit hineinführt. Gott wird dir deinen Weg weisen, wenn du dich ernsthaft mit Seinem Wort beschäftigst, Seine Gegenwart suchst und betest. Er zeigt dir Seinen guten Plan für dich. Gott macht dich lebendig, du wirst dich innerlich besser fühlen und gestärkt, und vor allem erhältst du immer mehr Erkenntnis. Dein Selbstwert wird gestärkt, deine negativen Verhaltensweisen werden verändert, dein Charakter wird geformt, bis du eines Tages klar erkennst, **wer du in Christus wirklich bist – die beste und alles entscheidende Erkenntnis in meinem und deinem Leben!** Das hat natürlich nichts mit Überheblichkeit zu tun, zu wissen, wer man vor Gott und mit Jesus ist. Gott zeigt dir deine wahre Identität als Kind Gottes. Gleichzeitig zeigt dir Gott auch – so hoffe ich doch –, dass **du nur aus reiner Gnade gerettet bist und einfach nur dankbar sein musst, für das, was Gott für dich getan hat.** Fang am besten gleich damit an, das Wort Gottes, die Bibel, zu lesen, und beginne mit dem Neuen Testament, den Evangelien von Matthäus, Markus, Lukas und Johannes.

Dieses Buch ist vielleicht eine ›Starthilfe‹ für dich. Vielleicht bist du jetzt auch schon ein wenig neugierig geworden, was dieser Gott noch so alles ›drauf hat‹. Ich lese auch von anderen Christen und Bibellehrern Bücher. Bücher von Joyce Meyer oder Bayless Conley haben mir sehr geholfen, in meinem Glauben weiter zu wachsen und stets bestärkt weiterzumachen. Wir können auch so viel voneinander lernen, weil jeder unterschiedliche Themen anspricht und unterschiedliche Erfahrungen mit Gott gemacht hat. Wir dürfen nur nicht stolz werden, mit der Einstellung: Ach, was hat der mir schon zu sagen? Ich gehe doch schon 30 Jahre mit dem Herrn. Oh Gott, kann ich da nur sagen, da habe ich schon eine Menge erlebt. Ein Christ, der so lange schon ›mit dem Herrn‹ geht, und wenn du ihn nach seinen Schwächen fragst, die ihm Gott aufgezeigt hat, weiß er keine. **Wir werden alle ein Leben lang dazulernen, sollten nie einen geistlichen Stillstand zulassen und stets offen sein für Gott und auch für die Menschen.** Gott möchte, dass wir uns gegenseitig ermutigen, aber auch ermahnen. Gott möchte uns segnen, damit dieser Segen dann wieder zu anderen Menschen fließen kann, um auch diese im Glauben zu festigen oder ihnen auch tatsächlich einmal eine ihrer Schwächen aufzuzeigen. Wenn wir in der Liebe und in der wahrhaftigen Fürsorge für den anderen leben, dann müssen wir auch nach der Schrift leben. So funktioniert auch das göttliche Prinzip von Saat und Ernte. Du erntest, was du säst. Säst du Barmherzigkeit, wirst du Barmherzigkeit ernten. Säst du Güte, wirst du Güte ernten. Säst du Hass, wirst du Hass ernten. Säst du Liebe, wird dein Garten selbst voll mit guten Früchten. ☺ Und diese Liebe, die wir von Gott erhalten haben, sollen wir auch wieder weitergeben an unsere Geschwister im Glauben und unsere Mitmenschen. Nicht immer einfach, gebe ich offen zu.

Gott hat nun mal aus reiner Liebe zu uns, aus Gnade und Erbarmen Seinen Sohn als Retter und Erlöser auf die Welt gesandt, schon bevor Er die Welt erschuf, stand der Plan fest. Gott wusste, dass wir schwache Geschöpfe sind. Was Gott für dich und mich getan hat, steht im folgenden Vers geschrieben:

Denn so hat Gott die Welt geliebt, dass er seinen eingeborenen Sohn gab, damit jeder, der an ihn glaubt, nicht verloren geht, sondern ewiges Leben hat (Joh. 3, 16)

Lass das einfach mal auf dich wirken!

Ich möchte dir sagen und dir gleichzeitig Mut machen, dass unser liebender Vater auch für dich das Gleiche getan hat wie für mich. Das Heilswerk durch Jesus Christus – Sein Leiden, Sein Tod und Seine Auferstehung – gilt für jeden. Für dich, für mich, für alle, die Ihn als Retter annehmen und Ihm ihr Leben anvertrauen.

Ich möchte dir hier auch meine persönliche Geschichte mit Gott erzählen. Ich hoffe, es wird dich ermutigen und dir weiterhelfen, auch zum Glauben zu finden. Zu einer persönlichen Beziehung zu Jesus Christus. **Vertraue Ihm dein Leben an, an Jesus entscheidet sich alles**. Eine bessere Entscheidung kannst du in deinem Leben gar nicht treffen. Eine Entscheidung, die alles verändern kann und auch wird. **Eine Entscheidung, die dich zum ewigen Leben führt.**

Jesus unterrichtete die Menschen im Tempel mit diesen Worten:

Ich bin der, an dem sich alles entscheidet. Wenn ihr das nicht glauben wollt, werdet ihr in eurem Unglauben zugrunde gehen. (Joh. 8, 24)

Jesus Christus und sonst niemand kann die Rettung bringen. Auf der ganzen Welt hat Gott keinen anderen Namen bekannt gemacht, durch den wir gerettet werden können. (Apg. 4, 12)

Ich schreibe hier einfach, frei, offen und mutig und lasse mich von Gottes Geist und Seinem Wort leiten. Gott benutzt unsere eigene Lebensgeschichte, anderen Menschen zu helfen, sei sie auch noch so schwierig und voller Fehler gewesen. Unsere schlimmen Erfahrungen und unsere eigenen Schwächen möchte Gott nutzen, anderen wieder Hoffnung zu schenken, damit sie erkennen, was Er durch Menschen tun kann. Gott benutzt auch ›einfache Menschen‹, also Menschen wie mich. ›Einfach‹ deshalb, weil manche Religionen lehren, dass man Theologie studieren muss, um Gottes Wort weiterzugeben. Ich finde in der Bibel auch keine einzige Stelle, wo Gott uns sagt, wir sollen nach ›weltlichen Maßstäben‹ Theologie studieren. Selbst über das Leben von Jesus ist nichts erwähnt, dass er bei einem jüdischen Rabbi in die Schule ging, wie Paulus. Wir müssen nur das, was Gott uns durch Sein Wort sagt auch tun und mutig vorwärts gehen. **Vertrauen und Mut sind im**

Glauben wichtige Prinzipien. Wenn nicht die Wichtigsten Prinzipien.

Christus hat für euch bezahlt und auch freigekauft, sodass ihr jetzt ihm gehört. Darum macht euch nicht zu Sklaven menschlicher Maßstäbe. (1. Kor. 7, 23)

Macht euch nicht zu Sklaven menschlicher Maßstäbe. Was genau meint Paulus damit? **Wenn wir Jesus als unseren Maßstab anerkennen, haben wir alles, was wir brauchen**. Wir brauchen nichts, als Seine Führung und Seine Gnade, sonst gar nichts. **Wir brauchen nur Jesus. Das muss uns bewusst werden.** Er hat uns befreit vom Sklavenjoch, von Angst und Verunsicherung, von der Abhängigkeit anderer Menschen, von Trauer, von seelischem Leid, von Neid und Missgunst, von Habgier und Stolz. **Mit Jesus haben wir alles**. **Er möchte, dass wir ihm vertrauen.** Er hat uns als Seine Freunde bezeichnet, Seine Kinder und Seine Familie. Er liebt uns. Er hat den Willen des Vaters erfüllt, für uns! Hätte Er sonst den furchtbaren Tod am Kreuz auf sich genommen für uns alle, damit wir Vergebung von unserer Schuld erhalten? Hätte Er das, wenn Er nicht voller Liebe zu uns wäre? Denk bitte einfach mal in Ruhe darüber nach. Wie dankbar müssen wir dafür sein? Man kann es fast nicht mit Worten ausdrücken, was Jesus für uns alle getan hat.

Vor Ihm wird sich einmal jedes Knie beugen müssen, so sagt es die Bibel. Er gibt uns alles, was wir brauchen, um unser Leben sinnvoll zu leben. Er gibt uns Freude und Hoffnung. **Ein hoffnungsvolles Leben ist auch ein gutes Leben.** Wir müssen nur nach Seinem Willen leben.

Deshalb dürfen wir uns nicht mehr zu Sklaven menschlicher Maßstäbe machen. Die Menschen fragten Jesus, was sie tun sollen, um Gottes Willen zu erfüllen. Jesus antwortete ihnen schlicht und einfach:

Gott verlangt nur eins von euch: Ihr sollt den anerkennen, den er gesandt hat. (Joh. 6, 28–29)

Darum sollen wir Jesus und sein Wort kennenlernen und Ihn anerkennen. Als unseren Retter, als unseren Erlöser, als unseren Herrn in unserem Leben. Wenn wir das wirklich begreifen, dass wir von Jesus alles erhalten, was wir für ein erfülltes Leben brauchen, dann ist es deshalb auch ein Widerspruch in sich, wenn man depressive, freudlose oder frustrierte Christen sieht. Anscheinend haben sie die Wahrheit nicht wirklich erkannt, oder auch noch nicht wirklich verinnerlicht. Vielleicht haben sie ja auch gerade einen ›Stillstand‹ auf ihrer Reise mit Gott. Dann ermutige ich dich, du darfst dich freuen, denn der Herr ist mit dir, weil er dich liebt und dich nie alleine lässt. Ich hätte auch allen Grund zur Resignation, aus rein menschlicher Sicht. Ich habe (noch) Verbindlichkeiten, bin alleinerziehend und kann in meinem Beruf als Krankenschwester aufgrund von degenerativen Halswirbelschäden nicht mehr arbeiten. Da sich die Veröffentlichung von diesem Buch auch länger hinzog, musste ich in den letzten Monaten auch durch eine schwere Erkrankung. Ich bin wahrlich froh, dass ich noch am Leben bin. Da aber nichts im Leben ›rein zufällig‹ passiert, musste wohl auch die Zeit dazwischen noch sein. Das mit dem Schreiben hatte ich schon länger ›geplant‹, jedoch ist es nicht sinnvoll, alleine etwas zu planen, wenn es nicht mit dem Willen und dem Zeitplan Gottes übereinstimmt. Gott belohnt unseren Einsatz in der Nachfolge Christi, vorausgesetzt wir sind gehorsam und erfüllen Seinen Willen und das ›Timing‹ stimmt mit Gottes Zeitplan überein. Gott möchte uns so gerne segnen, wenn wir auch Seinem Willen entsprechen. In meinem Fall habe ich natürlich auch Hoffnung, so wie viele andere Autoren auch, dass Gott dieses Buch segnen wird und ich damit auch meine Verbindlichkeiten oder zumindest einen Teil davon bezahlen kann. Außerdem würde ich gerne auch anderen Menschen etwas von dem Segen Gottes abgeben, so ist es auch Gottes Wille! Den Segen, den wir empfangen, empfangen wir nicht für uns allein, sondern eben auch immer für andere.

Wer den Armen hilft, leidet niemals Mangel; aber wer seine Augen vor der Not verschließt, dem mangelt es nicht an Verwünschungen. (Spr. 28, 27)

Materieller Segen ist aber nicht das Leitmotiv, warum ich das Buch geschrieben habe. Wir müssen uns prüfen. Besser gesagt, Gott soll unser Herz prüfen, damit wir Dinge nicht aus rein egoistischen Motiven tun! Meine größte Freude wäre es wahrlich, wenn Gott dieses Buch mächtig gebrauchen kann, damit viele andere Menschen dadurch auch wieder zum Glauben finden und gerettet werden. Das ist mein übergeordnetes Motiv. Den materiellen Segen dürfen wir natürlich dankbar annehmen und uns darüber auch freuen. Letztendlich liegt aber alles in Gottes Hand. Er ist es, der alle Dinge bewirkt. Gott legt uns aber auch manchmal große Träume ins Herz. Ja, wir dienen einem großen und mächtigen Gott!

Gott sagte: Ich, der Herr bewirke alles, was geschieht, was ich will, das wird Wirklichkeit. Mein Name ist ›der Herr‹. Wende dich an mich und ich werde dir antworten. Ich werde dir große Dinge zeigen, von denen du nichts weißt und auch nichts wissen kannst. (Jer. 33, 2–3)

Lies mal, was Markus in seinem Evangelium schreibt:

Früh am Morgen kamen sie wieder an dem Feigenbaum vorbei. Er war bis in die Wurzel abgestorben. Da erinnerte sich Petrus und sagte zu Jesus: Rabbi, sieh, der Feigenbaum, den du verflucht hast, ist verdorrt! Jesus antwortete: Habt Vertrauen zu Gott! Ich versichere euch: Wenn jemand zu diesem Berg sagt: Auf, stürze dich ins Meer, und hat keinerlei Zweifel, sondern vertraut fest darauf, dass es geschieht, dann geschieht es auch. Deshalb sage ich euch: Wenn ihr Gott um irgendetwas bittet, müsst ihr nur darauf vertrauen, dass er eure Bitte schon erfüllt hat, dann wird sie auch erfüllt. Aber wenn ihr betet, sollt ihr euren Mitmenschen vergeben, falls ihr etwas gegen sie habt, damit euer Vater im Himmel auch euch die Verfehlungen vergibt. (Mk.11, 20–25)

Jesus benutzt hier den Berg, der sich ins Meer stürzen soll, als Symbol für unsere Probleme oder Sorgen, aber auch für unsere Visionen oder Träume. Bitten verbindet Jesus auch, oder vor allem, mit Vertrauen. Ich bete und bitte den Herrn, dass auch mein Berg kleiner wird und dieses Buch in Seinem Sinn ist und erfolgreich verkauft wird.

Ich bin zuversichtlich und vertraue auf Gott und Sein Wort. Das sollten wir alle tun, die sich Christen nennen. Warum sollte Gott Menschen, die aus den richtigen Motiven und aus einem aufrichtigen Herzen etwas für Ihn tun, nicht segnen? Das verspricht Er uns doch in Seinem Wort. Dafür hat Er uns doch auch Seine Gaben gegeben. Er hat dich und mich gesegnet, und Sein Segen soll wieder zu anderen Menschen fließen.

Niemand bleibt unbelohnt, der irgendetwas aufgibt, um die gute Nachricht verkünden zu können, dass Gott jetzt seine Herrschaft aufrichtet. Wer dafür etwas zurücklässt, Haus, Frau, Geschwister, Eltern oder Kinder, wird schon in dieser Welt ein Vielfaches davon wiederbekommen und in der kommenden Welt, das ewige Leben. (Lk. 18, 29–30)

ABER: NUR UM **NOCH MEHR SEGEN** ZU EMPFANGEN DARF NICHT DAS EIGENTLICHE MOTIV SEIN. SONDERN: LIEBE, DANKBARKEIT UND LETZTEN ENDES GEHORSAM GOTT GEGENÜBER SOLLTE **DAS EIGENTLICHE MOTIV** FÜR UNSER HANDELN, FÜR UNSEREN DIENST MIT GOTT UND AN DEN MENSCHEN SEIN.

Er hat uns ja bereits gesegnet **mit Seiner Liebe** zu uns und Seiner Erlösung. Aber Er möchte uns **überreich** segnen, wenn wir aus Liebe und Dankbarkeit zu Ihm handeln. Gott möchte uns segnen, ob nun im geistlichen, körperlichen, emotionalen oder im materiellen Bereich. Er möchte, dass wir Ihm gehorchen, Ihm vertrauen und dankbar sind, damit Er uns segnen kann.

Jesus wurde von einem Mann gebeten, seinen Sohn zu heilen, der von einem bösen Geist besessen war:

Wie lange hat er das schon, fragte Jesus? Von klein auf, sagte der Vater, und oft hat der böse Geist ihn auch schon ins Feuer oder ins Wasser geworfen, um ihn umzubringen. Hab doch Erbarmen mit uns und hilf uns, wenn du kannst! Was heißt hier: Wenn du kannst, sagte Jesus. Wer Gott vertraut, dem ist alles möglich! (Mk. 9, 21–23)

Was heißt hier, »wenn du kannst«? Wer Gott vertraut, dem ist alles möglich, so die Worte Jesu. Wow, ich staune! Was für eine große Verheißung von Gott für uns Menschen. Vertraue auf Gott, trotz all deiner Probleme. Geh vertrauensvoll zu Ihm, mit all deinen Sorgen und Nöten. Glaube und vertraue. Vertraue und glaube! Du kannst Ihm alles sagen, ganz egal, um was es sich handelt. Den Zeitpunkt, **wann** Er dich segnet, bestimmt aber Gott allein, wir müssen einfach nur glauben, vertrauen und weiter gehen!

Bete ein einfaches und aufrichtiges Gebet: Gott hilf mir, ich kann das alleine nicht schaffen, ich brauche dich und deine Hilfe, ohne dich bin ich nichts. Bitte schenk mir deine Gnade und dein Erbarmen für das, was ich erbitte. Hilf mir zu vertrauen. Hilf mir zu glauben. Danke, dass du mich hörst, danke, dass du mich liebst, Vater. Ich glaube an die Zusagen aus deinem Wort. Ich liebe dich. In Jesu Namen. Amen.

Ich bin einfach nur dankbar, dass Gott mir die Erkenntnis geschenkt hat und wir uns wahrlich auf seine Zusagen verlassen können. Ich habe selbst erfahren, wie gut Gott ist. Ich möchte in jedem Fall anderen Menschen Mut machen. Ich möchte dir ganz persönlich Mut machen. Mut zur eigenen Identität, Mut, dich auf Gott einzulassen, Mut, dich selbst zu verwirklichen und deine Berufung auszuführen. Mut zum Glauben, und Mut, weitere Glaubensschritte zu tun. Ich möchte dir auch Mut machen, zu deinen Fehlern und Schwächen zu stehen, sie dir zumindest erst einmal **selbst** einzugestehen. Das bedeutet, dass du frei werden kannst.

Auch ich brauche Mut, dies alles hier niederzuschreiben. Aber soll ich dir etwas verraten? Alleine, ohne Gott, hätte ich das niemals erkannt und wäre auch nicht auf dem richtigen Weg. Niemals hätte ich so eine Veränderung erlebt, denn kein Mensch auf dieser Welt kann das tun, was Gott tun kann. **Man kann auch nichts für Ihn ohne Ihn tun**. Wenn du etwas tust, dann soll es auch mit Gottes Willen getan werden. Er wird dir die Befähigung dazu geben, genau das zu tun, was du tun musst. Versuche es ja nicht aus eigener Kraft, das wird nicht funktionieren. Lass dich von Gott und Seinem Wort leiten, höre darauf, was Er dir ins Herz legt. Manchmal kann das etwas dauern, bis man sicher ist, Ihn zu hören. Du wirst es erkennen, dann nämlich, wenn du einen inneren Antrieb, eine Leidenschaft und eine innere Freude verspürst und mit dem, was du tust, Frieden hast. Vielleicht wird es auch wie ein leidenschaftliches Feuer in dir brennen, dass du etwas für unseren großen Gott und gleichzeitig für andere Menschen tun darfst, und das mit Gottes Segen. Ich spüre schon diese Leidenschaft und dieses Feuer des Geistes in mir und ich bitte darum, dass es bis an mein Lebensende brennt! Ich danke Gott dafür, dass ich etwas für Ihn tun darf! **Wir dienen Gott und gleichzeitig den Menschen, und es gibt keine schönere Aufgabe, als ein Diener Gottes zu sein, trotz unserer Schwächen und Fehler!**

Ich möchte hier vor allem auch über die Veränderung meiner Einstellung zu mir selbst und zu anderen Menschen schreiben, die ich durch den Glauben erfahren habe, vor allem durch die Bibel. Seit dem 6. Februar 2011 bin ich wiedergeborene Christin. Glaube jetzt aber ja nicht, dass bei mir schon ›alles rund läuft‹. Nach Gottes Maßstäben und Vorgaben zu leben, wird den meisten Christen nicht leicht fallen. Vor allem, wenn du jahrzehntelang ein nicht so christliches Leben geführt hast. Die Veränderung ist nun einmal ein lebenslanger Prozess. Kein Mensch ist ohne Sünde – nicht einer! Wir sündigen auch täglich, bewusst oder noch unbewusst, begehen ›kleinere‹ oder ›größere‹ Sünden. Nur Jesus war ohne Sünde. Wir folgen Ihm nach, das heißt aber nicht, dass wir nicht mehr sündigen. Das heißt nur, dass wir uns bemühen sollen, **nicht** mehr zu sündigen. Wir sind zwar durch Jesus' Sterben am Kreuz für die Sünde tot, aber nicht mehr zu sündigen, wird wohl niemandem möglich sein.

Ich glaube auch, dass ich hier stellvertretend für viele Menschen geschrieben habe, die vielleicht (noch) verunsichert im Glauben sind, oder vielleicht auch schon resigniert haben. Ich möchte dir sagen, dass ich auch für dich schreibe, falls du glaubst, du musst dein Leben ›einfach so‹ hinnehmen, wie es ist, auch wenn dich deine

Sorgen und Probleme manchmal zu erdrücken scheinen. Vielleicht denkst du auch, es hat sowieso alles keinen Sinn. Aber so ist es nicht. **Richte deinen Sinn auf Gott aus und Er wird dir eine Perspektive eröffnen, die du nie für möglich gehalten hast**. Niemals hätte ich geglaubt, dass ich einmal über Gott und Jesus Christus ein Buch schreiben werde. Das habe ich nie für möglich gehalten, weil ich noch nicht wusste, was Gott tun kann und wie Er Veränderungen bewirkt. Ich kannte Ihn ja nicht.

Bevor ich Jesus kennengelernt habe, war ich Menschen gegenüber verunsichert, weil mir von Menschen viel angetan wurde, vor allem als Kind. Ich konnte sie nicht wertschätzen, geschweige denn lieben, bevor ich zum Glauben an Gott und Jesus kam. Aber durch Jesus kam die Veränderung. Ich erkannte, wer ich durch Ihn bin und erfuhr Seine Liebe und Seine Gnade. **Dieses Bewusstsein veränderte mein Leben**.

Jeder muss eines Tages vor Gott Rechenschaft ablegen, unabhängig von seinem Titel, seines akademischen Grades oder seiner theologischen Kenntnisse. Alle werden gleich und gerecht behandelt vor Gott. Er ist ein unbestechlicher und parteiloser Richter, und Er wird gerecht richten. Ich möchte einmal mit gutem Gewissen vor Ihm stehen, auch wenn uns Menschen für unsere Worte oder unser Handeln verurteilen. Wenn wir einem Menschen Unrecht getan oder jemanden verletzt haben, müssen wir diese Menschen um Vergebung bitten. Das müssen wir aber dann auch aufrichtig meinen. **Das Wichtigste ist aber letztendlich, dass wir vor Gott ein**

reines Gewissen haben können, wenn wir wissen, dass nichts zwischen uns und Gott steht.

Menschen können nun auch anmaßend sein, verurteilend, ungerecht und nachtragend. Menschen können vor allem auch bewusst und böswillig oder auch unüberlegt handeln. Menschen können uns sehr verletzen. Aber wir sollen ihnen nicht nur vergeben, sondern wir müssen. Das ist ein Gebot Gottes. Menschen können uns alles Mögliche nachsagen, sie können uns demütigen, unseren Ruf, oder unsere Ehre schädigen. Aber sie können uns nicht die Liebe und Güte Gottes wegnehmen und das Wissen, dass wir Seine Kinder sind. Dieses Wissen wird dich und mich stark machen.

Wenn du mit Vergebung zu kämpfen hast, möchte ich dir jetzt sagen, dass für Gott nichts unmöglich ist. Auch du kannst eines Tages vergeben! Bitte Ihn immer wieder darum.

Von Ihm bekommst du einfach alles, was du für ein gutes Leben brauchst. Vor allem auch um Vergebung, damit **auch Du** wieder vergeben kannst. Du bekommst von Gott Seine Liebe, Freude, Heilung, Hoffnung und Seine überfließende Gnade. Seine Gnade soll uns auch genügen, sagt Sein Wort. Jeder, der im vertrauenden Glauben an Jesus Christus lebt, kann diese Gnade in Anspruch nehmen – ausnahmslos jeder!

Ganz unverdient, aus reiner Gnade, lässt Gott sie vor seinem Urteil als gerecht bestehen – aufgrund der Erlösung, die durch Jesus Christus geschehen ist. (Röm. 3, 24)

Völlig unverdient erhalten wir Gottes Gnade, und das nur aus dem wahren Glauben an Ihn. Deshalb ist der **Glaube an Gott und Sein Wort** das Wichtigste in unserem Leben.

Ich wünsche dir von ganzem Herzen, dass du durch den Inhalt und das Lesen dieses Buches dem Glauben positiv gegenüber stehst. Wenn du schon Christ bist und dein Leben unserem Herrn Jesus bereits übergeben hast, dann kennst du vielleicht auch schon die eine oder andere Schriftstelle aus der Bibel. Vielleicht kennst du sie ja sogar besser als ich. Es zählt aber nicht reine Erkenntnis, sondern dass wir diese Erkenntnis **auch annehmen** und vor **allem umsetzen** können. Die Schrift und ihre Verheißungen sind für uns ganz persönlich bestimmt. Dazu brauchen wir Gott, der uns weitere Offenbarungen zuteilwerden lässt. Aber selbst, wenn wir manchmal glauben, weise zu sein, machen wir auch Fehler und treffen auch gelegentlich falsche Entscheidungen, ohne auf Gott zu hören.

Ich möchte dir Hoffnung machen, dass du deinen persönlichen Weg mit Gott gehen kannst. Wenn du noch nicht Christ bist, hoffe ich, dass ich dich mit meinem Glaubenszeugnis dazu ermutigen kann umzukehren, deine Sünden zu bekennen, sie zu bereuen und Jesus zu bitten, in dein Leben zu kommen. Es kann nichts Besseres in deinem Leben geben, als diese Entscheidung zu treffen. Sicher möchtest du auch errettet sein und das ewige Leben erhalten.

Stell dir vor, dass Gott **dich** liebt. Ja, genau **dich**! Zu wissen, dass man unverdient geliebt wird und nur aus reiner Gnade errettet ist, das ist etwas, das dein Leben umkrempeln wird. Dein Leben wird nicht mehr das sein, was es einmal war. Mit Jesus zu leben, ist allerdings auch nicht nur eine Bereicherung, sondern auch eine tägliche Herausforderung. Aber jegliche Herausforderungen, Prüfungen oder Veränderungen, die auch sehr schmerzhaft sein können, soll mit Gottes Liebe und seiner Gnade passieren. Liebe ist immer Gottes oberste Handlung. Denn Gott ist Liebe! Auch wenn wir manchmal sagen: Das soll Gottes Liebe sein? Wir verstehen nicht immer alles, vor allem nicht immer in der jeweiligen Situation. **Trotzdem haben Verurteilung, Selbstverdammnis und Schuldgefühle in einem gesunden Glaubensleben nichts verloren.** Sie rauben uns die Kraft, und wir werden nur in unserem weiteren Weg mit Gott eingeschränkt. Wir müssen auch aufpassen: Der Feind lauert nur darauf, uns Gedanken und Gefühle der Verdammnis einzureden. Hier möchte ich auf eine wunderbare Verheißung hinweisen. Paulus schreibt in seinem Brief an die Korinther Gemeinde: ***Wenn also ein Mensch zu Christus gehört, ist er schon eine ›neue Schöpfung‹. Was er früher war, ist vorbei; etwas ganz Neues hat begonnen.*** (2. Kor. 5, 17)

Wenn wir nun zu Christus gehören, dann zählt also nicht mehr, was früher war. Bei Menschen schon, bei Gott nicht mehr. Gott möchte vor allem, dass wir vertrauensvoll glauben! Seinen Zusagen in Seinem Wort, der Bibel, sollen wir glauben! Auch der großen Verheißung der Hoffnung auf ein ewiges Leben dürfen wir glauben. Lies den nächsten Bibelvers und denke bitte ganz intensiv darüber nach. Er gilt für jeden Menschen, auch für dich! Jesus sagte zu Marta, als ihr Bruder Lazarus verstorben war:

Ich bin die Auferstehung und das Leben. Wer mich annimmt, wird leben, auch wenn er stirbt, und wer lebt und sich auf mich verlässt, wird niemals sterben in Ewigkeit nicht. Glaubst du mir das? (Joh. 11, 25–26)

Wer mich annimmt, sagt Jesus, wird leben, auch wenn er stirbt. Wenn wir Jesus in unserem Leben haben, Ihn aufnehmen (Joh.1, 12), wenn wir Ihm vertrauen, werden wir leben in Ewigkeit. Ich möchte auf jeden Fall mein Leben mit Ihm in der Ewigkeit verbringen. Ich freue mich so sehr darauf, Ihm einmal zu begegnen. Obwohl ich Gott auch darum bitte, hier auf Erden noch vieles tun zu dürfen. Ich bitte Gott auch unter anderem, dass meine Kinder ein Fundament im Glauben haben, bevor er mich heimholt. Denn dann können sie auch mit den vielen schmerzlichen Erfahrungen besser umgehen. Ich hoffe, dass ich für Gott und die Menschen noch ganz viel tun darf. Ich möchte Seine Liebe zu anderen Menschen bringen und vor allem an der Verbreitung der Guten Nachricht mitwirken. Das ist auch unser Auftrag, Diener Gottes zu sein und gleichzeitig Menschen zu dienen. Dann werden wir auch die Freude erleben, ein erfülltes Leben zu haben, weil wir einen Sinn darin sehen.

Wir sind sein ›Bodenpersonal‹, Gottes Werkzeuge und seine Botschafter. **Durch Menschen möchte Gott wirken.** Jesus fordert uns vor allem auch dazu auf, anderen Menschen zu helfen.

Was er angefangen hat, bringt er auch zur Vollendung. Darauf hoffe und daran glaube ich.

Mein Gebet für dich:

Himmlischer Vater, bitte schenke den Leserinnen und Leser deinen Geist. Öffne ihr Herz, damit sie deine Größe und Herrlichkeit begreifen und das, was du für uns getan hast. Hilf ihnen, sich zu entscheiden, ihr Leben deinem Sohn Jesus Christus anzuvertrauen, umzukehren, ihre Sünden zu bekennen, vor dir, damit du sie segnen kannst und sie ewiges Leben erhalten, durch Jesus Christus, unseren Retter und Erlöser. Himmlischer Vater, danke, du bist so gut! Dir gilt alle Ehre. In Jesu Namen. Amen.

Nur Mut, denn die Wahrheit macht dich frei

Negative Erfahrungen aus meinem Leben und positive Veränderungen durch Gott.

Jesus sagte: Wer nicht für mich ist, ist gegen mich, und wer mir nicht sammeln hilft, der zerstreut. Deshalb sage ich euch: Jede Sünde und jede Gotteslästerung kann den Menschen vergeben werden; aber wenn jemand den Geist Gottes beleidigt, gibt es keine Vergebung. Sogar wer den Menschensohn beschimpft, kann Vergebung finden. Wer aber den Heiligen Geist beleidigt, wird niemals Vergebung finden, weder in dieser Welt noch in der kommenden. (Mt. 12, 30–32)

Wenn Gott Menschen beruft, ihnen etwas ins Herz legt, dann tut Er es, um Seinen göttlichen Plan hier auf der Erde zu verwirklichen. Jesus sagte, wer nicht für mich ist, ist gegen mich, und wer mir nicht sammeln hilft, der zerstreut. Gott möchte, dass wir uns bewusst werden, dass wir durch den Glauben an Jesus auch geisterfüllte Menschen werden, um für Seine Botschaft der Versöhnung und Erlösung einzustehen. Es ist interessant, wie viele Menschen und vor allem welch unterschiedliche Persönlichkeiten Gott in den letzten Jahren der Zeitgeschichte berufen hat. Aber es ist auch eine biblische Vorhersage, dass in den letzten Tagen der Geist Gottes auf die Menschen ausgegossen wird. Wir leben in den letzten Tagen, das wissen Christen, die Gottes Wort kennen und ernst nehmen. Christen, die eine Gottesbeziehung haben und an Jesus Christus glauben, eine Wiedergeburt im Heiligen Geist geschenkt bekommen haben, sollten auch ihre Berufung kennen und in der Nachfolge leben. Geht in die ganze Welt und verkündet die Gute Nachricht, allen Menschen. Das ist doch ein klarer Auftrag, den Jesus uns gegeben hat (Mk. 16, 15) Das kann natürlich auch etwas dauern, bis Gott jedem Einzelnen diesen Auftrag offenbart, und sie kann auch sehr unterschiedlich aussehen. Nicht jeder Mensch ist berufen, als Missionar ins Ausland zu gehen, auf der Kanzel zu stehen oder ein Buch über Jüngerschaft und Nachfolge zu schreiben. Wir sollen an dem Ort, wo uns Gott hingestellt hat, den Menschen dienen und auch Zeugnis geben, vor allem durch unser Leben.

Ich verspürte bereits ein paar Tage nach meiner Bekehrung am 6. Februar 2011 einen brennenden Wunsch im Herzen, viele Menschen zu erreichen. Ich wusste nicht, woher das kam oder warum ich so empfand. Ebenso wenig wusste ich über unseren Herrn Jesus Christus, ich hatte weder aus der Bibel noch von anderen Menschen etwas über ihn erfahren. Mir war natürlich auch nicht bewusst, dass der Herr mich gebrauchen will. Ich hatte nicht einmal eine Bibel, die bekam ich erst drei Monate nach meiner Bekehrung geschenkt. Ich hatte also so gut wie keine Ahnung, und doch hat der Herr es mir von Anfang an ins Herz gelegt. Gott kann uns große Dinge zeigen, er legt uns Träume, Visionen und auch eine Berufung ins Herz. Gott sagte:

Ich der Herr bewirke alles, was geschieht, was ich will, das wird Wirklichkeit. Mein Name ist ›Der Herr‹. Wende dich an mich und ich werde dir antworten! Ich werde dir große Dinge zeigen, von denen du nichts weißt und auch nichts wissen kannst. (Jer. 33, 2–3)

Das las ich erst viel später in der Bibel, aber dann verstand ich meinen Wunsch. Dafür bin ich einfach nur dankbar, und auch dafür, dass ich das tun darf, was ich jetzt tue.

Viele Christen wissen um ihre Berufung und ich bin auch dankbar, dass mir Gott meine Berufung gezeigt hat. Jetzt schreibe ich dieses Buch, weitere sollen folgen. Ich bitte um den Segen unseres Herrn, damit in Seinem Sinn viele Menschen erreicht werden. Ich möchte mit meiner Erkenntnis, meinem Zeugnis, anderen wieder Mut machen und auf die Hoffnung hinweisen, die wir haben dürfen, wenn wir an Gott und an Jesus glauben. Obwohl ich aus eigenem Ermessen niemals daran gedacht hätte, dass ich eines Tages in dieser Form Zeugnis gebe und Menschen zur Nachfolge ermutige, tue ich das jetzt mit Freude und aus Gehorsam. Wenn wir uns zu Jesus bekennen und Ihm nachfolgen, dann werden wir als Lohn das ewige Leben erhalten. Wir entgehen somit dem Unheil immer von Gott getrennt zu sein.

Wenn ein Mensch treu zu Gott hält und das Gute tut, wird ihm die Schuld vergeben. Alle, die den Herrn ernst nehmen, entgehen dem Unheil. (Spr. 16, 6)

Ich möchte hier auch über mein Leben schreiben, über persönliche Erfahrungen und Erlebnisse, die nicht nur auf den Glauben bezogen sind, auch über meine Erfahrungen mit Menschen, Erkenntnisse und Veränderungen durch Gott. Vielleicht erkennst du ja auch Gemeinsamkeiten, vielleicht hast du ähnliche Erfahrungen gemacht. Vielleicht hast du auch großen Schmerz erlebt oder durchlebst derzeit eine schwierige Situation. **Ich kann dir versprechen, dass nichts so bleiben muss, wie es ist.** Mit Gott wird es das auch nicht. Dein Leben bekommt Sinn!

Ich möchte allen Menschen Mut machen, möchte dir ganz persönlich mitteilen, dass es immer Möglichkeiten gibt, egal in welcher Situation du dich befindest. Alles kann und wird sich verändern. Auch du kannst Veränderung für dein Leben erfahren. Auch du kannst aus deiner, vielleicht sehr belastenden Situation herauskommen. Aus Verzweiflung, Angst, Scham. Du kannst Beziehungsprobleme oder finanzielle Sorgen hinter dir lassen. Sorgen um deine jetzige Situation und die Zukunft kannst du überwinden. **Gott ist es, der dies alles bewirken kann.** Ein wunderbarer Psalm soll uns Hoffnung geben. Hoffnung, dass Gott uns aus allem heraushelfen kann.

Warum bin ich so mutlos? Muss ich denn verzweifeln? Auf Gott will ich hoffen! Ich weiß, ich werde ihn

noch einmal preisen, ihn, meinen Gott, der mir hilft. (Ps. 43, 12)

Gott hilft immer. Ganz unterschiedlich und zu unterschiedlichen Zeiten. Jemand hat einmal gesagt, dass Gott nie zu früh, aber auch niemals zu spät kommt. Für uns ist es oft manchmal auch gar nicht nachvollziehbar, warum etwas passiert. Aber die Frage nach dem Warum werden wir nicht immer, eigentlich meistens nicht, beantwortet bekommen. Gib trotzdem nicht auf! Und frage nicht ständig: Warum Gott, warum? Gott will dir ein gutes Leben schenken und deshalb passieren auch manchmal Dinge, die wir nicht verstehen. Besser, wir nehmen die Dinge aus Gottes Führung an, auch wenn es manchmal ein wenig dauern kann, bis wir es annehmen können.

Es gibt bestimmte Schwerpunkte, auf die ich hier näher eingehen will und muss. Es sind Tabuthemen in unserer Gesellschaft. Absolute Tabuthemen wie Gewalt, Missbrauch, Glauben, Geld oder auch das Sterben und der Tod. Ich tue das, weil ich daran glaube, dass Gott mir das ins Herz gelegt hat und vieles verabscheut, was Menschen tun. Von Gott kommt nur Gutes, alles andere ist Menschenwerk und vom Feind Gottes, dem Satan (auch Teufel genannt), beeinflusst. Die ganze Welt ist in der Hand des Bösen. Das lässt sich doch nur unschwer leugnen, habe ich recht?

Ich möchte Menschen Mut zusprechen und sie dafür sensibilisieren, dass man nicht sein ganzes Leben in einer schwierigen Situation stecken bleiben muss. Wenn du selbst Gewalt erlebst oder auch erlebt hast, dann muss das nicht so bleiben. Oder vielleicht hast du Schuldgefühle, weil du selbst manchmal gewalttätig wurdest, dann muss auch das nicht so bleiben. Es muss nichts so bleiben, wie es ist. Gott kann alles verändern – alles!

Ich suchte fast mein ganzes Leben lang nach ›Hilfe‹. Dabei wusste ich nicht einmal, dass ich suchend war. Aber die alles entscheidende Wende in meinem Leben kam mit dem Glauben an Jesus und mit der Einwilligung zu einem Lebensübergabegebet. Ich wusste nicht, was auf mich zukam. **Ich hatte keine Ahnung, wie gut Gott wirklich ist.**

Wenn du an Jesus glaubst, Ihm dein Leben anvertraust und um Vergebung deiner Sünden bittest, wirst du zu einer neuen Schöpfung. Du bist dann nicht mehr der alte Mensch. Die Bibel spricht von einer geistlichen Wiedergeburt. Im Geist, im tiefsten Bereich unseres Seins, wirst du genau in diesem Moment zu einem neuen Menschen. Dein Körper und deine Seele, so auch deine Gedanken zeigen zwar noch den alten Menschen, aber die Veränderung kommt in aller Regel schrittweise. Und **Gott sei Dank kommt sie schrittweise**. Alles auf einmal könnten wir auch gar nicht tragen. Die Veränderung ist ein Prozess. Egal was du auch getan hast, egal wie tief du momentan vielleicht in schwierigen Situationen steckst, egal welche Verletzungen dir zugefügt wurden: **Nur Gott kann das Unmögliche möglich machen**. Nur Gott kann dich wirklich heilen und deine Lebensumstände verändern. Und Er kann alle deine Verletzungen heilen. Jesus kann dir Freiheit schenken. Er kann dir Vergebung schenken, sodass auch du anderen vergeben kannst. **Und nur Gott kann dir eine Liebe schenken, die alles Menschliche übersteigt**.

Gott kann unendlich viel mehr an uns tun, als wir jemals von ihm erbitten oder uns ausdenken können. So mächtig ist die Kraft, mit der er in uns wirkt. (Eph. 3, 20)

Wenn du diesen Bibelvers wirklich verinnerlichst, wenn du daran wirklich glaubst, dann kann Gott wirken. Er möchte, dass wir Seinem Wort glauben und uns auf Seine Zusagen verlassen.

Für Gott ist nichts unmöglich. Er, der alles bewirkt, kann auch dich und deine Lebensumstände verändern. Und Gott schenkt uns durch Jesus ewiges Leben. Voraussetzung ist aber der Glaube an Gott und Jesus Christus. Gott kann so unendlich viel mehr tun, als du und ich uns jemals vorstellen können.

Seit 1975 war ich mit ein paar Pausen in meinem Beruf als Krankenschwester tätig. Ich bin Mutter von fünf Kindern und habe langjährige medizinische, pflegerische und soziale Erfahrungen gesammelt. Und da habe ich so einiges erlebt – aber das ist ein ganz anderes Kapitel. Hier in diesem Buch soll es um den Glauben gehen und um die Veränderung, die man durch diesen erfährt. Mein Leben war ein ziemliches Durcheinander – emotional, zwischenmenschlich und finanziell. Obwohl ich schon immer die Gabe des Helfens hatte, war ich ein tief verletzter Mensch und aufgrund meiner Kindheit traumatisiert. Erlebte Angst, Gewalt und Missbrauch prägten mich schon früh. Mein Großvater war Alkoholiker und lehnte mich vehement ab. Dadurch konnte ich keine gute Einstellung und Haltung zu mir oder anderen Menschen entwickeln. Ich mochte die Menschen nicht wirklich, konnte mich auf keine tiefere Freundschaft einlassen, auch aus Angst vor weiteren Verletzungen. Das passierte natürlich alles unbewusst. Ein Kind, das während seiner Entwicklung kein Vertrauen, keine Sicherheit oder kein emotionales Fundament erfahren durfte, hat als Erwachsener in aller Regel unter anderem auch Beziehungsprobleme, hinzu kommen Probleme mit der eigenen Persönlichkeit oder jene bei der Suche nach der eigenen Identität. Kinder, die Gewalt in unterschiedlicher Form erleben, bei denen grundlegende elementare Bedürfnisse nicht gestillt werden und die keinen liebevollen Umgang erfahren haben, werden auch als Erwachsener anderen Menschen misstrauisch begegnen und in Beziehungen verunsichert sein. So ein verletzter und verunsicherter Mensch ist viel anfälliger für Abhängigkeiten und Sucht oder auch körperliche Erkrankungen. Wenn die Seele leidet, leidet der Körper auch – und umgekehrt. Ersatz für emotionale Bedürfnisse finden sich oft in Abhängigkeiten wieder, auch in Abhängigkeiten von Menschen, also emotionalen Abhängigkeiten. Solche Menschen haben oft kein Fundament, keine standhafte Persönlichkeit, keine Ressourcen, auf die sie zurückgreifen können. Sie sind oft unausgeglichen und mürrisch, unzufrieden mit ihrem Leben, ängstlich oder haben unterschiedliche Ängste, sind traurig oder wütend. Die Schuld an ihrem Dilemma haben meist die anderen. Sie sind nachtragend und können schwer verzeihen. Wut ist oft ihr Begleiter. Der Charakter wird dadurch negativ geformt. So ein Mensch kann sein ganzes Leben auf der Suche sein und doch in seiner Opferrolle stecken bleiben. Ein jämmerliches Leben, oder? Woher ich das so genau weiß? Ich weiß das aus eigener leidvoller Erfahrung. Und diese ist und bleibt der beste Lehrmeister. Ein Kind zu schlagen, ist nicht nur schädigend für das Kind, sondern meist ein Zeichen von eigener Schwäche und Überforderung. ›Körperliche Strafen‹ bewirken oft emotionale Schäden und einen großen Vertrauensbruch zwischen Mutter, Vater und Kind.

Kinder sollten geprägt werden von einem christlichen Leben. Kinder sollen vor allem mit Liebe, Achtsamkeit und Wertschätzung erzogen werden, aber auch mit moralischen und ethischen Werten. Gott an die erste Stelle zu setzen, nicht einen strafenden oder zornigen, sondern einen liebevollen und guten Gott, ist schon für Kinder eine große Hilfe und schenkt ihnen ein stabiles Fundament für ihr Leben. Anderen Menschen mit Wertschätzung und Respekt zu begegnen, nicht auf andere herabzuschauen und sie zu verurteilen, ist doch ein gutes Erziehungskonzept, oder nicht? Es ist ein biblisches Konzept. Mitmenschlichkeit und Nächstenliebe entsteht vor allem, wenn man es Kindern vorlebt. Immer das Beste zu wollen und nicht aus selbstsüchtigen Motiven heraus zu handeln, so schafft man ein gutes Fundament, aber es ist auch eine tägliche Herausforderung. **Diese Herausforderung kann man mit dem Glauben an Gott besser bewältigen**. Weil Gott uns durch sein Wort, die Bibel, Hilfestellung für unser ganzes Leben gibt.

Ich bin in einer Umgebung aufgewachsen, in der religiöse Traditionen eingehalten wurden. Meine Großmutter ging regelmäßig am Sonntag in die Kirche, und auch ich ging dorthin, weil das einfach so üblich war. Aber es wurde zu Hause nie über Gott gesprochen. Durch die Kirche erhielt ich keine Beziehung zu Gott, deshalb war der Glaube auch nicht elementar in meinem Leben. Viele Menschen wurden zwar religiös und von Traditionen geprägt erzogen, haben aber keine wahre Gotteserkenntnis, kennen die Wahrheit im christlichen Glauben nicht und haben auch keine persönliche Beziehung zu Jesus. Ich hatte auch keinen wahren Glauben, kannte die Wahrheit nicht, hatte keine Erkenntnis und somit auch keine Orientierung in meinem Leben. Seit ich Jesus mein Leben übergab, haben mir Glaubenszeugnisse von Menschen immer wieder bestätigt, dass der Glaube an Gott Menschen verändern kann. **Ein Zeugnis von Jesus zu geben, sollte deshalb die oberste Priorität im Leben eines wahren Christen sein. Es ist Gottes Plan, für eine verlorene Welt**. Die Welt braucht Christen, Nachfolger von Jesus Christus, die bezeugen, was unser barmherziger und guter Gott alles tun kann. Welche Veränderungen durch Sein Wort geschehen, und dass Gott heilen kann. Das tut ein Jünger von Jesus, weil er weiß, dass es sein Auftrag ist.

Darum geht nun zu allen Völkern der Welt und macht die Menschen zu meinen Jüngern und Jüngerinnen. (Mt. 28, 19)

Das ist doch eine klare Ansage von Jesus. Er möchte, dass wir die Gute Nachricht von der Vergebung und

Erlösung an die Menschen weitergeben. Deshalb möchte ich gehorsam sein und das tun. Wenn ich einmal vor Ihm stehe, möchte ich nicht, dass Er mich fragt: »Warum hast du deinen Auftrag nicht erfüllt?« Zumindest brauche ich mir darüber keine Gedanken machen, denn diesen Auftrag werde ich erfüllen. Jeder hat die Möglichkeit, in seinem Umfeld, in der Familie, auf der Arbeitsstelle, in persönlichen Beziehungen diesen Auftrag zu erfüllen. Nicht jeder muss ein Buch schreiben, eine Gemeinde leiten oder von der Kanzel predigen. Jeder ist an einem bestimmten Ort gestellt, wo er den Auftrag erfüllen kann. Im Kleinen sowie im Großen.

Jeder ist in Gottes Augen wertvoll. Jeder Einzelne ist deshalb wichtig. Jeder Einzelne, weil er hilft, am Reich Gottes mitzubauen und Gottes Plan zu erfüllen, die Menschen zu retten. Jeder einzelne Mensch ist Gott wichtig. Deine Aufgabe, was auch immer du Gutes tust, ist wertvoll in Gottes Augen. Du bist Gottes Mitarbeiter. Du bist ein Botschafter Jesu Christi.

Diesen Auftrag in der Nachfolge von Jesu zu erfüllen, ist gleichzeitig auch ein wunderbares Vorrecht. Es ist unbeschreiblich schön, für Gott etwas tun zu dürfen. Ich bin einfach nur dankbar dafür!

Wenn man Christ wird, verändert sich vieles. Wenn man ein wiedergeborener Christ wird, dann bedeutet das auch, dass sich in unserem Leben etwas verändern wird. Weil Gott am Werk ist. Es ist eine stete Veränderung von innen nach außen. Wenn keine Veränderung stattfindet, dann stimmt etwas nicht. Denn Gott **wird** uns verändern, unseren Geist, unsere Seele und auch unser Denken. Natürlich sind verschiedene belastende Lebensumstände und auch die täglichen Probleme, mit denen man konfrontiert wird, nicht einfach von heute auf morgen verschwunden. Gott nimmt uns auch nicht alle Probleme oder schwierigen Lebensumstände einfach ab. Aber Er gibt uns die Möglichkeit, besser damit umzugehen. **Wenn man Christ wird, beginnt Gott eine Reise mit uns.** Eine wunderbare Reise. Es gibt keinen besseren Reisepartner fürs Leben. Nimm Ihn an! **Jesus würde dich gerne begleiten, wenn du Ihn lässt.**

Auch ich war manchmal etwas ungehalten Gott gegenüber, weil ich der Meinung war, er könnte doch dieses oder jenes, vor allem sehr belastende Situationen, einfach schnell zum Guten wenden. Aber das tut Er nicht ›einfach so‹. Gott hat schon seine Gründe. Er weiß immer und überall, was und warum Er etwas tut oder geschehen lässt. Wir nicht. Fragen wir also nicht mehr ständig nach dem Warum. Wir dürfen und sollen Ihm bedingungslos vertrauen. Gott will uns auch Geduld lehren und wir werden Prüfungen ausgesetzt sein. Wir werden durch die Wüste gehen, aber Er geht mit uns. Und auch die Wüste ist einmal zu Ende. Nach dieser Wanderung haben wir viel gelernt. Gott hat uns während unserer Wüstenzeiten viel gezeigt und wir dürfen daraus etwas mitnehmen, nämlich Veränderung und wieder ein Stück mehr Beständigkeit. Gott möchte, dass wir ein Fundament im Glauben bekommen, das unerschütterlich ist.

Trotzdem ist das Leben nicht immer einfach. In der Welt und um uns herum passieren schreckliche Dinge. Heute hörte ich im Radio wieder von einer Geiselnahme. Taliban haben eine Schule gestürmt, ein gezieltes Massaker angerichtet, das mindestens 100 Tote gefordert hat, darunter mehr als 80 Kinder! Ich musste innehalten, in mir stiegen Wut und große Traurigkeit auf. Mir traten Tränen in die Augen. Dieses Leid, dieses unsägliche Leid! Es ist manchmal fast nicht auszuhalten, mittlerweile nimmt es überhand. Wenn man sich das Böse in der Welt und in der Gesellschaft ansieht, dann fragen die meisten Menschen, warum Gott all das Leid, die Krankheiten, die Hungernden, die Kriege, die Perversionen, die Unterdrückung, die Ungerechtigkeit und die schrecklichen Gräueltaten zulässt.

Ich möchte jedem Leser mitteilen, dass wir einen Feind in der geistlichen Welt haben, der diese Welt in seiner Hand hält. Falls du schon Christ bist, weißt du das ja bereits und kennst auch die eine oder andere Schriftstelle dazu. Es ist Satan, die alte Schlange, der Teufel, der Gott dieser Welt! Er treibt sein Unwesen und benutzt vor allem Menschen dazu, um so viele wie möglich ins Verderben zu stürzen. Er bringt großes Leid auf die Erde und unter die Menschen. Die ganze Welt ist in seiner Gewalt. Die Bibel sagt uns:

Wir wissen: Wer Gott zum Vater hat, sündigt nicht; denn der Sohn des Vaters schützt ihn, und der Teufel kann ihm nicht schaden. Wir wissen, dass wir von Gott stammen, doch die ganze Welt ist in der Gewalt des Teufels. (1. Joh. 18–19)

Auch wir, die Jesus als unseren Retter angenommen haben, dürfen das in Anspruch nehmen, dass Jesus uns schützt und uns der Teufel nicht schaden kann. Er hat bereits alles getan. Für uns! Er hat den Sieg über Satan bereits errungen, durch Seinen Tod am Kreuz. Wir dürfen Seinen Sieg nun in Anspruch nehmen und wissen, dass dieser auch für uns gilt. Den ewigen Tod werden wir nicht mehr erliegen. Wir sind gerettet, wir, die an Jesus Christus glauben. Hier auf der Erde stecken wir zwar noch in einem täglichen geistlichen Kampf. Satan versucht uns immer wieder anzugreifen, vor allem tut er das über unsere Gedanken. Er kennt unsere Schwachstellen besser als wir selbst. Wir müssen uns also bewusst werden, wann wir Anfechtungen vom Feind ausgesetzt sind. Aber wir können auch gewiss sein, dass Jesus' Worte wahr sind. Wir müssen sie nur verinnerlichen und Gott bitten, uns dabei zu helfen. Jesus sagte zu siebzig erwählten Jüngern:

Ich sah den Satan wie einen Blitz vom Himmel fallen. Ja, es ist wahr. Ich habe euch Vollmacht gegeben, auf Schlangen und Skorpione zu treten und die ganze Macht des Feindes zunichte zu machen. Er wird euch nicht das Geringste antun können. Aber nicht darüber sollt ihr euch freuen, dass euch die bösen Geister gehorchen. Freut euch lieber darüber, dass eure Namen bei Gott aufgeschrieben sind. (Lk. 10, 18–20)

Wir sind also unter Gottes Schutz. Wir wissen und können darauf vertrauen, dass Gott bereits alles getan hat. Wir haben gegen die Anfechtungen und Angriffe Satans Vollmacht durch den mächtigen Namen von Jesus bekommen. Jedes Gedankengebäude, das sich in uns aufbaut, also schlechte Gedanken, verurteilende, neidische, richtende oder hasserfüllte Gedanken, können wir Jesus unterstellen, sie an Ihn abgeben und Sein Wort proklamieren. Wenn ich geistlich angegriffen werde, wenn negative Gedanken von mir Besitz ergreifen, versuche ich, diese mit Gottes Verheißungen zu unterbinden. Ich sage dem Teufel, dass ich ein Kind Gottes bin und unter dem Schutz des Allerhöchsten stehe. Je nachdem, welche Art von Gedanken kommen, kann man mit Gottes Wort gegensteuern. Ob es nun Gedanken der Verdammnis sind oder auch die Gedanken, nicht gut genug für Gott zu sein. **Denn von Gott kommen nur gute Gedanken, die mit Seinem Wort übereinstimmen**. Deshalb ist es auch so wichtig, Gottes Wort zu kennen, zu studieren und vor allem, es zu verinnerlichen.

Im neuen Testament lesen wir immer wieder von der alten Schlange oder auch dem Teufel, selbst Jesus wurde von Satan angegriffen.

Danach führte der Geist Gottes Jesus in die Wüste, wo er vom Teufel auf die Probe gestellt werden sollte. (Mt. 4, 1)

Die Bibel weist uns oft darauf hin, dass wir in einem täglichen geistlichen Kampf stehen und unbeirrt am Glauben festhalten sollen. Der Versucher, wie Satan auch genannt wird, möchte, dass die Menschen verloren gehen. Er fügt ihnen Leid zu. Er beeinflusst uns und unsere Lebensumstände. Der Feind möchte bestimmte Dinge verhindern, so auch, dass wir Gott gehorsam sind. Der Feind täuscht uns zudem und möchte, dass wir vom

Glauben abfallen, vor allem wenn wir selbst im Glauben vorwärts gehen möchten.

Paulus schreibt in **1. Thess. 2, 18** an die Gemeinde in Thessalonich, dass der Satan sie daran hinderte, sie zu besuchen. Der Feind Gottes wirft uns Knüppel zwischen die Füße, damit wir straucheln; er schickt uns schwierige Umstände, an denen wir scheitern sollen. Er ist ein Meister der Lüge und des Täuschens, er verführt die Menschen, und viele merken es nicht einmal. Satan redet den Menschen ein, dass es keinen Gott gibt und sie ihn nicht brauchen. Wir müssen wachsam sein und im Glauben einen festen Stand haben. Wir brauchen deshalb Gottes Sinn und auch seine Weisheit sowie eine tiefe Erkenntnis, den Lügen Satans nicht zu glauben. **Gottes Wort hilft uns auch diesbezüglich, immer mehr zu erkennen**. Das Studium der Bibel ist deshalb bedeutend und hilft uns, geistlich zu wachsen und die Angriffe Satans zu erkennen, auch wenn uns das manchmal erst später bewusst wird.

Wichtig ist, dass wir mit Gott, durch Sein Wort und durch das Gebet in Verbindung bleiben. Gott öffnet uns die Augen für die Angriffe des Feindes. Wir müssen deshalb immer nüchtern und wachsam sein, wie es uns die Bibel ans Herz legt. Gott wird sich uns offenbaren, wenn wir Sein Wort studieren und vor allem stille Zeit mit Ihm verbringen.

Wir wissen aber: Der Sohn Gottes ist in die Welt gekommen und hat uns die Augen geöffnet, damit wir den einzig wahren Gott erkennen. Wir sind mit dem einzig wahren Gott verbunden, so gewiss wir verbun-

den sind mit seinem Sohn Jesus Christus. Der ist der einzig wahre Gott, der ist das ewige Leben. (1. Joh. 5, 20)

Die **persönliche Beziehung zu Jesus eröffnet uns geistliche Wahrheiten**, die wir sonst **nie** erkennen würden. Und diese persönliche Beziehung wird durch den Glauben an Ihn und durch Ihn wachsen.

Jakobus schreibt in seinem Brief:

Deshalb ordnet euch Gott unter. Leistet dem Teufel Widerstand und er wird vor euch fliehen. Nähert euch Gott und er wird sich euch nähern. Reinigt eure Hände von Schuld, ihr Sünder! Gebt eure Herzen Gott hin, ihr Unentschlossenen. (Jak. 4, 7–8)

Wir müssen also alles daran setzen, eine persönliche Beziehung zu Gott zu entwickeln. Jakobus schreibt: »Nähert euch Gott und Er wird sich euch nähern.« Wir haben unseren Teil auch zu erfüllen, indem wir uns Gott zuwenden und darum bitten, dass Er uns erhört. Gott hat Seinen Teil schon getan. Er hat durch das Erlösungswerk von Jesus unsere Schuld erlassen und jeder, der an Ihn glaubt, wird von seiner Schuld befreit. **Deshalb ist der einzige Weg zur Befreiung von unserer Schuld und Sünde, unseren Verletzungen, negativen Handlungen und auch Anfechtungen, Jesus Christus.** Dafür ist Er in die Welt gekommen, um für uns ans Kreuz zu gehen, um unsere Schuld ein für alle Mal zu sühnen. Wir müssen deshalb auch dem Teufel **offensiv** gegenüber treten und dem Wort Gottes **mehr** Glauben schenken als **seinen** Worten.

Ein wohl bekannter Bibelvers dürfte folgender sein:

Seid wachsam und nüchtern! Euer Feind, der Teufel schleicht um die Herde wie ein hungriger Löwe. Er wartet nur darauf, dass er jemand von euch verschlingen kann. Leistet ihm Widerstand und haltet unbeirrt am Glauben fest. (1. Petr. 5, 8)

Gott möchte uns immer wieder bestärken, wir müssen wissen, dass wir dem Feind **nicht hilflos ausgeliefert** sind und Jesus ihn durch Seinen Tod bereits besiegt hat. **Das ist eine der wichtigsten Erkenntnisse**, damit wir unseren Glauben in der Gewissheit und im Vertrauen leben können. Wir können den Anfeindungen Satans widerstehen, indem wir das Wort laut aussprechen. Immer und immer wieder. Der Name Jesus ist der mächtigste Name im ganzen Universum.

Wir haben für unseren geistlichen Kampf auch eine geistliche Waffenrüstung von Gott bekommen. Wir können uns damit auch gegen Anfeindungen zur Wehr setzen. Satan benutzt auch andere Menschen, unsere Gedanken, unsere körperliche oder seelische Gesundheit oder schwierige Lebensumstände. Er will uns auch daran hindern, mutig im Glauben vorwärts zu gehen. **Er möchte vor allem verhindern, dass noch mehr Menschen gerettet werden und sie in die Irre treiben** – durch taktische Täuschungsmanöver, durch falsche Lehre und Lügen. Er möchte Intrigen schüren und uns von der Wahrheit abbringen. Wir dürfen uns deshalb nicht beirren lassen.

Paulus schreibt an die Gemeinde in Ephesus:

Noch ein letztes Wort: Werdet stark durch die Verbindung mit dem Herrn! Lasst euch stärken von seiner

Kraft. Legt die Waffen an, die Gott euch gibt, dann können euch die Schliche des Teufels nichts anhaben. Denn wir kämpfen nicht gegen Menschen. Wir kämpfen gegen unsichtbare Mächte und Gewalten, gegen die bösen Geister, die diese finstere Welt beherrschen. Darum greift zu den Waffen Gottes! Wenn dann der schlimme Tag kommt, könnt ihr Widerstand leisten, jeden Feind niederkämpfen und siegreich das Feld behaupten. Seid also bereit! Legt die Wahrheit als Gürtel um und die Gerechtigkeit als Panzer an. Bekleidet euch an den Füßen mit der Bereitschaft, die Gute Nachricht vom Frieden mit Gott zu verkünden. Vor allem haltet das Vertrauen auf Gott als Schild vor euch, mit dem ihr alle Brandpfeile des Satans abfangen könnt. Die Gewissheit eurer Rettung sei euer Helm und das Wort Gottes das Schwert, das der Geist euch gibt. (Eph. 6, 10–14)

Paulus sagt also, dass wir in einem geistlichen Kampf stehen und wir aus diesen Kampf siegreich herausgehen werden. Wir können uns sozusagen im Geist bekleiden, mit der Wahrheit aus dem Wort und der Gerechtigkeit durch Jesus Christus. Wir sollen die Gute Nachricht verkünden und einfach einen vertrauenden Glauben haben und diesen wie ein Schild vor uns halten. Der Glaube verschafft uns Stärke, die wir von Gott durch Seinen Geist erhalten. **Glauben heißt vertrauen**. Das Wichtigste ist deshalb ein vertrauender Glaube.

Gott lädt uns zu einer vertrauensvollen Beziehung ein. Jesus Christus kam auf die Welt, um uns zu zeigen, wie Gott ist. Gott wurde Mensch, weil Er zu uns eine lebendige Beziehung will. Weil Er uns erlösen und retten will. Weil Er uns liebt und wieder mit sich versöhnen will.

Er kam in seiner eigenen Schöpfung, doch seine Geschöpfe, die Menschen, wiesen ihn ab. (Joh. 1, 11)

Es gab für Gott keine andere Möglichkeit mehr, als Jesus, Seinen Sohn, ein für alle Mal für uns zu opfern, weil die Menschen sich so sehr gegen Gott aufgelehnt hatten. **Durch Jesu Tod am Kreuz versöhnte Gott die Menschen wieder mit sich.** Seitdem ist der Weg zu Gott frei, für alle, die an Seinen Sohn glauben – an Sein Leben, Sein Sterben und Seine Auferstehung. Er hat uns so sehr geliebt, dass Er uns dieses Gnadengeschenk, die Versöhnung und die ewige Errettung, angedeihen ließ. Das ist aus menschlicher Sicht unbegreiflich, was Gott damit für uns getan hat und was Jesus für uns erleiden musste. Wir können vieles nicht begreifen, was Gott tut, aber wir können glauben, dass Er alles zum Guten wenden wird. **Jeder, der an Ihn glaubt, wird deshalb nicht verloren gehen.** Dankbare Worte scheinen hier einfach zu wenig. **Man sollte in einer ständigen dankbaren Haltung vor Gott leben**. Dafür möchte ich jeden Tag unserem himmlischen Vater danken, für das Erlösungswerk durch Jesus Christus. Und ich tue das oft unter Tränen – es sind Tränen der Dankbarkeit und Freude. Wir müssen einfach mehr Dankbarkeit empfinden, für unser Leben und für den Heilsweg von Jesus Christus. Dankbarkeit ist eine positive Haltung, die uns auch hilft, vieles besser zu ertragen. Dankbarkeit ist eine Entscheidung. Entscheide dich doch auch einfach dafür, immer dankbar zu sein.

Wir sollen Gott täglich im Gebet danken, für alles, was Er uns geschenkt und was Er für uns getan hat. Und was Er täglich in und an uns tut.

Du kannst dir natürlich nicht vorstellen, wie Gott bereits an mir ›gearbeitet‹ hat. Es ist sowieso alles ein kleines Wunder. Vom Persönlichkeitstyp her bin ich nämlich ein ›Mischwerk‹: Ich habe gleichermaßen Anteile eines Cholerikers und jene eines Sanguinikers. Du weißt schon, das sind die Persönlichkeitstypen, die leicht ›explodieren‹, aber auch lustig sein können und durchaus viel Humor haben. Auch heute noch ist die eine oder andere negative Eigenschaft nicht komplett verschwunden. Mitunter habe ich noch immer mit stolzen, selbstgerechten und unaufrichtigen Menschen zu kämpfen. Natürlich emotional, nicht körperlich. Auch Ungerechtigkeit, Verurteilung oder Anmaßung sind Eigenschaften eines Menschen, mit denen ich nicht gut umgehen kann. Ich denke, damit stehe ich aber nicht alleine. Ein kleiner Trost ist es dann immer für mich, dass Gott selbst auch Stolz verabscheut. Gott schenkt uns Wachstum im Glauben und eine stetige Veränderung, damit wir immer mehr denken, wie Gott denkt, immer öfter sagen, was Gott sagt und immer mehr handeln, wie Er will. Die Bibel, Sein Wort, ist der Maßstab hierfür. **Das Studium Seines Wortes sollte deshalb auch zu unserem Lebensinhalt werden.** Mit Seinem Wort, der inspirierten Heiligen Schrift, ist der Mensch ausgerüstet für sein Leben. Durch die Bibel erfahren wir Veränderung und lernen Gottes Eigenschaften, Seine Verheißungen und Zusagen immer besser kennen. **Daraus erwächst eine persönliche Gottesbeziehung, die in Jesus ihren Ursprung hat.**

Meine negativen Erfahrungen mit Menschen und meine schlimme Kindheit hatten es mir nicht ermöglicht, eine ›normale‹ Beziehung zu anderen aufzubauen. Ich hatte kein gesundes Selbstwertgefühl. Trotzdem habe ich immer gerne Menschen geholfen, die Hilfe brauchten. Vielleicht gerade deshalb, weil ich selbst nie Hilfe bekommen habe. Durch meinen Beruf konnte ich das auch tun. Aber keiner hat mir angesehen, wie verletzt und verunsichert ich war. Ich wusste es ja selbst nicht.

Hier kannst du nicht nur meine persönlichen Erfahrungen und Veränderungen mit und durch Gott nachlesen, sondern auch erfahren, wie **du** zu einer persönlichen Beziehung zu Jesus finden kannst. Ich schreibe ja vor allem für dich, wie auch **du** ein Kind Gottes werden und zu Seiner Familie gehören kannst. Deshalb steht im Fokus dieses Buches der größte Name, den es jemals auf der Welt gegeben hat: Jesus Christus. So werde ich in diesem Buch an unterschiedlichen Stellen auch immer wieder auf diesen göttlichen Menschen, auf Gottes Sohn hinweisen, weil in keinem anderen das Heil ist, das sagt uns Gottes Wort. Und weil wir mit Jesus auch durch die Schule des Heiligen Geistes gehen. Was für ein Vorrecht, wenn Gott uns beruft und aussondert. Vielleicht hast du ja Theologie oder Religionswissenschaft studiert. Ich besitze so ein Studium nach weltlichen Vorgaben nicht. Wenn Gott dich durch die Schule des Heiligen Geistes schickt, ist das genug. Natürlich ist es wichtig, Wissen zu besitzen, und Erkenntnis zu haben. Trotzdem geht es bei

Gott nicht ausschließlich um Wissen, wie es uns die Gesellschaft oder einzelne Religionen vorgeben. Was sagt denn die Schrift dazu?

Schaut doch euch selbst an, Brüder und Schwestern. Wen hat Gott denn da berufen? Es gibt ja nicht viele unter euch, die nach menschlichen Maßstäben klug oder einflussreich sind oder aus einer angesehenen Familie stammen. Gott hat sich vielmehr in der Welt die Einfältigen und Machtlosen ausgesucht, um die Klugen und Mächtigen zu demütigen. Er hat sich die Geringen und Verachteten ausgesucht, die nichts gelten, denn er wollte die zu nichts machen, die in der Welt etwas sind. Niemand soll sich vor Gott rühmen können. (1. Kor. 1, 26–29)

Es werden also ganz unterschiedliche Menschen berufen. Ich wusste ja auch lange nicht, dass Gott mich eines Tages berufen und gebrauchen würde. Aber ich bin so dankbar, so von Herzen dankbar. Es ist wahrlich ein Vorrecht, für den Herrn etwas tun zu dürfen, damit Sein Plan hier auf der Erde verwirklicht werden kann. Dafür sollten wir einfach nur dankbar sein – für Seine Gaben, durch die Er uns hier auf Erden als ›Bodenpersonal‹ gebrauchen kann. Auch als gläubiger Christ, der Gottes Wort regelmäßig studiert, sollte man sich nicht auf sein bereits vorhandenes Wissen im Glauben ausruhen und sich mit seiner Erkenntnis zufrieden geben. Viel zu viele Christen berufen sich auf ihr Wissen, auf ihre theologischen Kenntnisse, aber die wahre Erkenntnis fehlt ihnen – **die wahre Erkenntnis, dass man aus der Gnade leben darf.**

Eure Rettung ist wirklich reine Gnade und ihr empfangt sie allein durch den Glauben. Ihr selbst habt nichts dazugetan, sie ist Gottes Geschenk. Ihr habt sie nicht durch irgendein Tun verdient; denn niemand soll sich mit irgendetwas rühmen können. (Eph. 3, 8–9)

Gnade, nichts als Gnade also. Jeder Mensch, wurde **nur durch diese Gnade errettet**. Denn niemand steht durch diese Gerechtigkeit bei Gott ›besser‹ da als der andere.

Der Lohn, den die Sünde zahlt, ist der Tod. Gott aber schenkt uns unverdient, aus reiner Gnade, ewiges Leben durch Jesus Christus, unserem Herrn. (Röm. 6, 23)

Unverdient erhalten wir dieses Gnadengeschenk auch noch. Wir, die an Gott glauben, müssen nichts weiter tun, als Jesus Christus anzuerkennen und Ihn anzunehmen. **Gottes Gnade ist durch Jesus Christus offenbar geworden**. Wir müssen nicht nach einer menschengemachten Gerechtigkeit streben. Wir brauchen auch keine Angst vor anderen Menschen zu haben, wir müssen uns nicht von Ihnen verunsichern oder unter Druck setzen lassen. Ich weiß, das ist nicht immer einfach. Aber es ist zu schaffen, wenn wir uns nur klar machen: **Wir sind bereits vor Gott gerecht gesprochen, durch Jesus Christus. Wir sind unendlich geliebt und können nichts tun, dass Gott uns weniger oder mehr liebt. Wir sind geliebte Kinder Gottes und gehören zu Seiner Familie. Gott hat uns geschaffen, weil Er uns liebt!**

Wir müssen begreifen, wie groß und unerschöpflich Gottes Liebe zu uns ist! Lass dich von Gott einfach lie-

ben. Lass diese Liebe in dein Herz! Diese heilende und erfüllende Liebe.

Er hat uns aber auch geschaffen, damit wir anderen Gutes tun können. Bereits hier auf dieser Erde können wir unseren Beitrag für Gottes Reich leisten. So schreibt Paulus auch, dass **wir alle** Gottes Werk sind und wir nun Gutes tun können und Gott unsere Taten bereits im Voraus geschaffen hat, damit sie in unserem Leben Wirklichkeit werden (Eph. 3, 10).

Wenn wir mit einem festen Glauben erfüllt sind und eine persönliche Beziehung zu Jesus haben, dann werden wir uns dessen auch bewusst werden und einfach auch Gutes tun wollen. **Weil Gott uns das alles bereits ins Herz gelegt hat.** Wir sollen mit dem Herzen handeln, nicht aus reiner Religiosität. Gerade diese und auch die Gesetzlichkeit sind ein großes Problem unter Christen. Man darf den religiösen Geist nicht unterschätzen. Er hat in der Vergangenheit bereits viel Unheil angerichtet, und auch heute noch werden Menschen davon verblendet. Reine Religiosität führt in aller Regel weg von der Liebe und Barmherzigkeit, die uns Jesus gezeigt und auch aufgetragen hat weiterzugeben. Wir müssen bei Jesus bleiben, mit ihm verbunden bleiben. Die Bergpredigt immer wieder lesen und studieren. **Durch eine innige Beziehung zu Jesus bleibt unser Herz weich und formbar!** In **1. Joh. 2, 27** steht, dass wir von Christus seinen Geist empfangen haben, und **so lang dieser in uns bleibt**, haben wir keinen anderen Lehrer nötig. Das heißt doch auch, dass wir zu Ihm eine Beziehung haben müssen, da wir sonst auch nicht mit Seinem Geist erfüllt werden können. Ein Beispiel hierfür wäre ein simples: Wenn du deine Lampe nicht an einer Steckdose ansteckst, wird kein Strom fließen und auch kein Licht leuchten. So ist es auch mit dem Heiligen Geist. Wenn wir nicht mit Jesus verbunden sind, kann Sein Licht, Seine Liebe, Sein Segen auch nicht fließen. Wenn wir wiedergeboren werden, wenn wir Jesus in unser Leben bitten, dann möchte uns der Heilige Geist auch ganz erfüllen. Am Anfang können wir die leise Stimme von Gott vielleicht auch noch nicht richtig ›einordnen‹, ›spüren‹ oder ›hören‹. Je mehr wir uns mit Gott verbinden, beten, sein Wort studieren, und auch das Wort hören, desto eher erkennen wir, dass der Heilige Geist uns leiten möchte. Er steht uns immer zur Verfügung. Gottes Geist wird uns mit der Zeit immer mehr erfüllen, sodass wir in seinem Sinn leben können. Deshalb sollte eine persönliche Beziehung zu Jesus uns am wichtigsten sein, damit wir auch an der Steckdose angeschlossen bleiben, wenn ich das noch mal so vergleichen darf.

Daher ist es besonders wichtig, sich mit dem Wort Gottes regelmäßig zu beschäftigen. **Es ist das alles Entscheidende, wenn man mit Jesus und dem Heiligen Geist verbunden sein will**. Gott spricht zu uns durch Sein Wort – auch im Alltag in unterschiedlichen Situationen, aber vor allem auch, wenn wir stille Zeit mit Ihm verbringen. Es ist aber in der Regel keine Stimme, die man hören kann, sondern eine tiefe Gewissheit in unserem Innern. Gott spricht zu unserem Herzen. **Wir können Gott auch ›hören‹.** Jeder wiedergeborene Christ kann von Gott hören, nur muss er auch Gottes Wort studieren und darum bitten. **Die Bibel ist deshalb nicht nur der Maßstab für unser Leben, sondern auch die Verbindung zu Gott.** Wer sich intensiv darauf einlässt, kann selbst die Erfahrung machen, dass der Geist Gott zu ihm persönlich spricht, eben durch die Bibel, denn sie ist das inspirierte Wort. **Die Botschaft der Bibel kann und wird auch dein Leben verändern.** Wir brauchen den Geist Gottes, Sein Wort, in unserem täglichen Leben. Er ist unser Tröster und Helfer, unser Beistand und unser Ratgeber. Die Bibel ist mein Lebenswegweiser.

Gott hat mit jedem einzelnen Menschen einen individuellen Plan. Ich war fünf Jahre lang ›abgesondert‹ von Gott, damit er mich vorbereiten konnte auf meine Berufung. Aber auch jetzt bin ich immer noch als ›Azubi‹ bei Gott. ☺ Wir alle gehen täglich durch die Schule des Heiligen Geistes. Natürlich gibt es auch Christen, die mehr Erkenntnis und andere, die weniger davon haben. **Aber wir alle sollen uns an Jesus orientieren**. Jesus ist unser Lehrer, deshalb werden wir auch ein Leben lang von Ihm lernen. Die Gemeinschaft mit anderen Christen ist sinnvoll und wird uns auch aufgetragen, so steht es auch in der Bibel. Aber gerade dies kann auch eine große Herausforderung, kann sogar eine persönliche Belastung für einzelne Christen sein. In manchen Gemeinden herrscht oft Uneinigkeit und Zwietracht, Anmaßung oder Verurteilung. Ich sehe ein großes Problem bei vielen Gemeinden oft in der Gesetzlichkeit. Ich habe Christen sagen hören, dass ihnen Dinge auferlegt wurden, sie haben Vorgaben erhalten darüber, was sie zu tun hätten und was ›üblich‹ wäre. Das hat sie dann dazu gebracht, nicht mehr in ihre Gemeinde zu gehen. Liebe Geschwister, unabhängig davon, dass es auch Christen gibt, die öfter die Gemeinden wechseln, bitte ich auch zu bedenken, dass durch unangemessenes Verhalten Menschen vom Glauben abfallen können. Das gilt natürlich nicht nur für die Gemeinde, sondern auch für unsere persönlichen Beziehungen. Viele möchten einfach auch einen ›guten Eindruck‹ machen und setzen sich dadurch selbst unter Druck, wobei wir wieder bei der reinen Religiosität wären. Gott zeigt aber gerade durch unsere Schwächen Seine Macht. Indem wir bekennen, dass wir auch zu unseren Schwächen stehen, sind wir stark, nicht schwach. So schreibt Paulus sinngemäß. Gott möchte aufrichtige Kinder und Mitarbeiter. Dasselbe wünschen wir uns doch auch von unseren Kindern. Habe ich recht?

Ich selbst bin sehr gradlinig, bemühe mich aufrichtig zu sein und bin oft sehr direkt. Manchmal fehlt es mir vielleicht auch etwas an Sensibilität, da ich selbst so ein direkter Mensch bin. Manche Menschen können oder wollen auch nicht so offen sein. Durch meine eigenen negativen Erfahrungen habe ich aber eine ›sehr feine Antenne‹ für emotionale Dinge entwickelt. Ich merke deshalb auch eher, ob jemand eine Maske trägt. Empathie und Hochsensibilität sind auch eine Gabe von Gott. Man muss diese nur richtig einsetzen und darf selbst nicht darunter leiden. Stolz und Selbstgerechtigkeit eines Menschen lassen mich auch durchaus schnell überreagieren. In bin auch nur ein schwacher Mensch und verspüre nicht immer diese Ausgeglichenheit und Beständigkeit, die ich haben sollte. Da hat Gott noch gehörig was an mir zu tun ☺ Es ist aber wichtig, dass wir auch unsere Schwachstellen bekennen. Ich habe auch eine etwas ›große Klappe‹ und muss Gott täglich bitten, mir diesbezüglich auch zu helfen. Bin auch etwas ›schnell im Reden‹. ☹ Wir alle brauchen Gottes Führung, dass wir niemanden persönlich zu nahe treten oder gar verletzen. Also, ich brauche das auf jeden Fall. Deshalb bitte ich Gott täglich darum, mir zu helfen, dass ich ein sanftmütiges Schaf werden kann. ☺ Wir müssen und dürfen auch andere Glaubensgeschwister einfach mal so lassen, wie sie sind. Sonst kann das auch einmal ins Auge gehen. Lies die nächste Bibelstelle.

Es ist unvermeidlich, dass Menschen an mir irrewerden. Aber wehe dem, der dazu beiträgt! Es wäre besser für ihn, er würde mit einem Mühlstein um den Hals ins Meer geworfen, als dass er auch nur einen dieser kleinen, unbedeutenden Menschen, die zu mir halten, an mir irremacht. (Luk. 17, 1–3)

In der Ausgabe der Schlachter-Bibel steht der Vers wie folgt:

Er sprach aber zu den Jüngern: Es ist unvermeidlich, dass Anstöße zur Sünde kommen; wehe aber dem, durch welchen sie kommen. Es wäre für ihn besser, wenn ein großer Mühlstein um seinen Hals gelegt und er ins Meer geworfen würde, als dass er einem dieser Kleinen einen Anstoß zur Sünde gibt.

Wir sollten also vorsichtig sein mit Menschen, die erst kurz die Gemeinde besuchen oder mit uns persönlichen Kontakt haben. Überheblichkeit, Verurteilung, Anmaßung, reine Gesetzlichkeit, Religiosität und Besserwisserei können das Gegenteil von dem bewirken, was Menschen suchen auf dem Weg zur Wahrheit. Nichtchristen ›beurteilen‹ Christen nach ihrer Art zu leben und vor allem, wie sie sich verhalten. Wir sollen nicht stolz oder überheblich, anmaßend oder verurteilend sein. Auch nicht immer alles besser wissen. Wir werden auch beurteilt nach dem, was wir sagen. Ich muss Gott immer bitten, dass er mir Weisheit schenkt, die richtigen Worte und eine freundliche und barmherzige Haltung einzunehmen, wenn ich Zeugnis gebe. Ich möchte wahrlich nicht dazu beitragen, wenn jemand wegen mir strauchelt oder gar fällt. Manchmal ist uns das ja auch gar nicht so bewusst. Aber es gibt auch schöne Beispiele in unserem Christenleben.

Vor nicht allzu langer Zeit sagte mir eine Frau, die ich beim Spazieren gehen mit meinem Hund kennenlernte, Folgendes: »Ich finde Ihre Art so ansprechend, wie Sie von Gott sprechen, als ob er Realität wäre.« Zumindest sagte sie es sinngemäß so. Als ich ihr dann mehr über den Glauben erzählen wollte, stellte sich heraus, dass sie noch nicht wirklich bereit war, mehr zu erfahren. Allerdings hatte ich da auch in meinem Eifer überreagiert und ihr gesagt, dass sie doch einfach mal zuhören und nicht ständig alles infrage stellen solle. Sie ließ mich kaum ausreden, und das machte mich ärgerlich. Ein paar Tage später war mir, als ob Gott mir sagte, dass ich sie anrufen und ihr folgende Worte mitteilen sollte: »Das, was du an meinem Verhalten gesehen hast, so ist Gott nicht. Er ist viel geduldiger als ich, und ich bitte dich deshalb auch um Entschuldigung.« Genau das sagte ich ihr auch, und erstaunlicherweise meinte sie darauf, für was ich mich denn entschuldigen würde. Sie hatte es anscheinend gar nicht so empfunden, dass ich verärgert war. Trotzdem wollte ich Gott gehorsam sein und mich entschuldigen. Manchmal werden wir einfach von Gott geprüft, ob wir gehorsam sind.

Ich bin Gott so dankbar, dass er mir in eigentlich relativ kurzer Zeit (aus rein menschlicher Sicht) ein großes Fundament im Glauben geschenkt hat. Und dass ich das Geheimnis im Glauben, von dem Paulus schreibt, erfahren durfte und geschenkt bekommen habe. Dafür bin ich so von Herzen dankbar. Dankbarkeit ist für Gott auch eine Gabe. Gott möchte, dass seine Kinder dankbar sind.

In den Psalmen finden wir ein kurzes, aber prägnantes Gebet:

Nimm meinen Dank als Opfergabe an; Herr, hilf mir, deinen Willen zu erkennen. (Ps. 119, 108)

Wie bereits erwähnt ist Dankbarkeit kein Gefühl, sondern die bewusste Entscheidung, eine dankbare Haltung einzunehmen. Gott möchte, dass wir dankbar sind, weil eine dankbare Haltung uns auch ein besseres Leben schenkt.

Vor ein paar Tagen bat ich Gott, mir zu zeigen, welches Opfer ich bringen soll. Ich war so dankbar, dass ich jetzt die Möglichkeit bekam, dieses Buch zu veröffentlichen. Es war mir, als würde er sagen: Du brauchst mir dafür kein Opfer zu bringen, ich verlange nur eines: Liebe einfach die Menschen!

Dazu sind wir alle aufgerufen, die Menschen zu lieben. Und bestimmt ist dies auch eine der herausforderndsten Aufgaben in unserem Leben. Aber bei Gott ist ja bekanntlich nichts unmöglich. Halten wir uns an Ihn und beten jeden Tag: Herr, hilf mir, die Menschen zu lieben!

Dieses Kapitel heißt ja: ›Nur Mut, denn die Wahrheit macht dich frei.‹ Wenn wir zur Wahrheit finden, müssen wir aber auch zuerst glauben, dass es sie gibt. Glaube ist eigentlich einfach. Vielleicht zweifelst du auch daran, ob es einfach ist zu glauben. Doch zum Glauben zu finden, muss nicht ›kompliziert‹ sein. Gott ist nicht kompliziert. Die Menschen neigen dazu, alles kompliziert zu machen. Aber manchmal macht Gott es uns ganz einfach. Er schickt uns Menschen, die von Ihm erzählen. Wenn wir nicht zu stolz sind, hören wir erst mal hin. Ich wusste auch nicht, warum ich mit der Frau eines Patienten um Sündenvergebung gebetet habe und dass Jesus, der Herr, in meinem Leben sein soll. Ich habe es einfach getan und mir eigentlich keine großen Gedanken gemacht. Irgendwie wollte ich wahrscheinlich einfach auch das, was die Glaubensschwester hatte: einen lebendigen Glauben an Jesus Christus und sehr liebevoll und geduldig sein. Sie erzählte mir ständig von der Liebe Jesu. Gott hat meine Wege so gelenkt, dass ich an jenem Abend, am 6. Februar 2011 Jesus in mein Leben gebeten habe. Gott selbst leitet unsere Wege. Wir müssen nur Ja sagen. Ich möchte es hier noch einmal betonen: **Wenn du Jesus dein Leben anvertraust, bist du ein neuer Mensch in Christus, die Bibel spricht von einer Neu-**

geburt im geistlichen Sinn. Dein altes Leben ist dann vergangen, du bist ab dem Moment eine neue Schöpfung in Christus. Gott wird dann deine Wege lenken, und du beginnst eine spannende Reise mit unserem Herrn Jesus, der dir Seinen Beistand sendet, den Heiligen Geist. Er wird dich führen, dir zeigen, was du tun sollst und dir sagen, dass du dich mit Seinem Wort, der Bibel, beschäftigen sollst. Gott wird dir auch Menschen schicken und deine Umstände so lenken, dass du immer tiefer in seine Wahrheit findest. Du gehörst ab dem Moment zur Familie Gottes und bist errettet. Und das alles aus reiner Gnade und der ewigen Liebe Gottes.

Glauben ist eigentlich einfach. Es ist eine Entscheidung, einfach Ja zu Jesus zu sagen. Wenn du dich noch nicht für Jesus entschieden hast, dann warte nicht mehr länger. Es ist die beste Entscheidung, die du in deinem Leben treffen kannst – eine lebensverändernde Entscheidung.

Jesu Leiden, sein Tod und seine Auferstehung, alles war von Gott so gewollt und bereits vorherbestimmt. Wir sind aufgrund Seines Todes und Seiner Auferstehung ein für alle Mal von unserer Schuld befreit und errettet worden. Aus reiner Gnade und aus Liebe zu Seiner Schöpfung, zu uns Menschen, hat Gott das für uns getan. Wir sind, wie bereits erwähnt, auch nur aus der Gnade Gottes heraus gerettet, vorausgesetzt, du glaubst an unseren Herrn Jesus. Die Gnade Gottes ist das alles Entscheidende. Jesus ist das Gnadengeschenk. Zu Ihm sollen wir uns bekennen. Wir sollen Ihn ehren und mit Ihm eine innere Verbundenheit eingehen.

Ich habe euch diesen Brief geschrieben, damit euch aufs Neue bewusst wird: ihr habt das ewige Leben, so gewiss ihr euch zu seinem Sohn Jesus Christus bekennt. (1. Joh. 5, 13)

Leben wir tatsächlich in dem Bewusstsein, dass wir ewiges Leben besitzen, wenn wir uns zu Jesus bekennen, wenn wir an Ihn glauben, Ihn ehren und lieben?

Johannes schreibt in seinem Brief:

Denn alle sollen den Sohn ebenso ehren wie den Vater. Wer den Sohn nicht ehrt, ehrt auch den Vater nicht, der Ihn gesandt hat. (Joh. 5, 23)

Ich liebe Jesus. Ich möchte dies bekennen und Jesus nachfolgen und die Gute Nachricht, die frohe Botschaft verkünden. ›Frohe Botschaft‹, das hat etwas mit Freude zu tun, richtig? Ich freue mich, dir das alles mitteilen zu können. Es ist ein Vorrecht, wenn wir etwas für Gott tun dürfen. Und es soll auch Freude in deinem Leben sein. Wenn Gott uns unsere Berufung zeigt, werden wir an dem, was wir tun, auch Freude haben. Nein, ich habe dazu auch nicht Theologie studiert, das habe ich schon erwähnt. Jedenfalls nicht ›nach menschlichen Maßstäben‹. Das ist auch nicht Gottes Vorgabe. Ich konnte in der Bibel auch keine Stelle finden, an der Gott uns sagt: »Studiere Theologie oder Religionswissenschaften, damit du mein Wort weitergeben kannst.« Das sind rein menschliche Ansprüche. Gott selbst legt uns nur ans Herz: Studiere **mein** Wort, damit du ein gutes Leben führen kannst und erkennst, was ich dir sagen und zeigen will.

Ich bin die letzten Jahre sehr intensiv von Gott geleitet worden, er hat mir ›großen Hunger‹ nach seinem Wort geschenkt. Dadurch habe ich mich täglich damit beschäftigt, Gottesdienste, Predigten, und Vorträge zu hören, oder selbst anwesend zu sein. Ich bin durch die Schule des Heiligen Geistes gegangen. Deshalb schreibe ich und werde auch Vorträge halten. Ich möchte Jesus verkündigen und Menschen mithilfe der Bibel anleiten, wie sie Schwierigkeiten und Probleme in unterschiedlichen Lebensbereichen besser bewältigen können. Die Menschen müssen wissen, dass Gott ihnen vergeben hat. Die Menschen müssen wissen, dass Gott gut ist und Er an jedem Einzelnen großes Interesse hat. Gott möchte auch, dass wir Zeugnis geben. Wir müssen den anderen sagen, wie gut Er ist und was Gott in unserem Leben getan hat. Ich möchte den Menschen die Gute Nachricht bringen, was unser himmlischer Vater, durch Jesus, für jeden **Einzelnen** von uns getan hat. Er hat uns erlöst und befreit von aller Sünde. Die Menschen müssen wissen, was Gott auch heute immer noch tut oder tun kann. Selbst wenn es im Leben als Christ auch nicht nur gute Tage gibt. Christen werden auch nicht verschont, sondern durchaus auch geprüft. Auch Christen erleben Leid und Schmerz, Krankheit und Tod und können durch Höhen und Tiefen gehen. Ich bin die letzten zwölf Monate durch eine große gesundheitliche Krise gegangen und bin froh, überhaupt noch am Leben zu sein, was ich wohl nur bin, weil ich Gott in meinem Leben habe. Auch Christen haben also Probleme und Schwierigkeiten. Auch Christen sündigen; es gibt keinen, der das nicht tut. Die Bibel spricht auch von Bedrängnissen, Versuchungen und Verfolgungen. Jetzt kommt aber die Gute Nachricht: **Jesus versteht uns**. Er weiß, wie es ist, in Bedrängnis zu kommen. Er weiß, wie es ist, Angst und Schmerzen zu haben. Er weiß, wie es ist, wenn wir an unsere Grenzen kommen.

Dieser Oberste Priester ist nicht einer, der kein Mitgefühl für unsere Schwächen haben könnte. Er wurde genau wie wir auf die Probe gestellt, aber er blieb ohne Sünde. Darum wollen wir mit Zuversicht vor den Thron unseres gnädigen Gottes treten. Dort werden wir, wenn wir Hilfe brauchen, stets Liebe und Erbarmen finden. (Hebr. 4, 15–16)

Jesus weiß also von all unserer Not und auch von unseren Grenzen. Deshalb brauchen wir auch keine dauernden Schuldgefühle mehr zu haben, wenn wir gesündigt haben. Wir sind nur unvollkommene Menschen und Gott hat von Anfang an gewusst, dass keiner das Gesetz immer befolgen kann. Wir müssen nur bekennen, unsere Sünden bereuen und um Vergebung bitten. Wir müssen aber auch entschlossen sein, nicht weiterhin immer dieselbe Sünde zu tun. Manchmal kann das ein wenig dauern, bis auch ein Christ eine bewusste Sünde ablegen kann. Und manchmal leben auch Christen Monate oder Jahre mit bewussten Sünden. Ich weiß das deshalb, weil es mir selbst so ging und ich auch andere Christen kenne, die diesbezüglich noch zu kämpfen haben. Heute ist bewusste Sünde für mich kein Thema mehr, eher die täglichen ›kleineren Sünden‹ und Übertretungen. Wenn man sich wieder einmal nicht so verhält, wie es denn sein soll. Man hat vielleicht selbst einen schlechten Tag, seine Zunge wieder einmal nicht im Zaum, man reagiert über, bewertet einfach ›mal schnell‹ eine Situation oder verurteilt einen Menschen. Kennst du das auch? Wir dürfen aber Gottes Vergebung annehmen, wenn wir gesündigt und diese bereut haben und unseren Lauf weiter laufen. Wir müssen einfach weise und wachsam sein, dass wir keinen anderen Menschen durch unser Verhalten oder unsere Worte in Schwierigkeiten bringen. Herr, verhilf uns allen dazu! Das Thema ›Sünde‹ wird ja auch nicht mehr **so** gerne angesprochen und ist ja schon in vielen Menschenohren ein ›veraltertes Wort‹. Aber wir müssen uns klar machen, dass ›Sünde‹ alles meint, was sich gegen Gott und Sein Wort auflehnt. Gegen Sein Gesetz und das, was Jesus uns gelehrt hat. Wir wollen doch auch nicht absichtlich sündigen, die meisten jedenfalls nicht. Wir dürfen immer zu Gott kommen und um Vergebung bitten und vor allem seine Vergebung dann auch annehmen. Gott möchte uns helfen, auch von bewusster Sünde los zu kommen. Der Text in **Hebr. 4,16** beschreibt ja auch, dass wir **stets Liebe und Erbarmen finden werden**. Was ist das für ein guter Gott! Wir müssen einfach nur mit Jesus verbunden bleiben. Manchmal muss Gott auch ›härtere Bandagen‹ anlegen, um uns zu befreien. Wir müssen in vielen Dingen auch erst einmal zerbrochen werden, damit unser übermächtiges Ego – ICH will, ICH fühle, ICH denke – vor Gott kapitulieren kann. Wir können deshalb auch Gottes Willen erkennen, wenn wir kapitulieren und uns von Gott leiten lassen. Paulus schreibt auch im Römerbrief von der Ohnmacht des guten Willens und dass wir dem Gesetz der Sünde unterworfen sind. Unser guter Wille, unser Inneres, möchte das Gute tun, aber unser Fleisch, unser Ego, diktiert uns oft etwas anderes. Er schreibt von der Ohnmacht des guten Willens, nicht mehr zu sündigen:

Ich unglückseliger Mensch! Wer rettet mich aus dieser tödlichen Verstrickung? Gott sei gedankt durch Jesus Christus, unseren Herrn. Er hat es getan. (Röm. 7, 24–25)

Wir sind wohl mit der Sünde behaftet, wurden aber durch Jesus Christus erlöst. Wir sind der Sünde gegenüber tot, das heißt einfach, dass wir nicht mehr sündigen müssen. Wenn wir eine Liebesbeziehung zu Jesus haben, möchten wir auch nicht mehr sündigen. Aus Dankbarkeit und Liebe zu Gott schon nicht. Wir können aus uns alleine auch kein sündenfreies Leben führen. Jesus kann uns aber helfen, dass wir nicht mehr in Sünde gefangen und verstrickt sein müssen. Wenn wir Jesus wirklich lieben, werden wir uns auch **bemühen wollen,** nicht mehr zu sündigen. Und das passiert dann aus reiner Liebe und aus Dankbarkeit zu Gott und seiner Gnade. Wir wollen dann auch nicht mehr sündigen, weil wir Gott aus Dankbarkeit und vor allem auch aus Liebe dienen wollen. Als Leitfaden für unser Leben sind uns auch deshalb die Gebote Gottes gegeben worden. Sie sind uns eine Hilfe für unser ganzes Leben. Im Alten Testament finden wir die Zehn Gebote, die Gott uns gab. Sie haben den Menschen erst gezeigt, was Sünde ist. Dieses Gesetz ist der heilige Wille Gottes und sie sind ein Wegweiser für unser Leben. Wir finden sie in der Bibel unter 2. Mose 20, 2–17 oder 5. Mose 5, 6–21.

1. *Du sollst keine anderen Götter neben mir haben.*
2. *Du sollst dir kein Gottesbild anfertigen. Mach dir überhaupt kein Abbild von irgendetwas im Himmel, auf der Erde oder im Meer. Wirf dich nicht vor fremden Göttern nieder und diene ihnen nicht. Denn ich der Herr, dein Gott bin ein leidenschaftlich liebender Gott und erwarte auch von dir ungeteilte Liebe.*
3. *Du sollst den Namen des Herrn, deines Gottes, nicht missbrauchen; denn der Herr wird jeden bestrafen, der das tut.*
4. *Halte den Ruhetag in Ehren, den siebten Tag der Woche. Es ist ein heiliger Tag, der dem Herrn gehört.*
5. *Du sollst deinen Vater und deine Mutter ehren.*
6. *Du sollst nicht morden.*
7. *Du sollst nicht die Ehe brechen.*
8. *Du sollst nicht stehlen.*
9. *Du sollst nichts Unwahres über deinen Mitmenschen sagen.*
10. *Du sollst nicht versuchen, etwas an dich zu bringen, das deinem Mitmenschen gehört, weder seine Frau, noch seinen Sklaven oder Sklavin, sein Rind oder seinen Esel noch irgendetwas anderes, das ihm gehört.*

Nun, du sagst vielleicht, ich halte doch alle Gebote ein. Ich morde nicht, ich stehle nicht, ich lüge nicht ... Und wie steht es mit folgenden Eigenschaften: Stolz, Selbstgerechtigkeit, Überheblichkeit, Verurteilung, Zorn, Heuchelei, mangelnde Selbstbeherrschung, Geschwätz oder üble Nachrede, Streit, Eigennutz, Egoismus, Wut, Hass, Unversöhnlichkeit und Bitterkeit, mangelnde Vergebungsbereitschaft, Selbstsucht, Habsucht oder Betrug? Kannst du vielleicht etwas von diesen in dir entdecken? Viele dieser negativen Charaktereigenschaften hindern uns auch daran, die Gebote Gottes einzuhalten. Das ist eine ganze Menge, oder? Aber selbst wenn wir keine negative Eigenschaft an uns entdecken, Gott wird sie uns alle aufzeigen. Er tut es durch seine Gebote, sein Wort, durch andere Menschen oder auch im Gebet. Ja, der Glaube hat auch Folgen. Wenn ich den nächsten Vers lese, was Jakobus in seinem Brief schreibt, dann bin ich wahrlich täglich auf die Gnade Gottes angewiesen:

Wenn jemand meint, Gott zu ehren, aber seine Zunge nicht im Zaun halten kann, ist seine ganze Gottesverehrung wertlos und er betrügt sich selbst. **Jak. 1, 26**

Hier haben wir eine Sünde – unser Mundwerk – unüberlegte und schnelle Worte und die nächste Sünde folgt: im nächsten Kapitel schreibt Jakobus weiter:

Liebe deinen Mitmenschen wie dich selbst! Dann tut ihr recht. Wenn ihr dabei Unterschiede macht, begeht ihr eine Sünde und steht vor dem Gesetz als Übertreter dar. **Jak. 2, 9**

Wie schnell sind wir doch dabei Unterschiede bezüglich Rang und Namen bei den Menschen zu machen. Wie schnell man doch wieder sündigen kann, richtig?

Nehmen wir doch als Beispiel einmal das fünfte Gebot – du sollst Vater und Mutter ehren. Stell dir einmal vor: Deine Mutter ist schon älter und du denkst, dass sie noch viele Dinge alleine tun kann, obwohl sie sich bei dir beklagt, wenn sie das Haus putzen muss. Bevor du selbst zum Putzlappen greifst, bist du vielleicht sehr selbstgerecht und denkst, sie will dich **heute noch** ›manipulieren‹, wie sie es früher schon getan hat. Vielleicht will sie ja aber auch nur, dass du ihr Verständnis entgegenbringst und ihr einfach hilfst, ohne dir groß Gedanken darüber zu machen. Liebe deine Mitmenschen wie dich selbst. Liebe ist etwas ganz besonderes **1. Kor.13** Mit der Liebe ist das ganze Gesetz erfüllt, sagt uns Gott.

Jakobus schreibt weiter:

Es genügt aber nicht, dieses Wort nur anzuhören. Ihr müsst es in die Tat umsetzen, sonst betrügt ihr euch selbst. **Jak. 1, 22**

Wir müssen Gottes Wort auch leben, nicht nur lesen und hören. Das ist es, was uns auch Jesus immer wieder sagt. **Liebe deinen Nächsten wie dich selbst.** Um noch einmal auf das Beispiel mit deiner oder meiner Mutter zurückzukommen: Vielleicht denkst du jetzt: Moment mal, ich lass mich doch nicht ausnutzen. Nein, das musst du auch nicht. Aber ich glaube, dass wir manchmal zu sehr auf unsere eigenen Gefühle achten und zu wenig auf die Anweisungen durch den Heiligen Geist. Wir haben viel zu oft und zu schnell Ausreden parat. Selbstloses Handeln ist nicht so einfach, das weiß ich aus eigener Erfahrung. Und wie geht es dir damit? Natürlich gibt es auch Menschen, die andere ausnutzen, aber man kann auch nicht alle über einen Kamm scheren. Wenn man die ernsthafte Bereitschaft hat, Jesus nachzufolgen, dann muss ich mich auch morgens um 4.00 Uhr ins Auto setzen, wenn jemand in Not ist. Die uneingeschränkte Bereitschaft, Gott und den Menschen zu dienen, beinhaltet auch uneingeschränkte Hilfe. Wenn jemand tatsächlich in Not ist, war Jesus immer da und hat die Bitten der Menschen erfüllt.

Wie oft habe ich Christen erlebt, die lieber auf andere verweisen, als selbst etwas zu tun. Es gibt Christen, die von der Liebe des Herrn sprechen. Aber wenn sie diese Liebe dann in Taten umsetzen sollen, haben sie ein Problem, genau das zu tun. Die Bibel spricht davon, dass Glaube ohne Taten tot ist. Es gibt auch Christen, die so sehr vergeistigt sind, dass sie nur noch mit der Bibel unter dem Arm zum Kaffee kommen, wenn jemand sie eingeladen hat; auch wenn derjenige vielleicht nur reden möchte. Da läuft etwas verkehrt. **Es geht um die wahre Gotteserkenntnis**. Diese Erkenntnis beinhaltet auch, dass Menschen manchmal nur jemanden brauchen, der ihnen erst einmal zuhört. Man kann Menschen nicht gleich mit Gottes Wort bombardieren. Wenn jemand hungrig ist und ihm der Magen knurrt, musst du ihm erst einmal etwas zu essen geben, bevor du ihn mit geistlichen Wahrheiten fütterst. Es gibt Menschen, die so große Nöte haben, dass erst einmal ihre existenziellen Sorgen gemildert werden müssen, bevor sie sich auf Gott einlassen können. Da brauchen wir viel Feingespür und Sensibilität.

Übereifrig zu sein, hat oft auch etwas mit mangelnder Demut vor dem Herrn zu tun. **Christen, die nicht aus der Gnade leben, können auch rein gesetzlich werden**. Sie ähneln den Gesetzeslehrern, von denen die Heilige Schrift berichtet. Jesus ist den Menschen ganz einfach auf der menschlichen Ebene begegnet und hatte für jeden ein offenes Ohr. Er ist in Beziehung mit den Menschen gegangen. Das heißt, er hat sich den Umständen entsprechend angepasst. Wenn ein Mensch in Not ist und er nicht weiß, woher er am nächsten Tag etwas zu essen bekommen soll, nützt ihm reines Bibelwissen gar nichts. **Wir müssen den Menschen in seiner jeweiligen Situation, in seiner akuten Not erst einmal begegnen**. Der Notleidende kann sein Ohr und sein Herz vielleicht zuerst nicht für geistliche Dinge öffnen, weil er vielleicht gerade Existenzängste hat. Du weißt sicher, auf was ich hinaus will? Wir müssen sensibler werden für die Sprache des Heiligen Geistes und wir müssen sensibler sein für Menschen, die in Not sind. Manchen Christen fehlt es an Empathie und Sensibilität in diesem Punkt. Die persönliche Ebene ist deshalb das Wichtigste. Viel zu oft spielen da Dinge wie Religiosität, Gesetzlichkeit und verkehrte Auslegung einzelner Bibelstellen mit hinein. Wir müssen deshalb mehr Barmherzigkeit zeigen. Vielleicht sollten wir öfter die Seligpreisungen in der Bergpredigt von Jesus lesen. Mt. Ab Kap. 5 und Lk. 6 ab V20. Jesus selbst hat doch gesagt: »Ich möchte, dass ihr barmherzig seid.« Barmherzigkeit beinhaltet auch, den

Menschen mit und in seiner Not zu verstehen und ihn erst einmal mit seinen Problemen anzunehmen. Ja, so stell ich mir Jesus und einen bedingungslosen Nachfolger vor. Ich will dir sagen, dass ich das auch erst begreifen musste und auch immer meinte, ich müsse ständig das Wort Gottes zitieren. Aber Gott hat uns seine Gesetze bereits ins Herz geschrieben, wir wissen eigentlich, was die Menschen brauchen, wenn wir mit seinem Geist erfüllt sind. Liebe ist das größte Gebot, Liebe beinhaltet alles. Alles! **Wir sollen die Menschen einfach lieben.** Wir alle machen nun auch Fehler, wir sind auch manchmal anmaßend oder verurteilen andere. Zumindest bin ich das schon. Vielleicht bist du das auch nicht (mehr) und hast dich schon besser unter Kontrolle. Gott hat mich auch noch nicht von allem befreit. Aber zumindest gab er mir das Bewusstsein dafür, was vor Ihm gut und gerecht ist. Dem Himmel sei Dank, dass Gott uns nicht auf einmal verändert. Stell dir vor, Gott würde von dir erwarten, dass du **alle negativen Haltungen, Gewohnheiten oder Gefühle** von heute auf morgen verändern oder ablegen musst. Das wäre für jeden Menschen zu viel. Gott nimmt diese Veränderungen, diese weiteren Erkenntnisse deshalb Schritt für Schritt. Er hat zuerst meine Einstellung und Sichtweisen zu den unterschiedlichen Situationen und Lebensumständen – und vor allem zu den Menschen – verändert. Aber das Wichtigste war wohl: Er hat mich geheilt von meinen schlimmen Verletzungen, den negativen Erfahrungen aus und seit meiner Kindheit. Durch Seine Liebe konnte ich vergeben, und es gelingt mir immer mehr, den Menschen freundlich zu begegnen und sie zu lieben. Das war aber nicht immer so. Menschen waren meine Feinde, sie hatten mir Schlimmes angetan. Wenn dann aus Gottes Liebe heraus auch die Liebe zu den Menschen gelingt, dann ist das aus meiner Sicht immer noch ein Wunder, das Gott auch heute noch wirken kann. Bei jedem Menschen.

Ich war selbst ein verletzter Mensch und konnte dann tatsächlich den Menschen, die mich so sehr verletzt hatten, vergeben. Aber dies konnte ich nur mit Gottes Hilfe. Vergebung ist das Wichtigste, ohne Vergebung können wir nicht in den Heilungsprozess eintreten.

Lass mich zu negativen Erlebnissen und Erfahrungen und dadurch erlernte Verhaltensmuster noch etwas anfügen: Wir alle wurden im Leben schon ein oder mehrere Male verletzt. Durch negative Erfahrungen zeigen sich dann auch negative Verhaltensweisen. Mit der Zeit können daraus richtige Muster werden, die dann auch nur schwer erkennbar sind. Zumindest war das bei mir so und ich denke, dass dies viele andere Menschen auch betrifft. Man verhält sich anders, wenn man schlechte Erfahrungen gemacht hat. Misstrauen oder Unsicherheit können die Folge sein. Aber auch Unversöhnlichkeit oder Bitterkeit, Groll auf den anderen oder auch Neid. Meist ist unsere negative Haltung oder Einstellung anderen gegenüber mit der eigenen Lebensgeschichte verbunden. Ich sehe die Ursache für die Probleme in sozialen Interaktionen und Beziehungen auch – und vor allem – hierin. Unsere eigenen schlechten Erfahrungen prägen unser Leben und unsere Beziehungen, so auch zum Beispiel, wenn man als Elternteil die eigene Kindheit noch nicht ›überwunden‹ hat. Man ist sich oft nicht einmal bewusst, dass man aus den eigenen Verletzungen heraus handelt! So war es jahrelang bei mir und mir war das nicht einmal bewusst.

Wenn wir uns aber unserer eigenen Schwächen, unabhängig von der Ursache, bewusst werden, können wir auch Veränderung erfahren. Das Erkennen deiner eigenen Schwächen, und vor allem die Akzeptanz dieser, ist der Anfang zu einer Veränderung. Die Bibel zeigt uns auch unsere Schwächen auf. Ein Prozess der positiven Veränderung durch Gott kann beginnen. Und Gott gibt nicht so schnell auf! Er ist so gut! Er hat mir die alles entscheidende Gewissheit gegeben, wer ich in Christus bin, und dafür bin ich einfach nur von Herzen dankbar. Er nimmt mich an, wie ich bin, auch mit meinen Schwächen und Fehlern. Ich bin so dankbar, dass ich es gar nicht beschreiben kann. Jesus wird auch **dein** ganzes Leben auf den Kopf stellen, du musst es Ihm nur anvertrauen. Er verändert dich, ob du willst oder nicht, aber Schritt für Schritt. Er zeigt dir durch Sein Wort und Seinen Geist, was du tun kannst, um ein glücklicheres Leben zu führen. Wir können dadurch zu einem Fundament der Gewissheit und des Friedens gelangen. Er zeigt dir aber auch immer wieder neue Schwächen und negative Haltungen. An diesen kann man dann mit Gottes Hilfe ›arbeiten‹ und sich so verändern lassen. Ich sage dir, dein Leben ist nicht mehr das, was es vorher einmal war. Jesus möchte uns vor allem auch wieder herstellen. Er möchte uns von unseren Verletzungen heilen. Er möchte uns einen Weg zeigen, der uns das Leben anders betrachten lässt. Er möchte uns eine Freude und eine Gewissheit schenken, die uns trotz schwieriger Lebensumstände nicht verzweifeln lässt. Gott schenkt uns auch eine konstante innere Freude, trotz schwieriger Lebensumstände. Eine Freude, die von Ihm kommt. Somit ist es eine übernatürliche Freude. Und Gott möchte uns auch Hoffnung schenken. **Diese Hoffnung bringt auch Veränderung in unser Leben. Wir leben dann ein hoffnungsvolles Leben.** Es ist die Hoffnung auf ein ewiges Leben nach dem Tod. **Wenn wir ein Fundament im Glauben haben, eine Gewissheit, dass wir geliebt sind und Hoffnung auf ein ewiges Leben in uns spüren, wird das unser Leben komplett verändern.** Wenn Jesus in dein Leben darf und Sein Geist in dir leben kann, wird sich auch dein Leben verändern.

Lass Jesus in dein Leben. Lass ihn in dein Herz! Lass Ihn bei dir einziehen! Du kannst keine bessere Entscheidung treffen! Und jeder Mensch muss sich einmal entscheiden. Ob du dich für oder gegen Gott entscheidest, es wird Folgen für dein Leben haben. Wenn du dich für Ihn entscheidest, wird nur Gutes daraus folgen.

Das Neue Testament ist voll von Gleichnissen, die Jesus den Menschen erzählte. Ein sehr bekanntes findet sich in **Mark. 4, 13–20**. Es ist das Gleichnis von der Aussaat. Hier beschreibt Jesus Menschen, die alle die Botschaft Gottes hören, aber unterschiedlich damit umgehen. Alles hat Folgen, auch die Frage, ob ich an Gott glauben will oder nicht. Menschen, die nicht an Gott glauben, das Erlösungswerk Gottes ablehnen, können sich jetzt schon einmal Gedanken machen, was sie am

Gerichtstag Gott sagen wollen. Ja, der Glaube ist eine freiwillige Sache, denn Gottes Liebe ist keine, die etwas erzwingen würde. Doch die Bibel sagt uns, dass sich einmal jedes Knie vor Jesus beugen wird. Jesus sagte:

Die Menschen dieser schuldbeladenen Generation wollen von Gott nichts wissen. Wenn jemand nicht den Mut hat, sich vor ihnen zu mir und meiner Botschaft zu bekennen, dann wird auch der Menschensohn keinen Mut haben, sich zu ihm zu bekennen, wenn er in der Herrlichkeit seines Vaters mit seinen heiligen Engeln kommt. (Mark. 8, 38)

Jesus möchte also, dass wir an Ihn glauben, Ihm vertrauen und uns auch zu Ihm bekennen. Er ist für uns gestorben! Er hat sich durch seinen leidvollen Tod am Kreuz für uns hingegeben und unsere Erlösung und ewige Errettung damit bewirkt. So sehr hat Er uns geliebt. Sollten wir dann nicht auch dankbar dafür sein und uns zu unserem Retter und Heiland bekennen? Das ist es auch, was uns zu Seinen Freunden und zu Seiner Familie macht. Wenn wir uns zu Jesus bekennen, werden wir ewiges Leben haben, auch wenn wir nicht vollkommen sind. Ich bezeuge das und bekenne mich zu Jesus – und ich tue das mit ganzem Herzen! Ich liebe Jesus! Wenn wir einmal vor Gott stehen, so können wir uns gewiss sein, dass Jesus auch für uns eintritt. Ich habe so oft seine überfließende Güte erfahren, als ich mit Schuld kämpfte. Wir dürfen deshalb mit Zuversicht vor Gottes Thron treten, weil Jesus Mitgefühl für uns und unsere Schwächen hat. Er versteht uns. Wir müssen uns an Jesus klammern und zugeben, dass wir von Ihm abhängig sind! Wir können uns nicht selbst von unseren Schwächen oder unseren negativen Verhaltensweisen befreien. Wir können aus uns selbst Menschen nicht vergeben, die uns verletzt oder uns schlimme Dinge zugefügt haben. Wir können das nur durch und mit Gott. Wenn uns bewusst wird, wie sehr wir von Gott abhängig sind, werden wir an den Punkt gelangen, an dem Gott uns verändern kann. Ich ›kämpfe‹ auch immer noch mit meinen Emotionen, meiner ›großen Klappe‹ und meiner finanziellen Situation. Das sind die drei großen Bereiche, an die mich Gott immer wieder erinnert. Aber zuvor gab Gott mir die Möglichkeit, Menschen vergeben zu können, und das war das Wichtigste überhaupt. Denn ohne Vergebung werden wir nicht frei! Gott kann keine negativen Verhaltensweisen ändern, solange wir noch mit Unversöhnlichkeit, Groll, Verbitterung oder Überheblichkeit im Herzen zu kämpfen haben. **Es ist so befreiend, wenn du vergeben kannst! Und du kannst es nur mit Gott und wenn du eine persönliche Beziehung zu Jesus anstrebst.**

Ich bete für jeden Leser, dass Jesus Christus auch dir auf deinem weiteren Weg hilft, immer mehr Erkenntnis zu erlangen. Dass du Anteil haben kannst an seiner Liebe und Barmherzigkeit, den göttlichen Verheißungen und dem Heilsweg unseres Herrn Jesus. Die Liebe Gottes und die Freude, die von Ihm kommt, sollen auch dich erfüllen.

Nimm Seine Liebe an, Er reicht dir Seine Hand.

Gott wünscht sich so sehr, dass die Menschen begreifen, was Er uns durch Jesus geschenkt hat. Er hat sich mit uns versöhnt und Er will, dass auch du dich mit Gott versöhnst und errettet bist. Gott möchte, dass auch du zu Seiner Familie gehörst. Er liebt dich, weil Er dich geschaffen hat. Einfach so. Unverdient. **Du bist Seine Schöpfung. Sein geliebtes Kind.**

Ich tue das für Euch! Die Botschaft von Gottes Gnade soll immer mehr Menschen erreichen, und der Dank dafür soll überströmen zur Ehre Gottes. (2. Kor. 4, 15)

Nur ein schlechter Start

Ich bin glücklich, dass du so gut zu mir bist. Du hast meine Not gesehen und erkannt, wie verzweifelt ich war. (Ps. 31, 8)

Ja, ich hatte wahrlich einen schlechten Start. Aber ich werde ein gutes Ende haben. Vielleicht hattest du ja auch keine Eltern, die gut situiert waren oder dir in einer wertschätzenden, wohlwollenden und vor allem einer liebevollen Umgebung eine Basis fürs Leben geschaffen haben. Ein Kind, das von klein auf in Angst und Unsicherheit groß wird, hat keinen guten Start ins Leben. Es fehlen ihm alle Grundelemente, um emotionale und soziale Stabilität zu erlangen. Noch dazu werden die Persönlichkeit und auch der Charakter negativ geformt. Manche Eltern ›erziehen‹ mit Unwissenheit ihre Kinder und sind sich leider nicht bewusst, was dadurch für seelische Schäden oder einfach auch Verunsicherungen bei Kindern auftreten können. Natürlich wollen sie ihren Kindern nicht bewusst schaden, nein, das sicher nicht. Nur verfügen viele Mütter, die ja zum Teil selbst noch sehr jung sind, über zu wenig Wissen und haben auch manchmal selbst schlechte Erfahrungen in ihrer Kindheit gemacht. Ich habe das selbst erlebt und Erziehung auch durch zu wenige Kenntnisse praktiziert.

Ich muss mich deshalb nicht zwingend nur auf wissenschaftliche Studien stützen. Eine Eltern-Kind-Beziehung, die von Liebe, Vertrauen, Sicherheit und Stabilität getragen und geprägt sein soll, wird oft durch negative Handlungen der Eltern in Mitleidenschaft gezogen. Wenn Kinder sich nicht auf Eltern verlassen können, wenn sie keinen oder wenig Halt und Sicherheit haben, dann wird ihr Vertrauen, dass sie für ihre gesunde seelische und soziale Entwicklung brauchen, negativ beeinflusst.

Es geht in erster Linie um ein Grundprinzip. Was wir als Eltern sagen, müssen wir auch tun und dazu stehen. Natürlich kann es einmal passieren, dass man Zusagen, aus welchen Gründen auch immer, nicht einhalten kann. Die Begründung sollte für das Kind aber nachvollziehbar sein und demnach die Situation auch immer erklärt werden. Vor allem auch, weil es wahrscheinlich enttäuscht sein wird. Man sollte dann auch zugeben, dass es ein Fehler war, vorschnell etwas zugesagt zu haben. Das wiederrum macht uns nicht zu ›schwachen‹ Menschen, unsere Kinder werden uns definitiv nicht so sehen, vielmehr erhalten wir ihren Respekt, wenn wir zu unseren Fehlern und Schwächen stehen.

Das kannst du eigentlich auf alle Beziehungen übertragen. Wir Christen sollten das uneingeschränkt können, dann sind wir reif und gesegnet. Kinder orientieren sich an Vorbildern. Wenn wir ihnen negatives Verhalten vorleben, zum Beispiel im Umgang mit Alkohol und Drogen, durch mangelnde Selbstbeherrschung in den unterschiedlichsten Bereichen oder durch Gewalt in verbaler, sexueller oder körperlicher Form, dann dürfen wir uns nicht wundern, wenn sie kein Vertrauen zu uns haben. Ich schreibe das vor allem, damit du erfahren kannst, was Gott heute noch tun kann und wie Er mir Einsicht geschenkt hat und ich durch immer tiefere Erkenntnis letztendlich auch Veränderung erfahren durfte. Gott hat meine Verletzungen geheilt, obwohl ich selbst massiv verletzt wurde. Er hat meinen Blick auf das Wesentliche gelenkt, nämlich darauf, Ihn und meine Mitmenschen zu lieben. Es ist das alles Entscheidende, Gott zu erkennen, Seine Liebe, Seine Gnade und Sein Heil. Paulus schreibt, dass er nur noch Christus erkennen will, weil dies das Beste im Leben ist. Die Veränderungen, die durch den Geist Gottes geschehen, kann jeder Mensch erfahren, der im Glauben an Jesus Christus lebt.

Ich hatte wahrlich eine schlimme Kindheit, emotionalen, körperlichen und sexuellen Missbrauch musste ich, wie so viele andere Menschen auch erleben. Aufgewachsen bin ich mit einem alkoholkranken Großvater, der gewalttätig und selbstsüchtig war. Er wusste es nicht besser, da er selbst in einem Kinderheim aufwuchs. Meine Großmutter setzte ihre Ehe wegen mir aufs Spiel, ich war eigentlich unerwünscht. Meine Mutter war bei meiner Geburt erst 19 Jahre und ledig. Es war eine Schande zum damaligen Zeitpunkt, so jung und noch dazu unverheiratet ein Kind zu bekommen. Sie wusste nicht, wie es weitergehen sollte, sie durfte mit mir nicht nach Hause zurück. Meine Großmutter nahm mich auf, gegen den Willen des Großvaters. Er lehnte mich von Anfang ab. Wenn er getrunken hatte, wurde er meist ausfällig und brutal. Er hat uns oft massiv bedroht, rannte mit dem Messer hinter mir und meiner Großmutter her, wir flüchteten zu einer Nachbarin. Einmal schlug und trat er mich dermaßen, dass ich vor Angst auf den Küchenboden urinierte, auf dem ich bereits lag, während mein Großvater seinen Frust und seine Wut an mir ausließ. Es ist furchtbar, wenn ein Kind so etwas erleben muss. Solche Übergriffe haben immer Folgen für die Seele des Kindes.

Ich möchte dir etwas Wichtiges mitteilen: Das Schlimmste, was man einem Kind antun kann, ist körperliche Gewalt jeglicher Art. Ich habe das bis heute nicht vergessen, diese schlimmen Übergriffe, die Schläge und Tritte durch meinen Großvater. Durch seine Ablehnung und seine mangelnde Selbstbeherrschung, auch bedingt durch seine Alkoholsucht, hatte er meinen Selbstwert zerstört, meiner Seele so starken emotionalen Schaden zugefügt, dass es fast mein ganzes Leben zerstört hat, wäre ich nicht zum Glauben gekommen. Nur allein durch das Eingreifen Gottes, konnte ich gerettet werden.

Ich wurde als Zehnjährige im Keller unseres Hauses von dem Sohn eines Nachbarn sexuell missbraucht. Er vergewaltigte mich zwar nicht, aber was er tat, war ein schwerer Missbrauch. Mit dreizehn bin ich bereits ausgezogen und in eine Hauswirtschaftsschule gegangen. Ich wollte lieber woanders leben, als weiter unter diesen Umständen. Ich wusste allerdings mit elf Jahren schon, dass ich einmal Krankenschwester werden wollte. Schon als kleines Mädchen wollte ich anderen Menschen helfen. Nach der Hauswirtschaftsschule erlernte ich den Beruf zur Krankenschwester. Mit 19 Jahren heiratete ich. Die Ehe war aufgrund des Missbrauchs schwierig, und mein damaliger Mann hatte zudem eigene Probleme. Mit 21 Jahren bekam ich meine erste Tochter, und zwei Jahre danach mein zweites Mädchen. Mit 33 Jahren bekam ich meinen ersten Sohn. Nach der Scheidung hatte ich noch einmal eine Lebenspartnerschaft und brachte noch einmal einen Sohn zur Welt. Mit 44 Jahren wurde ich noch einmal Mutter; meine jüngste Tochter ist heute 16 Jahre alt. Als 25-jährige Frau wurde ich auch vergewaltigt. Ich habe mit niemandem darüber gesprochen, aus Scham.

Ich war also ein sehr verletzter und missbrauchter Mensch, vor allem die Verletzungen durch die eigenen Familienangehörigen wogen schwer. Aber ich war schon immer eine Kämpferin. Ich war dennoch geprägt von Unsicherheit und Angst, voller Misstrauen den Menschen gegenüber. Ich hatte auch keinen oder nur sehr wenig Respekt vor anderen Menschen. Ich war auch leicht zu verunsichern. Vieles empfand ich als persönlichen Angriff und habe schnell einen ›Verteidigungsmechanismus‹ entwickelt, um mich zu schützen. Meist verhielt ich mich unbewusst so, doch es brachte viele Menschen dazu, mich abzulehnen. Doch diesen ›Schutzmechanismus‹ brauchte ich einfach, um mich vor weiteren seelischen Verletzungen zu schützen. Dadurch fällt man auch oft in eine Opferrolle, in der man bei Menschen die Aufmerksamkeit und Liebe, die man in der Kindheit nicht erfahren durfte, sucht. In dieser ›Opferrolle‹ befand ich mich fast mein ganzes Leben. Angst, Verunsicherung und Abhängigkeiten, auch von Menschen, prägten mein Leben. Aber es sollte nicht so bleiben. Gott hatte von Anfang an einen guten Plan für mich. Gott ist so gut, Er stellt uns wieder her und heilt unsere Verletzungen, durch Seine Liebe. Mir wurde auch immer mehr bewusst, warum ich so lange in eigenem Leid, in Gebundenheit und Abhängigkeit bleiben musste. Gott hat mich zwar lange Jahre nicht aus meinem persönlichen Leid und den schwierigen Lebensumständen herausgeholt, aber Er hat mir hindurch geholfen. Und Er kann letztendlich etwas Gutes daraus machen. Dann erfahren auch andere Menschen davon, wie gut Gott ist und wie Er Menschen wieder herstellt.

Für mich war's gut, dass ich durchs Leiden musste, um mich auf deine Weisung zu besinnen. (Ps. 119, 71)

Wenn man ein Leben ohne Gott lebt, der Glaube nicht existenziell in deinem Leben ist, dann ist dir auch nicht bewusst, wie gut Gott ist und dass Er alles bewirkt. Erst ab dem Zeitpunkt, an dem ich mich bewusst für Jesus entschieden habe, spürte ich Gottes Wirken, und da war ich bereits 53 Jahre alt. **Gott begegnet dem Menschen, der sich für Ihn entscheidet. Der Ja zu Ihm sagt. Wir haben einen freien Willen, den Gott uns aus Liebe lässt und den er uns nicht wegnimmt.** Gott kann und wird auch dein Leben positiv verändern. Er kann auch dich heilen, egal was dir widerfahren ist. Und das selbst, wenn du auch schon großes Leid durchlebt hast, oder vielleicht gerade noch erlebst. Ich weiß, dass Er das, was Er für mich getan hat, auch für dich tun kann. Ich habe Gottes Liebe erfahren und eine tiefe Erkenntnis von dem erhalten, was unser Herr für uns tun kann. Unser Gott kann befreien, heilen und retten. Wenn du Jesus dein Leben anvertraust, dann wird der Geist Gottes, der dann in dir wohnt, auch dich heilen. Stück für Stück. Es ist ein Prozess der Veränderung und letztendlich der Heilung. Ich habe nicht nur unzählige Zeugnisse gehört, sondern es auch selbst erfahren. Wenn dir jemand erzählt, Gott würde heute nicht mehr heilen, dann ist das schlicht und ergreifend falsch. Jesus ist der Gleiche – gestern, heute und morgen.

Jesus machtvolle Worte waren: Ich bin das Alpha und das Omega, der Erste und der Letzte, der Anfang und das Ende. (Offb. 22, 13)

So wie Er zu Seinen Lebzeiten gewirkt hat, so wirkt Er auch heute noch durch Seinen Geist weiter in den Gläubigen, die Sein Wort ernst nehmen und Ihm vertrauen. Denn dadurch kann der Geist Gottes ja auch erst wirken, **wenn wir auch daran glauben, dass Er heute noch in uns wirkt.** Deshalb solltest auch du Ihn bitten, in dein Leben zu kommen, deine Sünden bereuen und umkehren, damit auch du die Liebe und die Kraft von Jesus empfangen kannst, deine ewige Errettung erhältst und nicht verurteilt wirst am großen Gerichtstag. Denn ohne den Glauben an Jesus werden wir kein ewiges Leben erhalten. So sagt es uns Gott durch sein Wort.

Der Vater liebt den Sohn und hat alles in seine Hand gegeben. Wer sich an den Sohn hält, hat das ewige Leben, wer nicht auf den Sohn hört, wird niemals das

Leben finden, er wird dem Zorngericht Gottes nicht entgehen. (Joh. 3, 35)

Nach meiner Umkehr, nach meiner Bekehrung zu Jesus veränderten sich Schritt für Schritt auch meine Einstellung und meine Haltung zu den unterschiedlichen Lebensbereichen und Umständen. Vor allem gelang mir das auch durch das Studium der Bibel, durch Gottes Wort und seinen Geist. Gott tut Sein Werk, so oder so. Er möchte dich verändern, sodass du immer mehr denkst, wie Er denkt und du Seinem Bild immer ähnlicher werden kannst. Warum tut Er das? Weil wir dadurch ein besseres Leben haben und Er uns auf die Ewigkeit vorbereiten möchte. Wir wachsen dann geistlich durch das Studium der Bibel, nehmen immer mehr Erkenntnis und Weisheit auf. Gott spricht auch zu uns durch Sein Wort, und der Heilige Geist leitet uns. Die stille Zeit mit Gott war und ist auch heute noch das Wichtigste für mich.

Ich bin meiner Glaubensschwester heute noch sehr dankbar dafür, dass sie mir immer und immer wieder von diesem Jesus erzählte. Ich war im Jahr 2010 in der außerklinischen Intensivpflege tätig, bei einem Patienten, dessen Frau Christin ist. Sie liebte Jesus. Irgendwann fragte sie mich, ob wir zusammen beten sollen, damit auch ich mein Leben Jesus anvertrauen konnte. Ich weiß bis heute noch nicht, warum ich das tat, aber ich tat es. Ich weiß nur, Gott hat meinen Weg gelenkt, damit ich in dieser Familie meinen Dienst tue. Seitdem ist so viel passiert, dass ich einfach nur staunen muss. Die Veränderung, die Gott bewirkt, erfolgt von innen nach außen.

Mir wurde immer mehr bewusst, wer ich durch Christus bin und dass ich zur Familie Gottes gehöre, als Sein geliebtes Kind. Das ist eine große Offenbarung durch Gott, und aus seiner Gnade heraus kannst du das einfach als Geschenk annehmen: Du gehörst zur Familie Gottes und bist Sein Kind. Wir sollen nicht nur das Wort weitergeben, sondern dürfen es natürlich auch für uns selbst beanspruchen.

Aber allen, die ihn aufnahmen und ihm Glauben schenkten, verlieh er das Recht Kinder Gottes zu werden. (Joh. 1, 12)

Ein Kind Gottes zu sein, ist wohl das Beste, was es in unserem Leben geben kann. Oder weißt du etwas Besseres? Dieses Wissen verändert nicht nur dein Leben! Es verändert vor allem auch dein Inneres, deine Seele und deinen Geist. Und dadurch erlebst du Heilung. Du wirst immer mehr verwandelt, dein Sinn, deine Gedanken und deine Einstellungen verändern sich. Die Bibel spricht davon, dass diese Umwandlung von Herrlichkeit zu Herrlichkeit passiert. Wir werden immer mehr umgeformt und verändert in Gottes Sinn. Du weißt irgendwann einfach, dass du geliebt bist, unverdient geliebt. Manche Menschen spüren diese Liebe Gottes auch direkt bei ihrer Bekehrung.

Bei mir hat es etwas gedauert, bis ich eine vertrauensvolle Beziehung zu Gott hatte. Gott musste da schon etwas nachhelfen. Meine negativen Gedanken wurden aber mit der Zeit, vor allem durch das Studium der Bibel, sowie durch Hunderte von Vorträgen und Predigten, immer mehr verändert. Und das ist einfach genial, unbeschreiblich und mit unserem menschlichen Verstand auch nicht zu begreifen. Die Bibel ist das Wort Gottes, durch Gottes Geist inspiriert und deshalb verändert sich der gläubige Mensch auch, wenn er denn die Veränderung durch den Geist Gottes zulässt. Es passiert alles im übernatürlichen Bereich, durch den Heiligen Geist. Menschen sind schon immer durch den Geist Gottes inspiriert worden, es gibt viele Beispiele in der Bibel dazu. Der Geist Gottes wirkte damals und ist auch heute noch am Wirken, in und bei Menschen.

Du hast ein reines Gnadengeschenk der Errettung und Erlösung von Gott erhalten, durch Jesus Christus, weil Er dich liebt. Voraussetzt, du nimmst dieses Geschenk an. Er wollte die Menschen von ihrer Schuld befreien. Gott hat uns mit und durch Jesus die gesamte Auflehnung und Boshaftigkeit, die Sünde und unsere Schuld, ein für alle Mal vergeben. Unser Befreier, unser Retter, unser Erlöser Jesus Christus ging für dich und mich ans Kreuz und hat durch Sein Blut die Schuld der ganzen Welt gesühnt. Er hat Sein Leben freiwillig gegeben, dass sagte Er selbst. Er kannte seinen Auftrag und hat dieses blutige Martyrium auf sich genommen. Müssen wir Ihm dafür nicht uneingeschränkt danken? Wir dürfen deshalb Jesus auch unser Leben anvertrauen. Ich habe es getan und diesen entscheidenden Schritt niemals bereut. Ich bin Gott so dankbar dafür. Dankbar für die Gnade der Errettung und Vergebung und dankbar, dass Er mich gerufen hat.

Nach meiner Bekehrung hatte ich dann auch immer mehr das Bedürfnis, Gottes Wort, die Bibel, zu studieren.

Es entbrannte eine regelrechte Leidenschaft für Sein Wort, ein Feuer in meinem Inneren. Ich bekam so viel ›Hunger‹ nach Seinem Wort, nach Gottes geistiger Nahrung. Jesus sagte, dass der Mensch nicht vom Brot allein lebt, sondern von jedem Wort, das aus Gottes Mund kommt. Sein Wort kommt aus der Bibel. Es ist das inspirierte Wort Gottes, und es kann auch dein Leben verändern. Ich wollte Ihn einfach immer mehr kennenlernen. Das wollte ich aber nicht aus mir selbst heraus, denn es ist Gott, der alles bewirkt. Warum sollte ich auch von mir aus plötzlich in der Bibel lesen wollen? Gott hatte es mir ins Herz gelegt, Er hatte einen Plan mit mir.

Ich habe auch einige Situationen mit Gott erlebt, in denen Er mich prüfte, ob ich Gehorsam im Glauben zeige. Das tut Er auch heute noch. Prüfungen werden immer wieder kommen. Manche Prüfungen werden mit der Zeit leichter, wenn der Glaube schon ein tieferes Fundament bekommen hat. Manchmal waren es für mich auch völlig unverständliche Dinge, zum Beispiel wenn ich mich bei Menschen entschuldigen sollte, obwohl sie unfreundlich zu mir waren. Oder, wenn du geduldig sein und warten sollst, statt selber Hand anzulegen, so kann das auch eine Prüfung sein. Eine weitere Prüfung war, wenn du jemandem ein aufmunterndes Wort schicken sollst, obwohl der Mensch es, aus deiner Sicht, nicht verdient hat. Besonders schwer ist es, wenn du jemandem, der dich verleumdet hat, vergeben und wieder freundlich gegenüber treten sollst. Oder wenn du für andere etwas tun sollst, obwohl dir die eigenen Probleme über den Kopf wachsen.

All das waren Gehorsamsprüfungen, die ich bestehen musste, wenn ich Gott ernst nehmen wollte. Durch solche Prüfungen wachsen wir geistlich. Prüfungen bedeuten also geistliches Wachstum, und dafür sollten wir dankbar sein. Heute ist es so, dass ich weiß, was Gott von mir erwartet. »Rede und schreibe.« So einfach und klar ist Sein Auftrag für mich. Aber ich möchte natürlich den Menschen auch mit persönlichem Beistand helfen. Mir war das kurz nach meiner Bekehrung schon eingegeben worden, dass ich viele Menschen erreichen soll, das habe ich bereits schon erwähnt. Ich wünschte mir das aber auch immer mehr. Es ist Gott, der uns Wünsche und Träume ins Herz legt, aber diese Wünsche können dann auch zu unseren eigenen werden. Die persönliche Berufung zu erkennen, kann aber auch etwas dauern. Und selbst wenn man sich auch nicht so sicher ist, ob diese wirklich von Gott kommen oder doch eigene persönliche Wünsche sind, sollte man es trotzdem versuchen. Lieber einmal in die verkehrte Richtung gehen, als gar nicht zu gehen. Wenn du es nämlich nicht tust, kannst du auch nie herausfinden, ob es dein eigener, oder Gottes Wunsch ist. Wenn es gelingt, Türen aufgehen und dein Vorhaben wächst, dann ist Gott am Werk. Wenn sich keine Türen öffnen, kann es auch sein, dass die Zeit dafür noch nicht reif ist. Alles muss mit Gottes Zeitplan übereinstimmen, alles andere ist ›Eigeninitiative‹. Deshalb sollen wir täglich mit Gott verbunden sein, durch stille Zeit, durch Gebet und das Studium Seines Wortes, damit wir den ›Startschuss‹ nicht verpassen. Es kann plötzlich kommen.

Aber glaube jetzt bitte nicht, dass es mir täglich gelingt, immer gehorsam im Glauben zu leben. Und soll ich dir etwas sagen? Das erwartet Gott auch nicht. Gott sieht unser Herz! Unsere innere Haltung. Er sieht unsere Motive, Er sieht unser Bemühen, aber auch unser Versagen. Mir musste auch erst einmal völlig bewusst werden, dass ich Seine Gnade jeden Tag wieder aufs Neue in Anspruch nehmen darf, nachdem ich gesündigt hatte und meine Sünden aufrichtig bereute. Dazu musste ich viel stille Zeit mit Gott verbringen, um das tatsächlich erst einmal zu begreifen. Die Gnade Gottes dankbar annehmen zu können, diese auch **tatsächlich in Anspruch zu nehmen**, fällt auch anderen Christen nicht so leicht, vielleicht auch dir nicht. Gnade ist ein Geschenk Gottes. Mit dem menschlichen Verstand ist diese nicht wirklich zu begreifen, aber dieses Geschenk hat Er uns durch Jesus Christus gemacht. Darin besteht auch ein Geheimnis im Glauben. Aus der Gnade zu leben befreit.

Ich weise die Gnade Gottes nicht zurück. Wenn wir vor Gott damit bestehen könnten, dass wir das Gesetz erfüllen, dann wäre ja Christus vergeblich gestorben. (Gal. 2, 21)

Aus der Gnade zu leben, ist wahrlich ein Geschenk. Nimm es in Anspruch. Gott schenkt sie dir, diese Gnade. Mittlerweile bin ich so zuversichtlich und voller Hoffnung. Ich glaube an Gottes Verheißungen und ich nehme sie auch in Anspruch. Dafür hat Er sie uns gegeben. Gott kann uns auch große Dinge, große Visionen ins Herz legen. Ich glaube deshalb auch, dass Gott dieses Buch dazu benutzen kann, viele Menschen zu erreichen.

Gott kann so unendlich viel mehr tun, als du und ich uns jemals vorstellen können. Viel mehr! Für Gott ist nichts unmöglich. Wir müssen aber vor allem dankbar sein, für das, was Er schon getan hat, und das möchte ich dir unter keinen Umständen vorenthalten. Dankbarkeit Gott gegenüber ist einfach das Wichtigste. Ihm zu danken, sind die wichtigsten Worte, die du aussprechen kannst, wenn du zu Ihm betest. Es ist so wichtig, dankbar zu sein, dankbar für das, was Gott schon getan hat, für dich und für mich.

Vielleicht denkst du jetzt, was hat Gott denn schon für mich getan? Vielleicht ist es dir, da du noch nicht gläubig bist, nicht bewusst. Dass Er Jesus für uns als Opfer gab, damit wir wieder mit Ihm versöhnt werden können, ist etwas, dass Er für dich und mich getan hat. Stell dir einfach mal vor, du müsstest dein Kind opfern für jemand anderes, damit derjenige gerettet werden kann. Was wäre das für ein großes Opfer? Und **genau dieses Opfer** hat Gott für uns gegeben, genau **das** hat Gott für dich und mich getan – weil Er uns liebt. Gott liebt Seine Schöpfung, uns Menschen, wir als Sein Ebenbild. Er liebt dich und mich bedingungslos. Und wir dürfen Sein Gnadengeschenk annehmen. Was ist das für eine Liebe? Wie groß muss diese Liebe sein? Und wir dürfen es in Anspruch nehmen. Ich schreibe das öfter, weil ich glaube, dass sich viele Christen schwer damit tun, wirklich aus der Gnade heraus zu leben. Man braucht sich nur die Veröffentlichung von Mutter Theresas Autobiographie ansehen. Diese wunderbare und selbstlose Frau hat immer geglaubt, sie tut noch zu wenig für Gott und es würde nicht reichen. Sie sagte einmal: »Jesus kann ganz schön fordernd sein«, das tat sie allerdings mit einem Lächeln auf dem Lippen. Sie hat sicher auch darunter gelitten, obwohl sie ein tiefgläubiger und barmherziger Mensch war. Martin Luther hat ja auch heftige Anfechtungen durchlebt, wenn man seine Geschichte liest. Auch er hat sich teilweise selbst kasteit und war auch der Meinung, dass er nicht gut genug für Gott wäre. Diese großen Männer und Frauen Gottes, konnten die Gnade Gottes anscheinend nicht annehmen, obwohl sie an Jesus glaubten und auch nach seinem Wort lebten. Das Gnadengeschenk von Gott ist nun mal Jesus Christus. Mit rein menschlichem Verstand kann man nicht verstehen, warum Gott dies alles für uns getan hat. Deshalb heißt es ja auch, dass wir aus Glauben leben und nicht aus dem Sehen, oder dass wir dafür immer neuere wissenschaftliche Beweise bräuchten. Wir glauben einfach, dass die Gnade Gottes in jedem einzelnen Menschen, der glaubt, auch wirken kann. Sofern der Gläubige sie annimmt. Mir fehlen auch einfach manchmal die Worte. In mir kommt so eine große Dankbarkeit auf, die ich mit Worten nur schwer ausdrücken kann. Es ist einfach unaussprechlich, was Jesus für jeden Einzelnen von uns getan hat.

Gott hat dic Menschen so sehr geliebt, dass er seinen einzigen Sohn gab. Nun werden alle, die sich auf den Sohn Gottes verlassen, nicht zugrunde gehen, sondern ewig leben. (Joh. 3, 16)

Wenn ich zurückblicke und mir bewusst mache, was für ein Mensch ich einmal war und wer ich heute bin, dann ist das schon ein kleines Wunder. Ich war ein schwieriger Mensch (bin ich auch heute noch für einige andere Menschen), war verletzt und musste stets funktionieren. Als berufstätige Krankenschwester und fünffache Mutter stand ich, wie die meisten anderen Mütter auch, ständig ›unter Strom‹. Meine Kinder oder das Leben genießen, konnte ich nicht wirklich. Es gab für mich einfach nichts zu genießen. Das Leben war zu anstrengend. Freude war nur situationsbedingt vorhanden. Meine älteste Tochter ist mittlerweile 38, könnte also selbst die Mutter ihrer kleinen Schwester, meiner Jüngsten, die gerade einmal 16 Jahre ist, sein. Und die beiden haben eigentlich nur leiblich die gleiche Mutter. **Die Veränderung durch den Glauben an Jesus ist mächtig.** Jesus wirkt auch heute noch in Menschen, das habe ich persönlich erfahren und erfahre es weiterhin. Auch heute passieren immer noch Wunder. Große und Kleine. Lass dir nichts anderes erzählen. Bis heute werden Menschleben verändert. Ich habe auch unzählige Zeugnisse in den letzten Jahren gehört. Wenn du durch deine Religion nichts oder nur so nebenbei von Jesus hörst und Er nicht das Zentrum der Guten Nachricht ist, dann bekommst du wahrscheinlich keine richtige oder keine gute Lehre. Jesus macht nicht nur glücklich. Jesus heilt auch. Jesus schenkt Frieden und Freude. Jesus hat uns gerettet. Glaube an Ihn und auch dein Leben wird sich verändern. Dein Leben wird nicht mehr das sein, was es einmal war.

Ich danke Gott so sehr für diese wunderbare Erkenntnis! Ich war voller Schuldgefühl, verzweifelt und am Ende. Ich war abhängig vom Wohlwollen anderer Menschen, war auch einige Jahre abhängig vom Glücksspiel, suchte ständig nach Liebe und fand sie nicht. Gott hat mir dann durch seine Gnade gezeigt, dass ich in Seinen Augen ein wertvoller Mensch bin, trotz meiner Fehler in der Vergangenheit und meiner Schwächen. Wir dürfen die Vergebung einfach annehmen, wenn wir unsere Sünden bereuen und umkehren. **Jesus hat ein für alle Mal für unsere Schuld und unsere Sünden am Kreuz bezahlt.** Durch Sein Blut, das Er am Kreuz für dich und mich vergossen hat, wurde **alle Schuld und alle Sünde** gesühnt. Deine Sünden aus der Vergangenheit, deine heutigen Sünden und die, die du noch in der Zukunft begehen wird. **Sonst könnte tatsächlich kein Mensch gerettet werden, da kein Mensch sündlos leben kann.** Also musste ein endgültiges Sühneopfer unsere Schuld und Sünden tragen. Ein für alle Mal. Gott hat uns dadurch ein neues Leben geschenkt, durch Jesus Christus, Seinen Sohn.

Gott befreite mich von mehreren großen seelischen Verletzungen relativ schnell. Zuerst musste bei mir aber der Weg zur Vergebung anderen gegenüber geöffnet werden. Das war das Wichtigste. Sonst ist der Weg nicht frei für weitere Veränderungen und geistliches Wachstum, weil uns immer noch Groll, Traurigkeit, Wut, Hass oder Verbitterung blockieren kann. Die Vergebung Gottes anzunehmen, und vor allem auch, sich selbst zu vergeben, ist wohl für die meisten Menschen ein Problem. Gott möchte aber, dass wir Unversöhnlichkeit aus unserem Herzen verbannen. Dazu schenkt Er uns doch Seine

Vergebung und Seine allumfassende Liebe. Und dadurch wird der Weg zur Heilung geebnet. Durch Seine Liebe. Gott möchte uns Seine Liebe schenken. Und auch du darfst Seine Liebe einfach annehmen! Du denkst jetzt vielleicht: ›Wenn das mal so einfach wäre!‹ Richtig?

Gottes Liebe wird unterschiedlich von den Menschen wahrgenommen. Es gibt Menschen, die erleben Gottes Liebe sehr intensiv, während andere diese Liebe nur mit dem Verstand oder mit Worten begegnen. Bei ihnen ist diese Liebe, die wahre Erfüllung, noch nicht ins Herz gelangt. Meistens geht man durch einen Prozess der Erfüllung und Heilung. Reines Bibelwissen hilft uns aber bei diesem Prozess nicht. Die Erkenntnis muss erst in unser Herz fließen, dann wird daraus eine Offenbarung. Vorrausetzung dafür ist zuerst, dass wir bereit sind, diese Liebe Gottes auch anzunehmen. Wir müssen uns dafür entscheiden, dass wir das auch glauben, was uns Gott in Seinem Wort zusagt. Die Bibel ist voll mit Gottes Liebe an uns Menschen. (Vgl. noch einmal Joh. 3,16.) Und diese Liebe gilt jedem einzelnen Menschen. Dir und mir. Erst durch die Annahme von Gottes Liebe kann letztendlich bei uns Veränderung und Heilung für unsere Seele stattfinden.

Gott möchte unsere verletzte Seele wieder herstellen, Er möchte uns erneuern, seelisch, geistig und körperlich, damit Er Seinen Plan in und mit uns verwirklichen kann. Der Glaube an Gott und an Sein Wort ist der Anfang zur Wiederherstellung und Erfüllung. Jesus ist der Anfang! Und das Ende! Er ist der Schlüssel für eine vertrauensvolle Beziehung zu Gott. Und das ist die beste Beziehung, die du in deinem Leben haben kannst. Es gibt keine bessere. Seine Zusagen und Verheißungen in der Bibel gelten auch für dich ganz persönlich. Vertraue und glaube Seinem Wort und dass er auch dich verändern und wiederherstellen kann. **Glaube und vertraue!** Vergebung ist deshalb auch das Wichtigste, sie ist so wichtig, dass ich es immer und immer wiederholen will. Wenn du wirklich frei werden willst, musst du Vergebung lernen. Es ist eine Entscheidung, keine Gefühlssache. Die Emotionen verändern sich erst später. Das kann auch etwas dauern. Geduld ist deshalb vor allem sehr wichtig, wir müssen geduldig sein. Gott lehrt uns Geduld. Sie ist eine Frucht des Geistes, die sich auch erst mit der Zeit entwickeln wird. Durch Jesus können wir auch vergeben, wenn wir Ihn in unserem Leben haben.

Erst wenn du vergeben hast, kann deine Seele frei werden.

Dass ich jetzt hier sitze und dieses Buch schreibe, vor allem dass ich ein Buch über diesen wunderbaren Gott schreibe, hätte ich niemals, nicht einmal annähernd erahnen können. Noch vor fünf oder sechs Jahren wäre ich nicht auf die Idee gekommen, dass ich einmal ein Buch über Gott und Jesus Christus schreibe. Warum hätte ich so etwas tun sollen? Ich hatte doch gar keine Veranlassung dazu. Mein Glaube bestand doch nur auf dem Papier, ich hatte keine Beziehung zu Gott und zu Jesus. Doch bei Gott ist einfach nichts unmöglich. Er zeigt dir deine Berufung, deine Gaben, deine Talente. Er will, dass du sie einsetzt, so wie Er es für dich vorgesehen hat. Siehst du, wie wunderbar und gut unser Gott ist? Ich kann dir gar nicht sagen, wie dankbar ich bin, dass ich Gott kennengelernt habe und die Botschaft der Guten Nachricht durch Seinen Geist auch richtig verstanden habe. Die Bibel spricht auch davon, wenn wir das Geheimnis des Glaubens verstehen lernen. Und dieses ist Jesus Christus. Gott spricht zu uns durch Sein Wort, die Bibel, durch andere Menschen oder durch persönliche Erfahrungen. Es ist reine Gnade von Gott, wenn du die Botschaft vom Kreuz richtig deuten kannst. Durch den aufrichtigen Glauben an Jesus Christus können wir diese Gnade erhalten, wenn wir Jesus als unseren Retter und Erlöser annehmen.

Durch das Studieren seines Wortes, durch Gebet und Danksagung und vor allem durch stille Zeit mit Ihm, wirst du Veränderung erleben. Wichtig ist aber, dass man zu erkennen lernt, was von Gott kommt und was nicht. Sonst passiert dir dasselbe wie mir, dass ich immer wieder um denselben Berg herumgelaufen bin, weil ich verschiedene Dinge ohne Gott getan habe. Als ich Jesus noch nicht kannte, war ich auf einer Wüstenwanderung. Ich musste da durch, durch Sorgen, Ängste und Nöte, um zu erkennen, dass es ohne Ihn nicht geht. Jetzt vertraue ich Gott, Er hat mir eine Aufgabe zugeteilt, mir meine Berufung gezeigt. Ich will das tun, gehorsam sein, obwohl ich nicht weiß, was Gott noch alles vorhat. Aber ich tue es mit einer Dankbarkeit und mit großer Freude.

Ich aber setze mein Vertrauen auf dich, meinen Herrn; dir nahe zu sein, ist mein ganzes Glück. Ich will weitersagen, was du getan hast. (Ps. 73, 28)

Ich bete, dass Gott meine Arbeit segnet. Wir sollen vertrauen und im vertrauenden Glauben vorwärts gehen. Ich vertraue einfach und gehe vorwärts. Das ist reine Gnade von Gott. Mittlerweile habe ich ein tiefes Fundament im Glauben, einen vertrauenden Glauben. Auch wenn meine Fragen nicht immer beantwortet werden, und Gott antwortet nicht immer, vertraue ich. Geduld ist vor allem angesagt. Gott prüft auch unseren Glauben. Gott möchte uns dann durch bestandene Prüfungen wieder stärken. Wir wachsen geistlich durch unterschiedliche Prüfungen. Diese können langatmig sein; manche dauern Wochen, manche Monate und manche Jahre. Aber auch während dieser Prüfungen können wir im Vertrauen weiter gehen und Gott danken. Das ist nicht immer einfach, absolut nicht. Aber Gott wird uns nie mehr auferlegen, als wir tragen können. Jesus möchte ja, dass wir Ihm bedingungslos vertrauen! Man muss mit dem Heiligen Geist ›zusammenarbeiten‹. Du fragst jetzt vielleicht, wie das gehen kann. Du kannst es, weil Er in dir bereits vorhanden ist, wenn du an Jesus glaubst und Ihn darum bittest, dass Er dich leiten möge. Lies und studiere Sein Wort, bete zu Gott, frage Gott und bitte Ihn um Hilfe. Verbringe stille Zeit mit Ihm. **Du musst in die Stille kommen.** In die Stille mit Gott. Durch Gebet und mit Seinem Wort, der Bibel. Täglich, immer wieder, regelmäßig und am besten am Morgen, das hilft dir für den Tag.

Die Verheißungen und Zusagen in der Bibel sind für uns ganz persönlich bestimmt. Aber natürlich auch die Vorgaben und Gebote, die uns ein erfülltes Leben erst leben lassen, wenn wir uns nach Seinem Wort richten. Gott hat Sein Wort nicht nur für die großen Frauen und Männer des Glaubens schreiben lassen, von denen du in der Bibel lesen kannst. Im Wort Gottes zu lesen, es zu studieren, ist das Beste, was man tun kann, um im geistlichen Bereich weiter zu wachsen. Das Studium der Bibel ist für unser Leben nicht nur eine Bereicherung, sondern ein Wegweiser, damit wir ein gutes Leben haben. Ich merke es selbst, wenn ich einmal nicht im Wort lese oder nur wenig Zeit mit Gott verbringe, dann ›entferne‹ ich mich wieder ein Stück von Gott. Man läuft Gefahr, wieder die ›eigenen Sachen‹ zu machen. Deshalb sind Beten und das tägliche Lesen im Wort die beste Hilfe. Es ist die Kraftquelle, die beste Stärkung in unserem täglichen geistigen und geistlichen Kampf.

Ich hatte zwar einen schlechten Start, aber ich werde ein gutes Ende haben. Meine Zeit möchte ich hier auf Erden noch sinnvoll nutzen – und so, wie Gott es für mich vorgesehen hat. Für Ihn zu leben und für Menschen etwas zu tun, ist jetzt meine Aufgabe. In meinem Beruf als Krankenschwester kann ich aus gesundheitlichen Gründen nicht mehr arbeiten. Gott möchte das anscheinend auch nicht, weil Er etwas anderes mit mir vorhat. Ich brauche auch Seine tägliche Gnade für das, was ich jetzt tue. Alles macht dann aber auch Sinn, wenn du verstehst, warum du hier auf Erden bist, und das schenkt dir Erfüllung für dein Leben. Gott gebraucht uns Menschen, Er hat für dich und mich einen Plan, der bereits fertig ist, noch bevor wir geboren wurden. Dank Gott und seinem Erlösungswerk durch Seinen Sohn Jesus

Christus sind wir errettet und geliebt. Durch den Glauben an Jesus können wir eine persönliche Beziehung zu Ihm haben. Er möchte, dass wir in Seiner Nachfolge leben. Gott verleiht uns deshalb allen Gaben und Talente. Er hat mir unter anderem auch die Gabe des Schreibens und der Kommunikation gegeben. Zumindest hoffe ich, dass du von diesem Buch und dem Inhalt profitieren kannst und es gut und für dich verständlich geschrieben ist. Gott helfe mir dabei.

Alle Menschen haben unterschiedliche Gaben. Diese dienen dann immer auch anderen. In 1. Kor. 12 lesen wir von den Gaben des Geistes und dass diese zur Erbauung für die Gemeinde, für die Gläubigen sind und den Leib Christi bereichern sollen. Gott hat uns allen Gaben geschenkt, damit wir uns gegenseitig ermutigen, erbauen, helfen, lehren oder auch korrigieren können. Auch du hast unterschiedliche Talente und Gaben von Gott erhalten. Unsere Gaben wurden ganz unterschiedlich verteilt. Also wundere dich nicht, wenn du für Gottes Reich etwas tun sollst, obwohl du glaubst, das kannst du gar nicht. Mir ging es am Anfang auch so. Aber wenn Gott etwas mit dir vorhat, dann wird Er dir auch die Kraft und die Möglichkeit geben, Seinen Plan umzusetzen. Da kannst du Ihm bedingungslos vertrauen! Mir zum Beispiel fehlten immer schon die Eigenschaften einer guten Hausfrau. Backen, kochen oder stricken, nähen oder Gartenarbeit. Es gibt Frauen, die leidenschaftliche Hausfrauen sind. Ich gehöre nicht dazu. Menschen haben so unterschiedliche Talente und Gaben. Manche können sehr gut ein Musikinstrument spielen, wunderbar singen, inspirierend und leidenschaftlich schreiben, haben eine wunderbare Gabe der Kreativität, können mit Kindern gut umgehen, lehren, helfen, analysieren, haben technische Talente oder handwerkliche Begabung. Gott sei gedankt für all diese wunderbaren Menschen, die medizinische, technische, wissenschaftliche, handwerkliche oder geistige Tätigkeiten ausführen. Bitte, setze auch du stets deine Gaben ein, die du von Gott bekommen hast. **Sie führen immer zu guten Taten und zur Hilfe für andere Menschen!** Manchmal legt Gott auch einem Menschen ins Herz ›etwas Größeres‹ zu tun. Wehre dich nicht gegen den Willen Gottes, du wirst sonst nicht wahrhaft glücklich werden. Du tust gut daran, Gott zu bitten, dir deine Berufung zu zeigen. Zu gegebener Zeit wirst du sie erkennen, falls du nicht schon in deiner Berufung lebst. Ich weiß ja nicht, wer diese Zeilen alles liest. ☺

Ich bin Gott so dankbar, dass ich das tun darf, was ich jetzt tue. Ich möchte einfach gehorsam sein, aus Liebe zu Ihm, ein Diener Gottes, ein Nachfolger von Jesus und ein Diener für die Menschen. So hat es Jesus uns vorgelebt. Er will, dass wir Ihm nachfolgen. Ich bin so glücklich, dass ich zu Gottes Familie gehöre und dass ich etwas für Sein Reich tun darf. Aber es gibt natürlich nicht nur ›glückliche‹ Tage. Wir müssen uns bewusst sein, dass es auch Angriffe geben wird, wenn man am Reich Gottes mitbaut. Satan wird dir und mir keinen roten Teppich ausrollen. Er möchte um jeden Preis verhindern, dass wir mutig weitere Glaubensschritte tun, sodass noch viele weitere Menschen die Gute Botschaft hören und noch viele Menschen gerettet werden können. Er benutzt Menschen oder auch Umstände und greift uns oft an unseren Schwachstellen an, um uns von unserem Vorhaben für und mit Gott abzubringen. Mach dir aber immer wieder bewusst, dass Jesus bereits den Sieg errungen hat. Seine Liebe für dich gilt immer. Deshalb ist Seine Liebe das alles Entscheidende, die Motivation schlechthin, die uns antreiben wird. Mutter Theresa schrieb in ihrem Buch ›Trotzdem‹: »Wenn du die Menschen liebst, werden sie dir schlechte Motive und Ablehnung entgegenbringen. Liebe sie trotzdem.« Ich habe mir das zu Herzen genommen, und ich möchte die Menschen lieben, auch wenn es manchmal nicht leicht ist. Menschen sind dir nicht immer wohlgesonnen, viele sind egoistisch, hochmütig und verletzend. Vor allem wenn du gläubig bist und es weitergibst. Es ist nicht immer einfach, wenn du ungerecht oder respektlos behandelt oder verkehrt eingeschätzt oder verleumdet wirst. Jesus sagte uns aber, dass wir unsere Feinde lieben sollen. Das ist und bleibt die größte Herausforderung im Leben eines Christen: die Menschen trotz allem zu lieben! Wir können jemanden nicht mögen und ihn trotzdem lieben. Auch wenn wir ihn nicht mögen, müssen wir ihm helfen. Hier geht es um Nächstenliebe, es geht darum, das Wohl des anderen immer im Auge zu behalten. Wir sollen den anderen höher achten als uns selbst. Das ist christliche Nächstenliebe. Und auch wohl die größte Herausforderung im Leben eines Christen. Wir müssen unseren Fokus auf andere Menschen legen, um ihnen beizustehen oder auch anderweitig zu helfen. Egal was du für Menschen Gutes tust, du handelst damit nach dem Willen Gottes und wirst dadurch selbst zufriedener. Es ist aber dabei nicht wichtig, **was du Gutes tust**, sondern **warum** du es tust. **Warum** wir etwas tun, ist Gott wichtiger als das, **was** wir tun. **Unsere Motive sind für Gott ausschlaggebend.** Gott möchte, dass wir reine Herzen haben und das ist bestimmt auch eine tägliche große Herausforderung für uns Christenmenschen.

Solltest du einen ebenso ›schlechten Start‹ ins Leben gehabt haben wie ich, so will ich dir jetzt Hoffnung zusprechen. Kein Kind kann sich ja nun einmal aussuchen, in welche Familie es hinein geboren wird. Vielleicht hattest du auch ein schwieriges Elternhaus. Vielleicht war deine Mutter Alkoholikerin oder dein Vater gewalttätig. Vielleicht wurdest du zu wenig wertgeschätzt, musstest auch Gewalt erleben, vielleicht gab es finanzielle Schwierigkeiten, oder deine Eltern wollten immer ihre Vorstellungen in dich hinein projizieren. Du brauchst nicht mehr verunsichert, verbittert oder ohne Freude zu sein. **Du bist in Gottes Augen ein wertvoller Mensch.** Er liebt dich einfach. Du kannst die Hilfe, die Heilung und die alles entscheidende Liebe, die du brauchst, durch den Glauben an Jesus Christus bekommen. Du kannst ab sofort mit Hoffnung leben. Schon David hat von Ihm gesprochen:

Du hast mir den Weg zum Leben gezeigt; in deiner Nähe werde ich froh und glücklich sein. (Apg. 2, 28)

Wenn wir unser Leben auf Gott ausrichten, werden wir verändert. Gott zeigt uns alles, und Er schenkt uns auch noch alles, was wir für ein erfülltes Leben brauchen. Ich war sehr verletzt und verbittert durch mein persönliches Leid. Ich war auch sehr hart zu mir und meist auch zu anderen Menschen, vor allem zu denjenigen, die mich persönlich verletzt, mich falsch einschätzt oder ungerecht behandelt haben. Du kannst dir vielleicht nicht wirklich vorstellen, was Gottes Liebe alles verändern kann. Es sei denn, du bist schon Christ und hast dein Leben bereits Jesus anvertraut. Gottes Liebe verändert einfach alles! Wenn du an Jesus glaubst und Ihn anerkennst, dann kannst auch du diese Liebe erfahren, du musst nur deinen Glauben aktivieren. Das heißt: Du musst ihn freisetzen. Du kannst Gott bitten, dir dabei zu helfen, Sein Wort anzunehmen. Die Verheißungen darin sind ja nicht nur für die Menschen, die wir aus der Bibel kennen, aufgeschrieben worden, sondern für uns alle. Auch für dich und für mich. **Er möchte auch dir Seine Freiheit, Seine Freude und das ewige Leben schenken**. Das ist die alles entscheidende Freiheit für dein jetziges Leben und für dein Leben in der Ewigkeit. Er möchte dir im Hier und jetzt schon ein gutes Leben schenken. Du musst es nur annehmen.

Ich weiß nicht, ob du folgende Bibelstelle kennst, in der Jesus selbst sagt:

Der Dieb (Satan) kommt nur, um die Schafe zu stehlen, zu schlachten und ins Verderben zu stürzen. Ich aber bin gekommen, um Ihnen das Leben zu geben. Leben im Überfluss. (Joh. 10, 10)

Leben im Überfluss! Andere Bibelausgaben sprechen von einem ›Leben in Fülle‹. Und dies gilt für alle Bereiche unseres Lebens. Ausnahmslos. Schade, dass sich viele

Christen der Zusage Jesu nicht wirklich bewusst sind. Jesus möchte nämlich, dass wir hier auf Erden glücklich sind und das Leben genießen. Warum hätte er sonst diesen furchtbar grausamen Tod erlitten, wenn Er uns dadurch nicht Heil und Erlösung geschenkt hätte? Viele Christen glauben, sie müssen auf Erden leiden, weil Christus gelitten hat. Dadurch begeben sich manche Menschen in eine dauerhafte ›Opferrolle‹. Ich glaube nicht, dass Jesus das gewollt hat. Er wiederholt und bekräftigt Seine Aussage auch damit, als Er für Seine Jünger kurz vor Seiner Verhaftung betet.

Er betet: Und jetzt bin ich auf dem Weg zu dir. Ich sage dies alles, solange ich noch bei ihnen in der Welt bin, damit meine Freude ihnen in ganzer Fülle zuteil wird. (Joh. 17, 13)

Seine Freude, in ganzer Fülle. Ein freudloser Christ ist also laut Bibel ein Widerspruch in sich. Es ist sicher nicht so einfach in unserer lärmenden und egoistischen Gesellschaft, in unseren eigenen schwierigen Lebenssituationen, immer in und mit der Freude zu leben. Auch die eigenen Umstände lähmen uns manchmal. Dazu kommt, dass Satan immer wach ist, er will, dass wir freudlos sind. **Satan will uns aber zuallererst die Freude und den Frieden rauben.** Wir müssen im Namen Jesu um diese Freude und seinen Frieden bitten, und mit dieser dürfen wir täglich leben.

Bisher habt ihr nichts in meinem Namen erbeten. Bittet, und ihr werdet es bekommen, damit eure Freude vollkommen und ungetrübt ist. (Joh. 16, 24)

Warum und wieso manche Menschen leiden müssen und Gott sie nicht befreit, weiß nur Gott allein. Aber bei einigen ist das Leid auch selbst gemacht. Das kann unterschiedliche Ursachen haben. Mein eigenes Leid bestand in der Opferrolle, die ich angenommen hatte, was ich aber erst erkennen konnte, als mir Gott die Augen dafür öffnete. Erst dann war Heilung und Befreiung möglich.

Dieses Kapitel heißt ›Nur ein schlechter Start‹. Ich wiederhole mich gerne, wenn ich sage, dass auch ich einen wahrlich schlechten Start hatte, aber ein gutes Ende finden werde. Dies sind die Worte, die Joyce Meyer bei ihren Predigten oft wählt. Und sie gelten für uns alle. Es ist egal, wie unser Leben bisher abgelaufen ist, sobald wir Gott begegnen. Er kann aus allem Leid und Schwierigkeiten einen Segen machen, vor allem auch für andere Menschen, damit sie erkennen, was Gott heute noch an einem Menschen tun kann. **Das alles Entscheidende ist deshalb, Gottes Wort, Gottes Wahrheit, das Evangelium von Jesus Christus in Verbindung mit unserem Leben zu bringen.** Ich hoffe sehr, dass dich diese Zeilen berühren, dir Hoffnung geben und du durch sie hoffentlich auch zu einem tiefen und vertrauensvollen Glauben an den Sohn Gottes, an Jesus, findest. Er hat für dich und mich diesen qualvollen Tod am Kreuz auf sich genommen, um unsere Schuld und unsere Sünden zu tilgen. Von der Sünde, die durch Adam und Eva in die Welt kam. Die Botschaft vom Evangelium von Jesus Christus, Sein Leben, Sein Leiden, Sein Tod und vor allem Seine Auferstehung, ist eine einzigartige Liebesbotschaft, die es so in der ganzen Menschheitsgeschichte noch nie gegeben hat. **Es ist die Wahrheit von Gottes Versöhnung mit den Menschen. Es ist die Wahrheit, die dich frei macht.** Ich hoffe für dich, dass du in diese Freiheit geführt wirst durch Jesus. Ich hoffe und bete auch, dass du zu einem wahrhaftigen und vertrauensvollen Glauben an Gott und Jesus Christus finden mögest. Falls du schon Christ bist, umso besser.

Die Bibel erklärt uns den Glauben:

Glauben heißt Vertrauen und im Vertrauen bezeugt sich die Wirklichkeit dessen, worauf wir hoffen. Das, was wir jetzt noch nicht sehen; im Vertrauen beweist es sich selbst. In diesem Vertrauen haben unsere Vorfahren gelebt und dafür bei Gott Anerkennung gefunden. (Hebr. 11, 1–2)

Die Bibel spricht klar darüber, was der Glaube bedeutet, auf wen er sich gründet, dass er uns Kraft gibt und wir durch den Glauben errettet sind. Wir können durch den Glauben einen Zugang zu Gott finden, wir wissen durch den Glauben auch, dass unsere Rettung ein Gnadengeschenk ist. Letzteres ist wohl das größte Geschenk, das uns Gott durch Jesus Christus übermittelt hat: Ewiges Leben nach dem Tod.

Eure Rettung ist wirklich reine Gnade und ihr empfangt sie allein durch den Glauben. Ihr selbst habt nichts dazu getan, sie ist Gottes Geschenk. Ihr habt sie nicht durch irgendein Tun verdient, denn niemand soll sich mit irgendetwas rühmen können. (Eph. 2, 8–9)

Unser himmlischer Vater möchte, dass wir vertrauen, damit wir im Glauben an Ihn auch frei werden können. Die Bibel sagt uns auch, wo der Geist des Herrn ist, da ist Freiheit. Du bist Sein Kind, Seine Schöpfung. Er möchte, dass wir erkennen: Wir sind aus reiner Gnade, und nichts als Gnade errettet. Wende dich Ihm zu, treffe heute eine Entscheidung, deine lebensrettende und lebensverändernde Entscheidung. Vielleicht sagen dir dein Verstand und deine Gefühle: Wieso sollte ich überhaupt an einen Gott glauben? Dann frage ich dich, wieso solltest du **nicht** an einen Gott glauben? Wenn du **nicht glaubst**, hast du dich ja auch entschieden, eben nicht zu glauben. Treffe keine Entscheidung aufgrund deiner vielleicht negativen Gefühle oder Gedanken oder irgendwelcher religiöser Vorgaben oder Traditionen. Du kannst auch, selbst wenn du dich nicht danach ›fühlst‹, **Ja zu Jesus** sagen. **Er möchte nämlich eine Beziehung zu dir, weil Er dich liebt**. Aber Er überlässt dir deine freie Entscheidung, aus Liebe.

Ich hatte auch keine ›großen Gefühle‹, als ich mit der Frau eines Patienten zusammen saß und Jesus gebeten habe, in mein Leben zu kommen. Nichts, gar nichts habe ich dabei ›gefühlt‹. Ich habe es nur getan. Ich habe einfach das nachgesprochen, was mir vorgesagt wurde. Aber natürlich war Gott auch da schon am Werk. Wir haben zwar einen freien Willen, aber lies mal, was Johannes dazu schreibt:

Kein Mensch kann sich etwas nehmen, auch nicht das Geringste, wenn Gott es ihm nicht gegeben hat. (Joh. 3, 27)

Es passiert also auch nichts umsonst und zufällig auf dieser Welt. Wir erhalten alles von Gott und Er wirkt in den Menschen und in den Umständen. Es gibt deshalb auch keine Zufälle.

Meine Gedanken – sagt der Herr – sind nicht zu messen an euren Gedanken und meine Möglichkeiten nicht an euren Möglichkeiten. So hoch der Himmel über der Erde ist, so weit reichen meine Gedanken hinaus über alles, was ihr euch ausdenkt, und so weit übertreffen meine Möglichkeiten alles, was ihr für möglich haltet. Wenn Regen oder Schnee vom Himmel fällt, kehrt er nicht wieder dorthin zurück, ohne dass er etwas bewirkt: Er durchfeuchtet die Erde und macht sie fruchtbar, sodass sie Korn für das tägliche Brot hervorbringt und Saatgut für eine neue Ernte. Genauso ist es mit dem Wort, dass ich spreche: Es kehrt nicht unverrichteter Dinge zu mir zurück, sondern bewirkt, was ich will, und führt aus, was ich ihm auftrage. (Jes. 55, 8–11)

Du siehst an diesem Bibelvers, dass unsere Gedanken nicht zu messen sind an Gottes Gedanken, dass Gott alles bewirkt und auch bewirken kann, was wir uns nicht einmal in unseren kühnsten Träumen ausmalen können. Unser Verstand reicht nicht aus, um zu verstehen, wie groß Gott wirklich ist. Wir müssen auch nicht alles verstehen, wir müssen nur glauben! Das Resultat, was Gott **in und mit** einem Menschen tun kann, kannst du jetzt hier in diesem Buch lesen. Ich habe niemals geglaubt, dass ich eines Tages ein Buch über den Glauben und über meine persönliche Beziehung zu Jesus Christus schreiben würde. Niemals. Woher denn auch? Ich hatte ja noch keinen wahren Glauben. Ich war nur religiös. Religion aber ist nicht gleichzusetzen mit einer persönlichen Beziehung zu Gott. Und jetzt tue ich etwas, wovon ich niemals geglaubt hätte, es zu tun. Aber selbst das war ein Prozess, das ist natürlich nicht einfach so ›über Nacht‹ entstanden. Ich habe ja schon erwähnt, dass ich gleich ein paar Tage nach meiner Bekehrung einen brennenden Wunsch im Herzen hatte, viele Menschen zu erreichen und ihnen helfen zu wollen, auch zum Glauben zu finden. Heute weiß ich natürlich, dass dieser Wunsch nicht mein Wunsch war, dass er nicht ausschließlich von mir kam. Es war Gottes Gabe, Gottes Geschenk, Gottes Berufung.

Gott gibt uns Seine Gedanken und Seinen Plan in unser Herz. Wenn wir uns darauf einlassen, dann werden Seine Gedanken und Sein Plan in uns verwirklicht. Und wir werden dann auch Freude daran haben. So einfach ist ein vertrauender Glaube.

Diese Umkehr zu Jesus Christus war nun auch für mich der Beginn eines vertrauensvollen Glaubens. Gott ist gut. Er ist unergründlich und so voller Liebe und Gnade. Ich danke Ihm so sehr dafür, dass auch ich zu Seiner Familie gehören darf. So sehr, dass ich eine tiefe Freude spüre und große Ehrfurcht Ihm gegenüber habe. Wow, ich staune nur, was Gott mit Menschen tun kann. Ich staune auch darüber, was für unterschiedliche Menschen und Persönlichkeiten er gebraucht. Man könnte glauben, Jesus hat sich Seine Nachfolger eher nach einer gewissen ›Schlichtheit‹ ausgesucht. Die ersten Apostel waren ja eher einfache, aber auch von der damaligen

Gesellschaft verachtete Menschen. Fischer, Handwerker, Hirten, Steuereintreiber, Prostituierte. Wie waren sie doch verschieden, in ihrer Persönlichkeit und in ihrer Lebensgeschichte! Ist das nicht sonderbar? **Und genau das passiert heute auch noch.** Gott liebt eben jeden Menschen, egal welche Vorgeschichte er hat. Und Gott erwählt auch heute noch ›einfache‹ Menschen, die vor der Welt nichts gelten. Damit Er an ihnen zeigen kann, wie gut Er ist und welche Wunder Er noch heute tun kann. Das heißt nun doch, dass Jesus auch heute noch am Werk ist. Genauso wie vor 2000 Jahren. In jedem Menschen, der zum Glauben an Jesus findet, wird deshalb ein Fundament gelegt. Die Bibel spricht von einem Samen, der in den Menschen gelegt wird. Der Same muss dann genährt werden mit dem Wort Gottes, damit er gedeihen, wachsen und Frucht bringen kann. Daraus kann ein großer Glaubensmensch entstehen, einer, wie Gott ihn haben und gebrauchen möchte, damit er den Sinn seines Lebens hier auf Erden erfüllen kann. Jesus ist unser Nährboden, unser Wasser, unser Brot für unser Leben, wenn wir zu einem wahren Glauben an Gott finden wollen.

Das Fundament ist gelegt: Jesus Christus. Niemand kann ein anderes legen. (1. Kor. 3, 11)

Jesus sagte zu Thomas, seinem Jünger: Ich bin der Weg, denn ich bin die Wahrheit und das Leben. Einen anderen Weg zum Vater gibt es nicht. (Joh. 14, 6)

Jesus sprach zu Seinen Jüngern auch noch einen anderen entscheidenden Satz, als Er Ihnen die Füße wusch:

Ich bin der, an dem sich alles entscheidet. (Joh. 13, 19)

Wenn wir zum Glauben an Jesus Christus finden, uns für Ihn entscheiden und um Sündenvergebung bitten, wird sozusagen das Grundfundament unseres Glaubens gelegt, das wir für unsere Rettung und unser Heil brauchen. Der Glaube ist dann erst einmal als kleiner Same in uns. Dies ist Gottes Geschenk an uns und wir müssen den Glauben sozusagen bewässern, damit er wachsen kann – und zwar mit dem Wort Gottes. Jesus selbst wird als das ›Wort Gottes‹ bezeichnet (Offb. 19,13 oder auch Joh. Kap.1). Das ist dann der Beginn einer Reise, auf der wir durch die Erneuerung im Geist – die Bibel spricht von einer geistlichen Wiedergeburt – mit der Zeit immer mehr in den Sinn Christi verändert werden. Der Heilige Geist, den wir bei unserer Wiedergeburt durch den Glauben und das Bekenntnis zu Jesus Christus erhalten, wird uns Dinge aufzeigen, die wir vorher noch nicht gewusst haben. Der Geist Gottes beginnt dann an uns zu ›arbeiten‹. Er arbeitet an unseren Fehlern, an unseren Schwächen, an unserem Charakter. Wir lernen aber auch Gott immer besser kennen, Sein Wesen, Sein Heilswerk durch Jesus und nicht zuletzt unsere persönliche Berufung. Das alles passiert durch das Studium der Bibel, durch den Heiligen Geist, durch unser Gebet, durch das Hören des Wortes **und vor allem, durch stille Zeit mit Gott.** Diese Veränderung beginnt mit der Entscheidung, an Jesus zu glauben und Ihn in dein Leben zu bitten.

Wenn ich mich einmal so ansehe, mit meinen ausgeprägten Emotionen, meinen Lach- oder auch Wutanfällen oder meiner manchmal unüberlegten großen Klappe, dann erkenne ich, wie viel Gott mir mittlerweile schon alles gezeigt hat. Unglaublich viel sogar. **Veränderung beginnt also mit einer bewussten Entscheidung für Gott und Sein Wort.** Auch heute noch habe ich immer wieder einmal mit meinen Emotionen oder meiner Spontanität zu kämpfen. Meine Leidenschaft für ein gemeinsames Leben mit Gott ist vielleicht ausgeprägter als bei manchen anderen Menschen. Meine Freude und meine manchmal überströmende Fröhlichkeit, die ich dann auch zeige, sind vielleicht ebenso ausgeprägter als bei vielen anderen Christen. Aber auch dazu hat uns Gott etwas zu sagen:

Fröhlichkeit ist gut für die Gesundheit. Mutlosigkeit raubt einem die letzte Kraft. (Spr. 17, 22)

Ich bin vielleicht kein ›klassischer Vorzeigechrist‹. Und soll ich dir was sagen? Das will und werde ich auch nie sein. Gott möchte einen Menschen gebrauchen, der natürlich geläutert, zurechtgewiesen und erzogen von Ihm ist. Er will uns in unserer Individualität, so verschieden, wie Er uns gemacht hat, auch belassen. Er will gerade unsere einzigartige Persönlichkeit gebrauchen. Sie hilft anderen wieder! Wir alle sind ganz und gar einzigartig, wie unser Fingerabdruck. **Du bist einzigartig geschaffen.** Wir müssen uns doch nur die unterschiedlichen Persönlichkeiten der Apostel in der Bibel anschauen: Abraham, Mose, David, Hiob, Petrus, Paulus, Jakobus oder auch Johannes. Man könnte noch viele andere

Beispiele von Menschen mit so unterschiedlichen Charaktereigenschaften, aber auch mit Schwächen und Sünden nehmen. Das hilft mir dann wieder zu begreifen, dass Gott immer weiß, wen Er zu sich ruft und auch, wie Er uns in dem jeweiligen Lebensabschnitt leiten und helfen kann. Wir sind für ihn keine Überraschung. Er kennt uns ja besser als wir uns selbst. Er kannte schon vorher alle unsere Fehler und Schwächen. Deshalb dürfen wir beruhigt sein, dass Gott uns auch immer so akzeptiert, wie wir sind. Das musste ich aber auch erst einmal begreifen. Das heißt ja auch nicht, dass wir immer so, mit unserer sündhaften Natur, bleiben, wenn Gott uns unter Seine ›Fittiche‹ nimmt. Der alte Mensch wird nicht mehr vorhanden sein, wenn wir errettet werden. Wir werden sofort eine neue Identität bekommen (2. Kor. 5, 17). Aber die innere Veränderung kann schon ein wenig dauern. Wir müssen deshalb auch selbst geduldig mit uns sein. Wenn wir unsere Kinder erziehen, begreifen sie auch nicht alles in vier Wochen. **Wir finden erst mit der Zeit durch Gott zu unserer wahren Identität.** Wir können es auch nicht gleich begreifen, was bei unserer geistlichen Widergeburt passiert. Zumindest ich habe das lange nicht begriffen. Unser himmlischer Vater wird auch niemals aufgeben, wenn wir uns wirklich verändern lassen und Ihm gehorchen wollen. Er kennt auch unsere Schwächen und unsere Grenzen. Selbst wenn es wieder einmal nicht so klappt, wie wir uns das vorgestellt haben, oder wir das Gefühl haben, wieder einmal versagt zu haben. Dann denken wir an was? Richtig: An die tägliche Gnade Gottes, die wir immer erbitten und auch erfahren können. Mit der Zeit habe ich immer mehr erkannt, was ich in Gottes Augen falsch gemacht habe. Aber Vergebung können wir immer bekommen. Jeden Moment, 24 Stunden am Tag. Gottes Gnade und Seine Barmherzigkeit anzunehmen, täglich aufs Neue, ist für uns Christen eine der wichtigsten Erkenntnisse. **Denn ohne das Bewusstsein, dass wir aus der Gnade leben dürfen, werden wir auch geistlich nicht wachsen**. Das Wissen aus der Gnade zu leben, befreit uns von Gesetzlichkeit, falscher Frömmigkeit und reiner Religiosität.

Gnade zu erleben bedeutet auch, in der Liebe zu wachsen.

Je länger wir mit Gott zusammen gehen, desto mehr möchten wir auch nach Gottes Willen leben. Aus Liebe und aus Dankbarkeit! Das können bestimmt auch viele Christen bestätigen. Gott zeigt uns auch viele Dinge. Durch unsere Lebensumstände, durch Menschen, durch Erfahrungen, aber auch durch eigenes Leid. Wir müssen deshalb Gott und Sein Wort erst kennenlernen, damit wir Ihn immer mehr verstehen können. Am besten lernen wir Gott, Seinen Charakter und Seine Verheißungen kennen, wenn wir Sein Wort, die Bibel studieren. In der Bibel können wir so viel erkennen. Gott zeigt uns, wie Er ist, Seinen Charakter und Seine Verheißungen. Er zeigt uns, was Er für die Menschheit getan hat. Er zeigt uns auch die Wahrheit durch Jesus Christus. Er zeigt uns auch, warum in der Welt so viel Leid herrscht. Er zeigt uns auch persönlich Dinge auf, negative Haltungen und vielleicht eingefahrene Sichtweisen. Er zeigt uns aber auch unsere Fehler, Schwächen, Gebundenheit oder auch unsere seelischen Verletzungen, die mitunter auch aus der Kindheit stammen können. Aber das tut Er nicht alles auf einmal. Das könnten wir auch weder tragen noch verstehen. Gott leitet uns etappenweise. Erst wenn wir bereit für den nächsten Schritt sind, können wir weiter gehen und erhalten wieder weitere Erkenntnis. Er gibt uns auch die Kraft dazu und schenkt uns vor allem Seine Gnade und Sein Erbarmen. Durch das Bibelstudium erhalten wir mit der Zeit immer tiefere Erkenntnis und Weisheit.

Das mit der Weisheit ist aber so eine Sache. Manche Christen glauben, dass sie die Weisheit des Himmels mit dem größten Löffel verabreicht bekommen haben, den der Himmel zur Verfügung stellt. Kennst du auch solche Christen? Nun, Gott hat uns unterschiedlich mit Erkenntnis und Offenbarungen gesegnet und es gibt Menschen, die sehr weise sind, geistlich sehr reife Christen. Aber gerade diese Menschen würden nie von sich behaupten, dass sie weise sind. Die Weisesten unter uns sind auch immer die demütigsten Menschen vor Gott! Hier auf dieser Erde werden wir auch nie den ganzen Reichtum und die Fülle der Weisheit erfahren, dennoch wird sie unser ganzes Leben lang wachsen. Wir können uns aber selbst mit nichts rühmen, da wir alles von Gott erhalten haben. Gott kann uns nicht wirklich gebrauchen, wenn wir nicht erst erkannt haben, dass wir von Ihm abhängig sind. Also gehen wir erst durch die Schule des Heiligen Geistes, bevor wir dann ›loslegen‹ können. Manche rennen Gott voraus, manche rennen Ihm hinterher. Ich hoffe, dass ich nichts von beidem tue. Aber in unserem Eifer und unserer Leidenschaft kann es schon einmal sein, dass wir Gott überholen oder einfach ›ein paar Hürden‹ auf unserem Weg zu Ihm überspringen möchten. Menschen wie ich, die sehr temperamentvoll und auch emotional sind, müssen da immer wieder einmal innehalten und ganz viel Geduld aufbringen. Ich bin Gott schon ein paar Mal vorausgelaufen, in meinem Eifer für Ihn. Gott kann uns auch ganz heftig stoppen, wenn wir unser Ego immer weiter durchsetzen wollen, indem Er dann etwas zulässt, was uns auch großes Leid bringen kann. Das muss jetzt nicht zwingend heißen, dass Er Leid verursacht in unserem Leben, aber dass Er es zulässt. Um daraus wieder etwas Gutes zu machen – und wir sind dann an dieser Wüstenwanderung wieder geistlich gewachsen! Wir brauchen vor allem Geduld, wenn wir unseren Lebensweg mit Gott gehen möchte. Und dieser Weg wird uns auch durch Wüsten, aber auch durch fruchtbares Land führen. **Doch in der Wüste lernen wir am meisten. Aus dem Leid gehen wir gestärkt hervor, wenn wir auch zulassen, dass Gott uns auch verändern und stärken kann.** Ich möchte einfach mit Gott sein, auch wenn uns allen das vielleicht nicht immer gelingen mag. Wir dürfen aber stets da weiter machen, wo wir versagt oder auch aufgehört haben. **Dein persönlicher Weg mit Gott ist deshalb auch etwas Besonderes – das weißt nur du und Gott.**

Lass mich dir etwas von meinem persönlichen Weg mit Gott erzählen: Zu allererst führte mich Gott zu einem der wichtigsten Schritte überhaupt: zur Selbsterkenntnis. Ohne Eigenreflektion und ohne Selbstannahme, kann man auch nicht im Glauben wachsen. Gott hilft uns dabei. Die letzten Jahre waren für mich sehr intensiv. Es verging fast kein Tag, an dem ich nicht in Gottes Wort las und es studierte und im Laufe der Jahre hunderte von Predigten und Vorträge hörte. Die Bibel beschreibt sich ja selbst als einen ›Spiegel‹. Sie reflektiert uns, wenn wir uns intensiv mit ihr auseinandersetzen. Die Bibel ist nicht irgendein Buch, sondern die inspirierte Schrift Gottes. Vielleicht noch ein paar Worte zur Bibel, falls du das noch nicht weißt: Sie enthält das Alte und das Neue Testament und ist insgesamt in 66 verschiedene Bücher aufgeteilt. Im Alten Testament findet man Gesetzes-, Geschichts- sowie Lehrbücher und die Bücher der Propheten. Daneben gibt es Bücher in poetischer Form zum Beispiel Hiob bis Hohelied. Im Neuen Testament finden sich die vier Evangelien, die vor allem das Leben und Wirken von Jesus beschreiben sowie persönliche Aussagen und Gleichnisse, bis hin zum Kreuzestod und der Auferstehung von Jesus Christus. Dann weitere Briefe von Paulus und anderen Aposteln. Das letzte Buch der Bibel ist die Offenbarung an Johannes, auch ›Apokalypse‹ genannt. Sie erklärt viel in bildlicher Sprache und berichtet über hohe Offenbarungen, die der Apostel hatte und die ihm Jesus zeigte. Sie beschreibt viele Ereignisse in der Vergangenheit, Gegenwart und der Zukunft und vor allem das Kommen unseres Herrn Jesus. Es gibt mittlerweile sehr viele Bibelübersetzungen, verschiedene Religionen haben die Bibel auch selbst übersetzt. Ich persönliche studiere mit der Leuchtfeuer-Gute-Nachricht-Themenbibel, weil diese in gut lesbarer und verständlicher Form übersetzt wurde. Aber ich vergleiche auch manchmal verschiedene Schriftstellen mit der Elberfelder Bibel oder der Schlachter Bibel Ausgabe 2000. Ich habe mir eine Konkordanz besorgt, die sehr hilfreich ist. Manche Schriftstellen werden auch unterschiedlich übersetzt, aber ich persönlich glaube nicht, dass ein gläubiger Mensch auch gleichzeitig Religionswissenschaften oder auch Theologie studieren muss, um den Urtext auf Hebräisch oder Griechisch dann auch noch komplett zu verstehen. Es gibt nun mal unterschiedliche Auslegungen der Heiligen Schrift, weil es auch Hunderte unterschiedliche Konfessionen gibt. Aber egal, welche Übersetzung man wählt, die Bibel ist schlicht und ergreifend das beste Lehrbuch fürs Leben. Sie ist ein göttliches Buch, und kein Mensch könnte jemals ein inhaltlich besseres Buch schreiben als Gott selbst! Gott zeigt uns vieles durch Sein Wort. Ich glaube der Heiligen Schrift Wort für Wort. Auch wenn manchmal scheinbar widersprüchliche Texte beinhaltet sind, so muss man doch sagen, dass die Bibel immer wieder sich selbst auslegt. Der Heilige Geist leitet uns tatsächlich auch in alle Wahrheit. Es gibt auch gesegnete Verkündiger und Pastoren, die die Schrift verständnisvoll auslegen. Die Bibel lehrt uns vor allem aber auch den Weg zu uns selbst. Wir können erkennen, wer wir sind und wo unsere Schwachstellen und Fehler liegen. Dadurch wird uns immer mehr offenbar, dass man ein sündiges Leben geführt hat. Ich finde es auch sehr interessant und auch gut erklärt, wie die Leuchtfeuer-Gute-Nachricht-Themenbibel, mit der ich überwiegend das Wort studiere, die Entstehung der Bibel beschreibt und somit auch einen Einblick und Erfahrungen aus dem Glauben mit Gott gibt: Auf Seite 8 in dieser Bibel kann man Folgendes lesen:

»Der Blick auf die Entstehungsgeschichte der Bibel zeigt, dass Gott die biblischen Bücher nicht einzelnen Autoren Wort für Wort ›diktiert‹ hat, sondern dass viele Menschen auf unterschiedliche Weise und zu verschiedenen Zeiten an ihrer Entstehung mitgewirkt haben. Dennoch nennen Juden und Christen die Bibel auch ›Wort Gottes‹, ›Heilige Schrift‹ oder vom ›Heiligen Geist durchdrungen‹. Wie ist das zu verstehen? Es gibt Erfahrungen, die wie Fenster sind, in denen unsere ›normale‹ Lebenswirklichkeit plötzlich ganz anders erscheint als zuvor, in denen sie auf einmal durchsichtig wird auf einen Grund, der sie trägt, auf einen Sinn, der unverlierbar ist: auf die Hand Gottes, in der die Welt und alles Leben stehen. Solche Erfahrungen sind nicht nur angenehm. Viele Menschen haben Gottes Nähe gerade in Zeiten der Not erfahren – mitunter auch solche, die mit der Botschaft der Bibel gar nicht viel anfangen konnten. Die Bibel erzählt an vielen Stellen von solchen Erfahrungen – und mehr noch: Wer sich intensiv auf ihre Botschaft einlässt, kann selbst die Erfahrung machen, dass hier Gott zu ihm spricht, zu ihr spricht. Dann werden die Worte der Bibel zum erlösenden Wort, das aus Ängsten und Zweifeln befreit, zum Sinn stiftenden Wort, das dem Leben Halt gibt. So gesehen ist die Bibel Gottes Wort, sie ist die Heilige Schrift. Aber dieses Wort wird höher und erfahrbar in Menschenworten.«

Wenn wir also die Bibel studieren, kann und wird viel passieren. Gott offenbart sich uns selbst durch Sein Wort. Auch ich erfuhr dadurch Seine Gnade, Seine Liebe und Seine Vergebung. Ich konnte meinen Mitmenschen und vor allem mir selbst vergeben. Nein, das ging wahrlich nicht von heute auf morgen. Dies alles ist ein Prozess, ein Weg, den wir mit dem Glauben begonnen haben. Gott selbst kümmert sich um unsere seelischen Verletzungen, zeigt uns unsere Selbstsucht, vielleicht unsere Wut oder unseren Hass, Stolz oder Neid. Er zeigt uns unsere Abhängigkeiten oder Gebundenheiten auf, unsere mangelnde Selbstbeherrschung oder unsere Habsucht. Die Bibel zeigt uns jegliche Art von Götzendienst auf, wenn wir andere Dinge, materielle oder selbstsüchtige Wünsche in den Vordergrund stellen und nicht Gott an die erste Stelle in unserem Leben setzen. Der Heilige Geist wird uns Schritt für Schritt leiten, das Richtige zu tun, wobei dies nicht immer einfach ist. Das wird jeder Christ, der ehrlich und authentisch ist, auch zugeben müssen. Es ist ein täglicher geistlicher Kampf zwischen dem Geist Gottes und unserem Ego, unserem Fleisch, wie die Bibel es ausdrückt. Ich habe schon öfter ›Versuche‹ unternommen, etwas für Gott zu tun, das allerdings in eigener Regie. Das hat aber nicht funktioniert. Weil Gott sozusagen noch nicht den ›Startschuss‹ dazu gegeben hat. Deshalb müssen wir Gott kennenlernen, um zu verstehen, wann er was von uns möchte.

Gott erwartet auch, dass wir gehorsam sind. Das Wort ›Gehorsam‹ wollen wir vielleicht nicht so gerne hören oder lesen. Aber Gehorsamkeit ist bei Gott maßgebend.

Es bedeutet, dass wir tun, **was** Gott will, und wir sollen es tun, **wann** er es uns sagt. Wir können aber sicher sein, dass Gott uns auch mit der notwendigen Kraft ausrüsten wird, damit wir gehorsam sein können. Und es macht tatsächlich immer mehr Freude, wenn man Gott gehorchen lernt!

Wie lerne ich nun, Gott zu gehorchen? Ich habe mich das lange Zeit gefragt. Und die Antwort ist einfach: Je besser ich Gott und Sein Wort kennenlerne, desto eher weiß ich, was Er von mir will. Eigentlich einfach, oder? Wir müssen uns deshalb Gott zuwenden, viel stille Zeit mit Ihm verbringen und vor allem Sein Wort, die Bibel, studieren und beten, damit wir Sein Wort an uns auch kennen. Durch den Heiligen Geist erhalten wir dann immer mehr Erkenntnis. Wenn wir diese Erkenntnis auch umsetzen und vor allem annehmen, werden wir Schritt für Schritt immer mehr in Gottes Willen verändert. Wir dürfen Gott bedingungslos vertrauen, dass er uns auch annehmen und verändern wird. Wir dürfen alles abgeben und wir dürfen loslassen. Wenn wir wieder ein Stück erkennen – die Bibel spricht auch von einem Stückwerk der Erkenntnis –, dann können wir Gott auch immer mehr Gehorsam entgegenbringen. Diese Gehorsamkeit beruht auch nicht auf Angst oder auf Leistungsdruck. Nein, Gott übt keinen Druck auf uns aus. Die Menschen machen sich selbst Druck! Ich habe sogar Freude daran, gehorsam zu sein und ich sage oft zu Gott: »Heute habe ich die Prüfung bestanden, richtig?« ☺ Wir sind alle auf dem Weg, wir dürfen aus der Gnade leben, und Gott liebt uns viel zu sehr, als dass Er etwas von uns erwarten würde, auf das wir nicht vorbereitet sind oder noch nicht erkannt haben. Er will sicher nicht, dass wir, wie die Israeliten, 40 Jahre durch die Wüste wandern müssen, bevor wir ins gelobte Land gelangen. Nein, das will Gott nicht. Aber Er möchte uns Gehorsam lehren, weil es einfach das Beste für uns ist, wenn wir uns Seinem Wort und somit Seinem Willen unterordnen. Sonst wird Gott uns auch nicht segnen können. Weiterer Segen hat auch immer etwas mit Gehorsam zu tun. Gott tut einfach alles aus Liebe. Er wird dich ermutigen, heilen, beschützen, trösten, aber auch zurechtweisen und korrigieren. Er möchte uns immer weiter segnen. Es ist ein vielfältiger Segen, den Gott für uns bereithält – und wenn es ›nur‹ der Segen ist, etwas Schweres durchzustehen. Wir müssen den Segen Gottes auch erkennen und tatsächlich auch annehmen. Gott hat uns doch nicht geschaffen, damit wir hier auf der Erde als unglückliche, freudlose, frustrierte und depressive Menschen unser Dasein fristen. Das war so nicht Sein Plan. Im Gegenteil; wenn du den Schöpfungsbericht im Ersten Buch Mose, Kap. 1 liest, dann wirst du erkennen, dass Gott sah, das alles gut war, was Er getan und geschaffen hatte. Auch die Erschaffung des Menschen. Er sah, dass es gut war. Er hat uns ja als sein Ebenbild erschaffen. Ist das eigentlich nicht unbegreiflich?

So schuf Gott die Menschen nach seinem Bild, als Gottes Ebenbild schuf er sie und schuf sie als Mann und Frau. (1. Mos. 1, 27)

Er schuf so vieles, die ganze Schöpfung ist so vielfältig, dass man vor Staunen den Mund nicht mehr zubringt.

Vieles ist geheimnisvoll und gleichzeitig so wunderschön. Wir Menschen sind auch sehr unterschiedlich gemacht, von außen, wie von innen. Jeder Mensch hat einen einzigartigen Fingerabdruck und eine einzigartige Persönlichkeit. Nicht zuletzt auch, weil wir alle unterschiedliche Erfahrungen im Leben gemacht haben. Ja, Gott lässt uns durch Leid gehen, aber Er benutzt dieses Leid wieder, damit wir anderen wieder helfen können und zeigen, was Gott auch heute noch tut und tun kann.

Deshalb ist es so wichtig, die Wahrheit des Evangeliums von Jesus Christus zu erkennen, denn nur die Wahrheit wird uns auf Dauer von Angst und Sorgen befreien und uns zu neuen Menschen machen. Das gelingt nur durch Jesus!

Wir sind alle gleich vor Gott, wir sind alle Sünder. Habe ich recht? Es gibt keine ›Rangunterschiede‹ bei Gott. Gott beruft die unterschiedlichsten Persönlichkeiten und gebraucht sie in der Nachfolge von Jesus. Wir sind Sein Bodenpersonal hier auf Erden. Wir sind Botschafter Christi! Ganz gleich, zu was dich Gott gebrauchen will, Er möchte, dass du es aus Liebe zu Ihm und für die Menschen tust, weil Er auch dich unverdient und großzügig liebt! Er gebraucht auch dafür unsere Erfahrungen und unsere Fehler aus der Vergangenheit. Er benutzt auch unsere Schwächen, unsere Verletzungen, die Er im Laufe der Zeit heilt, um damit einen anderen Menschen zu ermutigen, zum Glauben zu finden. **Das bewirkt die Wahrheit des Evangeliums von Jesus Christus. Jesus verändert dich. Jesus heilt dich. Jesus vergibt dir. Jesus rettet dich.**

Zeugnis für Jesus zu geben, ist deshalb nicht nur ein Vorrecht, sondern es ist auch unser Auftrag, anderen Menschen mitzuteilen, was Er für dich persönlich getan hat. Dadurch werden andere Menschen wieder ermutigt, sich auch auf Gott einzulassen und wir können ihnen helfen, auch zum Glauben zu finden. Das ist Jüngerschaft. Das ist Gottes Plan. Jesus möchte, dass wir in Seiner Nachfolge leben. Nur Er kann uns verändern, heilen und segnen. **Was wir glauben, wird uns auch verändern. Jesus wird dich verändern, durch Seinen Geist, durch das Hören und das Lesen Seines Wortes, durch Gebet. Du musst aber daran glauben. Er verändert dich. Er heilt dich. Er will auch dich zur Nachfolge führen. Er liebt dich.**

Jesus sagte zu Martha: Ich bin die Auferstehung und das Leben. Wer mich annimmt, wird leben, auch wenn er stirbt, und wer lebt und sich auf mich verlässt, wird niemals sterben, in Ewigkeit nicht. Glaubst du mir das? **Joh.** (11, 25–26)

Glaubst **du** das auch? Ich hoffe, du bist schon gläubiger Christ und hast Jesus schon persönlich erfahren. Wenn nicht, dann bekenne dich zu Jesus. Es ist das Beste, was du jemals in deinem Leben tun kannst. Daran zu glauben, dass Jesus für dich ans Kreuz gegangen ist, um dich zu befreien und zu retten, wird auch dich retten. Im Alten Testament sprach Gott oft persönlich zu den Menschen, so auch zu Mose, als er im Auftrag Gottes die Israeliten aus der Sklaverei befreien und aus Ägypten heraus führen sollte. Gott wollte und will auch heute noch sein Volk befreien. Gott will auch dich befreien!

Gott sprach: Wenn du willig auf die Stimme des Herrn, deines Gottes hörst und tust, was in seinen Augen recht ist, seinen Geboten gehorchst und all seine Ordnungen hältst, dann werde ich dir keine der Krankheiten auferlegen, die ich den Ägyptern auferlegt habe, denn ich bin der Herr, der dich heilt. (2. Mos. 15, 26–27)

Man muss wissen, dass die Israeliten für einen Weg von ein paar Tagen 40 Jahre durch die Wüste wandern mussten. Sie murrten häufig, waren undankbar, obwohl Gott vor ihren Augen Wunder geschehen ließ. Sie bauten sich Götter, beteten sie an und verfielen in Unglauben. Die Geschichte der Israeliten im Alten Testament ist beispielhaft für Auflehnung, Undankbarkeit und Götzendienst. Deshalb hat Gott ihnen auch Krankheiten und Strafen geschickt. Die Befreiung der Israeliten aus Ägypten kann man im Zweiten Buch Mose, Kap. 1 bis 15 nachlesen.

Wenn wir Befreiung wollen, ist der erste Schritt, sich Jesus anzuvertrauen. Eine dankbare Haltung sowie Vergebungsbereitschaft sind in einem reifen Christenleben vorhanden. Wir können alle dahin kommen, wenn wir Gott vertrauen und Ihm unsere Bereitschaft dazu zeigen. Dann kann Gott uns segnen.

Schonungslose Offenheit
Jesus macht frei

Wenn der Sohn euch frei macht, dann seid Ihr wirklich frei. (Joh. 8, 36)

Ich habe ja schon im vorigen Kapitel kurz über die schmerzlichen Erfahrungen aus meiner Kindheit berichtet. Weil dies so ein wichtiges Thema im Leben eines jeden Menschen ist, möchte ich hier noch einmal ausführlich darauf zurückkommen. Ich glaube tatsächlich, dass das negative Verhalten von Menschen überwiegend aus den Erfahrungen, die sie in ihrer Kindheit gemacht haben, resultiert. Ich schreibe hier über meine persönlichen Erfahrungen, auch über unseren Feind Satan, über seelische, körperliche und sexuelle Gewalt und über die daraus entstandenen Traumata und deren Folgen. Ich werde auch über staatliche Jugendämter und was sich in der gesetzlichen Kinder- und Jugendhilfe ändern müsste schreiben, wollen wir nicht weitere Hunderttausende seelisch gestörter und schwer traumatisierter Kinder in Deutschland haben. Ich tue das vor allem, damit der Leser erkennt, wie viel Leid und Not durch körperliche, psychische und auch sexuelle Gewalt in der Seele und in der Entwicklung eines Kindes entstehen kann – und was Gott tun kann, um diese Verletzungen zu heilen und einen Menschen wieder herzustellen. Gott kann alles reparieren, Er kann natürlich auch seelische Verletzungen heilen und uns wieder herstellen. Deine genauso wie meine. Für Gott ist NICHTS unmöglich! Ich bin auch der festen Überzeugung, dass wir der Wahrheit ins Gesicht schauen müssen, damit sich etwas bei uns, in unserem Umfeld, in unseren Beziehungen oder in unserer Gesellschaft verändern kann. Die Wahrheit über uns persönlich, über unsere Schwächen und unsere Fehler, kann manchmal, oder besser meistens, sehr schmerzvoll sein. Aber sie kann uns gleichzeitig auch befreien. Die Wahrheit im Glauben zu entdecken, ist vor allem befreiend. **Das Geheimnis des Glaubens ist Jesus Christus. Ihn zu erkennen, ist unsere Befreiung**. Gottes Gnade wird jedem helfen, der Ihn näher kennenlernen will. So werden wir auch unsere wahre Identität in Jesus erkennen und damit auch begreifen, dass dieses Erkennen wahrlich befreiend ist.

Ich möchte hier in diesem Kapitel aber nicht nur über die Freiheit im Glauben schreiben, sondern auch über ein denkbar schwieriges Leben und sehr schmerzhafte Erfahrungen und Enttäuschungen ohne den Glauben an Gott. Lass mich ein wenig ausholen und auch über die unterschiedlichen Ursachen schreiben, wegen derer wir oft selbst in uns gefangen sind. Wir können in einem Gefängnis aus Enttäuschung, Schmerz, Verunsicherung, Verzweiflung, Wut, Traurigkeit, Resignation oder Angst feststecken. Wir können Gefangene unseres verletzten Egos sein, aber wir können auch die Freiheit durch den

Glauben an Jesus Christus erleben. **Darum geht es hier**. Vielleicht kannst oder willst du nicht mit allem übereinstimmen, was ich hier schreibe, vielleicht aber doch. Nur über die Wahrheit aus der Bibel dürfte es wohl keine Unstimmigkeiten geben.

Ich habe mich intensiv mit meiner Kindheit auseinandergesetzt, einiges recherchiert und bin für mich zu folgendem Ergebnis gekommen: Die Ursache meines häufig negativen Verhaltens und der ausgeprägten Emotionen, wie Wut, Angst oder Traurigkeit, waren als Ursprung in meiner schwierigen Kindheit zu finden. **Wir sind nämlich das Produkt unserer Erziehung**, zumindest zum größten Teil, abgesehen von genetischen Faktoren. Eine Kind, das von Traumata geprägt ist, leidet auch häufig an ›Folgeerscheinungen‹, die sich auch in seiner Entwicklung bemerkbar machen und diese auch oft negativ beeinflusst. Bei mir waren es große Verunsicherungen, kein Vertrauen zu Menschen, mangelndes Selbstwertgefühl und eine ständig unterschwellige Wut. Heute weiß ich, dass diese Wut nur die Angst deckelte, die sich darunter, tief in meiner Seele eingenistet hatte. Das ist bei vielen Menschen so. Außerdem haben wir ja auch mittlerweile viele wissenschaftliche, medizinische und psychologische Erkenntnisse, die darauf hinweisen, dass sogar schon in der vorgeburtlichen Phase die Mutter Einfluss auf die seelische und körperliche Entwicklung ihres Kindes nimmt.

Ich glaube, dass viele Menschen, auch als Erwachsene noch, mit ihren traumatischen Erlebnissen oder Ereignissen aus der Kindheit zu kämpfen haben. Ich möchte hier auch ganz offen über das Thema Gewalt schreiben, das nicht weiter tabuisiert werden darf. Ich schreibe dies ganz bewusst, weil ich selber seelische, körperliche und sexuelle Gewalt erlebt habe. Ich weiß, wie es sich anfühlt, wenn man ständig Angst vor Erwachsenen haben muss, weil sie unbeständig und unberechenbar sind. **Wenn manchen Eltern bewusst wäre, was sie für dauerhafte Schäden bei ihrem eigenen Kind verursachen können, vor allem wenn sie körperliche Gewalt anwenden, würden viele Eltern sicher ihr Verhalten überdenken und vor allem auch ändern.** Eltern agieren oft aus Unwissenheit, aus eigenen seelischen Nöten oder aus persönlichen schwierigen Lebensumständen heraus. Ich weiß das aus eigener leidvoller Erfahrung. Dadurch werden den Kindern auch wieder seelische Schäden zugefügt, die sich dann natürlich wiederum im Verhalten des Kindes zeigen. Die meisten Eltern tun das nicht aus Bösartigkeit, sie tun es aus Unwissenheit, aus Überforderung, aber vor allem auch aus den eigenen Verletzungen heraus. Das sind die Kernpunkte, wenn Eltern ihre Kinder misshandeln, lieblos sind und zu wenig Zuneigung schenken. Mangelnde Wertschätzung, keine oder zu wenig Zuwendung und Liebe, oder auch kein respektvoller Umgang miteinander, können zu problematischen Beziehungen im Familiensystem, zu Bindungsstörungen, zu Verhaltensauffälligkeiten und auch krankhaften Abhängigkeiten bei Kindern führen. Manchmal überfordern Eltern ihre Kinder auch und sind sich dessen nicht bewusst. Manchmal werden Kinder auch einfach sich selbst überlassen. Gerade das nimmt leider immer mehr zu in unserer Gesellschaft. Die Ursachen dafür sind vielfältig, alle aufzuzählen, würde den Rahmen jetzt hier sprengen. **Kinder sind mir wichtig, mein tiefer Herzenswunsch wäre, dass kein Kind mehr verletzt wird. Deshalb ist es mir auch wichtig, ausführlich auf dieses Thema einzugehen.** Wenn Menschen keine gute Kindheit hatten, kein Fundament der Sicherheit, der Vertrautheit und der Liebe, keine wahrheitsgemäß christliche Erziehung erfahren konnten, dann sieht die Wahrheit über uns oft sehr düster aus. Menschen, die von klein auf mit Angst und Unsicherheit, seelischer oder körperlicher Gewalt, wenig Zuwendung und Liebe sowie mangelnder Sicherheit groß geworden sind, werden deshalb auch oft wieder zu verletzten, gewalttätigen und/oder verunsicherten Erwachsenen. Sie tragen diese Verletzungen und Verunsicherungen aus der Kindheit oft ihr Leben lang in sich und sind deshalb auch (vor-)belastet. Die weitverbreitete Diagnose lautet dann: Posttraumatische Belastungsstörung. Ich denke, dass viele Menschen mit so einer Belastung leben. Ich war auch betroffen davon. Das seelische ›Loch‹, das durch die ›verlorene Kindheit‹ entstanden ist, wird dann auch oft mit Alkohol, Drogen oder auch Medikamenten ausgefüllt. Oft entstehen Abhängigkeiten und Süchte unterschiedlicher Art oder auch vermehrte Gewaltbereitschaft. Menschen bleiben in ihrer Opferrolle stecken, weil sie es gar nicht anders kennen. Emotionale oder auch wirtschaftliche Abhängigkeit kann ebenfalls eine Folge sein. Die seelische Instabilität oder Abhängigkeit der eigenen Eltern prägt die Persönlichkeit und den Charakter der Kinder, die eigentlich Schutz und Fürsorge benötigen würden, meist negativ. Es geht hier jetzt erst einmal um die grundlegenden elementaren Bedürfnisse eines Menschen, nicht um Erziehungspraktiken. Das wäre ein anderes Thema. Es sollte aber ein alles entscheidendes Thema für einen Menschen sein, dieses Bewusstsein über sich selbst zu erhalten, zu erkennen, wo seine Grenzen, Fehler und Schwächen liegen. (Selbst-)Erkenntnis ist der erste Schritt zur Besserung, sagt uns doch ein bekanntes Sprichwort. Und da liegt so viel Wahrheit drin.

Deshalb ist auch die Erkenntnis über die Wahrheit im Glauben das Wichtigste, was man im Leben anstreben sollte. Weil sie uns die wahre Identität schenkt und uns ein Fundament für das Leben gibt. Aber zuerst muss man ja erst einmal an einen universellen Schöpfer, den Gott des Universums, der Himmel und Erde erschaffen hat, glauben. Ich hoffe, du glaubst daran. Denn Gott kann alles verändern, der Glaube an Ihn kann auch dein Leben verändern. Gott verändert Leben. Auch deines.

Lies bitte die nächsten Zeilen aufmerksam.

Viele Menschen bräuchten Veränderung in ihrem Leben. Ich sehe viele freudlose, verbitterte, verunsicherte und frustrierte Menschen. Das war ich auch. **Ich denke mir oft, wenn die Menschen wüssten, was der Glaube in ihrem Leben verändern kann, dann würden sie nichts anderes mehr wollen, als Jesus kennenzulernen**. Wenn wir als Eltern schon kein Fundament im Glauben haben, können wir unsere Kinder auch nicht richtig erziehen. Wenn wir sinn- und ziellos, rastlos oder unzufrieden, überfordert und verunsichert durchs Leben hetzen, wie soll dann eine gute Erziehung aussehen? Wenn wir unsere eigene Identität und unseren Sinn in unserem Leben nicht kennen, wie wollen wir dann unseren Kindern einen Sinn und ein Ziel im Leben zeigen? Wenn wir im Leben selbst Gewalt und Lieblosigkeit erfahren haben, wer soll dann unsere Verletzungen heilen? Wer soll unseren Mangel an Liebe stillen, das Loch in uns ausfüllen, wenn wir doch ständig auf der Suche nach irgendwas sind? Wir befriedigen unsere Suche nach dem Sinn dann mit materiellen Dingen, merken aber nach einiger Zeit, dass es keine wirkliche Erfüllung bringt. Wir suchen die Liebe und Wertschätzung von Menschen, wir erwarten, dass sie uns respektieren und gut behandeln, dass sie uns nicht enttäuschen und müssen dann aber immer wieder feststellen, wie schnell uns Menschen oft sogar maßlos enttäuschen. Unter all diesen Dingen, unter allem, was uns belastet, leiden auch unsere Kinder. Sie leiden unter den Sorgen, Verunsicherungen, Ängsten und Nöten der Eltern. Das muss uns bewusst sein, dass Kinder leiden, wenn wir selbst unzufrieden, verunsichert oder überfordert sind, wenn wir finanzielle Not haben oder in einer angespannten Beziehung leben. Von einer Trennung der Eltern jetzt einmal ganz abgesehen. Das ist dann noch ein ganz ›anderes Kaliber‹ für ein Kind.

Man kann Menschen auch nur helfen, wenn sie diese Hilfe auch wollen und annehmen. Ich hätte eigentlich, vor allem als junge Mutter, auch Hilfe gebraucht, aber es war mir nicht bewusst. Deshalb ist auch Aufklärung das Wichtigste für Menschen. Ich glaube, dass sich viele Menschen nicht bewusst sind, dass ihr negatives Handeln Folgen haben muss. Vor allem in der Erziehung. Mir ist heute bewusst, dass man immer nur aus der Situation heraus agieren kann, mit dem derzeitigen Wissen oder auch dem Unwissen. Mit der derzeitigen Stabilität oder Instabilität. Viele schämen sich vielleicht auch oder haben Bedenken, aus unterschiedlichen Gründen, Hilfe anzunehmen. Vieles ist zu unpersönlich, es kostet viel Kraft und man muss aufpassen, mit wem man es zu tun bekommt, wenn man zum Beispiel staatliche Hilfe in Anspruch nimmt. Ich selbst habe sehr schlechte Erfahrungen mit Mitarbeitern eines Jugendamtes gemacht. Verkehrte Einschätzungen und Machtspiele haben dazu geführt, dass meine Tochter durch staatliche Mitarbeiter schwer traumatisiert wurde. Sie wurde im Jahr 2009 als Neunjährige einfach aus der Schule abtransportiert und in ein Kinderheim gebracht, während ich im Gerichtssaal auf den Beschluss warten musste, auf dem stand, das mir das Sorgerecht für meine jüngste Tochter entzogen worden war. Es war alles vorher bereits abgesprochen. Die ganze Inszenierung im Gerichtsaal und die ›gut organsierte Situation‹ ließen das erkennen. Vier Wochen lang musste sie in diesem Heim ausharren, unter größten psychischen Belastungen und seelischen Schmerzen. Ich habe sie schließlich wieder zurückbekommen, konnte aber gegen diese ›Inobhutnahme‹ weiter rechtlich nichts tun. Beide Gerichtsurteile haben mir zwar Recht zugesprochen, im Nachhinein stellte man auch fest, das alles hätte »gar nicht passieren« dürfen. Nur war das Kind da aber schon ›in den Brunnen‹ gefallen, der große seelische Schaden an meiner Tochter schon verursacht. Und niemand wurde dafür zur Rechenschaft gezogen. Meine Klagen und Beschwerden wurden mit lapidaren Begründungen abgewiesen. Ich kann Menschen also durchaus verstehen, wenn sie nur unter Vorbehalt Hilfe durch das Jugendamt oder eine staatliche Beratungsstelle in Anspruch nehmen wollen. Das ist leider auch traurige Realität in unserem Land. Natürlich ist es nicht immer so, dass alles aus dem Ruder läuft, wenn man Hilfe in Anspruch nimmt. Es kommt ja letztendlich immer darauf an, wen man vor sich hat. Aber es ist leider schon zu viel in Deutschland passiert, sodass auch ein gesundes Misstrauen wichtig ist. Hier müsste sich aber dringend etwas verändern. Liebe zuständige Politiker der Familienpolitik und der Kinder- und Jugendhilfe, es muss sich etwas ändern! Man kann doch nicht tatenlos zusehen, dass in Deutschland **täglich** 70–80 ›Inobhutnahmen‹ stattfinden, wobei viele davon nur Grenzfälle sind. Wer da tatenlos zusieht, macht sich mitverantwortlich am Leid vieler tausend Kinder in Deutschland. Die Menschen müssten eigentlich Vertrauen haben können, stattdessen erfahren sie auch Missbilligung, finden sich in einem Machtkampf wieder, wie bei uns geschehen, und Persönlichkeitsrechte werden völlig ignoriert. Das ist nicht nur großes Unrecht, sondern psychische Gewalt, was hier täglich vielen Familien widerfährt. Ganz abgesehen von den seelischen Schmerzen, von den weinenden und schreienden Kindern, die schwer traumatisiert und völlig isoliert von ihren Müttern sind. Ich habe das selbst alles erlebt. Deshalb weiß ich, was eine Mutter und ein Kind durchmachen, wenn so eine Fehlentscheidung getroffen wird. Die meisten dieser Kinder sind wohl die zukünftigen Patienten der Psychiater, der Kliniken oder auch Insassen eines Gefängnisses. Meine persönlichen negativen Erfahrungen und Einschätzungen in dieser Sache sind zum einen der große Freiraum, den die Mitarbeiter haben, da sie selbst kaum einer Kontrolle unterliegen. Sie verfügen über viel zu viel Entscheidungsfreiheit. Und die Familiengerichte sind vielleicht auch zeitlich so eingeschränkt, dass keine tatsächliche Überprüfung mehr erfolgt und dem Jugendamtsmitarbeitern sowieso mehr geglaubt wird. So war es in unserem Fall. Die Stellungnahme des Jugendamtes war für den Richter maßgebend. Eine familiäre Situation wird oft nur aus der persönlichen Sichtweise des Mitarbeiters eingeschätzt, und da können auch sehr persönliche Faktoren eine Rolle spielen. Es gibt einfach keine übergeordnete Stelle, die Entscheidungen und Handlungen von Jugendamtsmitarbeitern prüft, beziehungsweise wird sich von diesen ›höheren Ebenen‹ aus einfach nicht eingemischt. Dies habe ich selbst erlebt, frei nach dem Motto: Eine Krähe hackt der anderen kein Auge aus. Jugendämter handeln sozusagen in einem rechtsfreien Raum. Die gesetzliche Kinder- und Jugendhilfe wird in diesem Bereich sehr mangelhaft durchgeführt, und niemand ändert etwas. Dadurch werden weiter täglich Familien zerstört, Kinder und Mütter schwer traumatisiert. Die Art und Weise, wie und aus welchen Beweggründen gehandelt wird, ist oft äußerst fragwürdig. Viele diese Kinder hätten nicht den Eltern weggenommen werden dürfen. Wir sind ›ein Fall von vielen‹, und vielleicht werde ich auch unsere Geschichte noch öffentlich machen, damit man erkennt, dass hier dringend eine Gesetzesänderung erfolgen muss. Frau Dr. Karin Jäckel, freie Autorin und Journalistin, hat dazu auch vieles ins Internet gestellt. Sie macht auch seit Jahren auf diese Missstände auf ihrer Homepage, http://www.katrin-jaeckel.de/, aufmerksam. Auch wenn man sich als Christ staatlichen Autoritäten unterordnen soll, sind doch Grenzen vorhanden. Nämlich dann, wenn großes Unrecht und seelische Misshandlung von Menschen geschehen.

Wer die Schwachen unterdrückt, beleidigt ihren Schöpfer. Wer Hilflosen beisteht ehrt Gott. (Spr. 14, 31)

Vor allem wir Christen dürfen auch nicht tatenlos zusehen, wenn Unrecht geschieht, und deshalb appelliere ich an jeden einzelnen Menschen, der solche fragwürdigen Entscheidungen trifft. Wir alle müssen vor Gott einmal Rechenschaft ablegen, für unsere Handlungen und für unser Leben. Wenn wir anderen großes Leid zufügen, dann werden wir auch dafür zur Rechenschaft gezogen. Es gäbe sicher andere Möglichkeiten, als Kinder aus einer Familie zu reißen, wenn man überlegt, dass ein Heimplatz um die 3.500 Euro kostet. Dafür könnten beispielsweise ein oder zwei Familienhelferinnen in der Familie eingesetzt und diese entsetzliche Tragödie der ›Inobhutnahme‹ umgangen werden. Viel gegenwärtiges Leid und künftige Folgeschäden ließen sich dadurch vermeiden. Leider steckt ja auch ein System dahinter, das zu Lasten der Kinder agiert. Heimplätze müssen gefüllt werden, damit die Kosten gedeckt sind. Auch das habe ich selbst erfahren. Selbstverständlich stehe ich dazu und gebe gerne nähere Auskünfte, in der Hoffnung, dass sich in diesem sozialen Dilemma etwas ändern wird. Auch als lebendige Christin muss ich die Möglichkeit haben, so ein Unrecht anzusprechen, ich darf es nicht hinnehmen, gerade weil ich Christin bin und Gott nicht möchte, dass Kindern und Familien so viel Leid zugefügt wird. Es steht außer Frage, dass Handlungsbedarf der Jugendämter besteht, wenn Kinder seelisch, körperlich oder sexuell missbraucht werden. Das war aber, **sogar nachweislich**, bei uns nicht der Fall. Und trotzdem wurde so gehandelt. Das Ganze war ein Machtspiel mit schlimmen Folgen. Immer wieder erlebt man doch, dass Menschen ihre Macht ausnutzen. Würden sich diese Menschen nach Gottes Wort richten, würden solche Dinge nicht passieren. Durch den Glauben an Gott wurden wir weitestgehend wieder hergestellt, doch meine Tochter leidet heute noch an den Folgen. Jesus ist dabei, sie vollkommen zu heilen. Ich konnte diesen Menschen, die uns so etwas Schlimmes angetan haben, mittlerweile auch vergeben. Aber nur mit der Hilfe Gottes, alleine hätte ich das nie geschafft.

Der Herr hat alles gesehen und es missfällt Ihm, dass es kein Recht mehr gibt. (Jes. 59, 15b)

Wir alle müssen vor Gott einmal Rechenschaft ablegen. Auch wenn wir für Dinge verantwortlich sind und zusehen, wie Menschen gequält, verletzt oder auch unrecht behandelt werden.

Es gibt viele Kinder, die in einem instabilen Elternhaus aufwachsen oder groß geworden sind. Ich selbst wurde körperlich, seelisch und sexuell misshandelt. Viele Kinder eignen sich, aufgrund der eigenen Verletzungen, einen Selbstschutz an, um nicht noch weiter verletzt zu werden. Dies passiert unbewusst. So auch bei mir. Solche Kinder, oder auch Erwachsene, können aber auch vor allem durch ihr Verhalten zeigen, dass sie belastet sind. Bei Kindern sieht man oft ein ablehnendes, verunsichertes oder ein introvertiertes Verhalten. Wut oder sogar richtige Wutanfälle können auch ein ›Alarmsignal‹ sein, das wiederrum zu einem chronisch unterschwelligen aggressiven Verhalten führen kann, wenn man der Wut nicht auf den Grund geht. Wenn Kinder andere Kinder, Geschwister oder auch die Mutter schlagen und es häufig und immer wieder tun, dann sollte man dem Kind, statt es immer nur zu bestrafen, mehr Aufmerksamkeit schenken, weil dies meist ein Hilfeschrei ist, der sich so anhören könnte: »Mama, warum zeigst du mir nicht, dass du mich lieb hast? Warum hast du so wenig Zeit für mich? Und warum verstehst du mich nicht?« So oder so ähnlich könnte das Kind sich ausdrücken, wenn es denn verstehen würde, warum es so handelt, wie es eben handelt.

Die angestaute Wut kann sich aber auch gegen das Kind selbst richten. Hierbei geht es oft nicht allein um Wut. Borderline-Erkrankungen fallen im jugendlichen Alter auf, wenn Kinder ihren seelischen Schmerz, wie auch immer er ihnen zugefügt wurde, und ihren Mangel an Liebe und Zuwendung durch Selbstverletzung ausgleichen. Dann ist meist schon ein großes schwarzes seelisches Loch vorhanden.

Selbst aggressives Verhalten oder verbale Attacken gegen Mitschüler können eine Folge der Vernachlässigung an emotionalen Grundbedürfnissen eines Kindes sein. Solche Kinder handeln dann meist aus der eigenen Verunsicherung, aus Wut oder auch, weil sie anderen bewusst das Gleiche antun wollen, das ihnen selbst widerfahren ist.

Wenn Kinder ihre Wut gegen die Personen richten, die sie eigentlich lieb haben wollen, dann sollte man sich Gedanken machen. Da kann auf der Beziehungsebene ebenso Klärungsbedarf bestehen, wie vielleicht auch eine eigene Überforderung. Vielleicht braucht das Kind einfach nur mehr Aufmerksamkeit. Vielleicht hat es ein Geschwisterchen bekommen und fühlt sich zurückgesetzt. Vielleicht lebt die Mutter in einer unbeständigen Beziehung oder die Eltern haben sich gerade erst getrennt. Vielleicht ist die Lebenssituation des Erwachsenen sehr belastend und man kommt an seine Grenzen und weiß nicht mehr weiter. Das alles hat Auswirkungen auf unsere Kinder. Ich schreibe das hier nicht, um irgendjemandem auf den Schlips zu treten, sondern weil ich es selbst erlebt habe. Ich möchte auch allen mitteilen, die sich gerade in so einer schwierigen Lebensphase befinden, dass Gott dich trotzdem liebt und er dich befreien will aus all deiner Bedrängnis, sodass du gelassener und beständiger leben kannst. Gott sieht deine Not und er möchte dir sagen, dass er dich liebt und dir helfen möchte, auch bei der Erziehung deiner Kinder. Er möchte nicht, dass du unter so einem großen Druck leben musst, er möchte eine Beziehung zu dir, weil er dich liebt!

Ich wusste das als junge Mutter auch nicht. Ich wusste nicht wirklich, was ich falsch machte, Gott kannte ich damals auch nicht. Niemand sagte es mir so aufrichtig, wie ich es jetzt hier mitteile. Niemand ging so offen mit diesem Thema um. Zumindest nicht mir gegenüber.

Sieht man nun, dass Kinder aggressiv auf ihre Eltern reagieren, kann das natürlich unterschiedliche Ursachen haben. Eine wäre zum Beispiel, wenn Kinder von der Mutter oder dem Vater selbst geschlagen werden. Dadurch staut sich bei Kindern auch eine gewisse Wut an, was sicher nachvollziehbar ist. Allerdings kann bei körperlicher oder seelischer Gewalt oder auch mangelnder Liebe, Zuwendung und Fürsorge auch eine Traurigkeit und große Verunsicherung im Sozialverhalten die Folge sein. Der Selbstwert eines Kindes wird zerstört. Daraus entsteht wieder ein verletzter Erwachsener, der nun ebenfalls aus seinen Verletzungen heraus handelt. Es ist deshalb wichtig zu fragen, woher die dauernde Wut oder das aggressive Verhalten eines Kindes kommen kann. Ich beschreibe hier aber nicht den durchaus berechtigten Zorn eines Kindes, weil etwas vielleicht nicht nach seinem Willen geht. Kleine Kinder müssen ja auch Wut oder Zorn zeigen können, das gehört ja schließlich auch zu bestimmten Entwicklungsphasen dazu. Die ›Zornphase‹ eines zwei- oder dreijährigen Kindes dient sicherlich auch seiner Entwicklung. Auch Pubertätskrisen können heftig sein, in denen es auch zu massiven Auflehnungen gegen die Eltern kommen kann, nicht zuletzt dienen sie auch der eigenen Identitätsfindung. Warum soll ein Kind oder ein Jugendlicher nicht auch einmal wütend sein dürfen? Das muss man jedem Kind zugestehen. Es stellt sich nur die Frage, wie wir darauf reagieren und wie wir damit umgehen.

Obwohl dies ein Buch über den Glauben ist, möchte ich auf das Thema Gewalt, vor allem auch körperliche Gewalt, etwas näher eingehen. Gewalt in jeglicher Form, sei es körperliche, sexuelle, verbale oder seelische Gewalt, ist in unserer Gesellschaft viel zu oft vorhanden. Viele sehen es nur nicht, oder wollen es auch nicht sehen. Körperliche oder auch sexuelle Gewalt in der Ehe oder Kindern gegenüber, sind fraglos sehr verletzend. Aber auch seelische oder verbale Gewalt in der Familie, in Beziehungen, am Arbeitsplatz oder auch bei Behörden ist absolute Realität, wobei die konkreten gewalttätigen Handlungen mitunter schwer festzumachen sind.

Es ist schwer, sich gegen eine Gewalt zu wehren, die weder greifbar noch beweisbar ist und die doch verletzt. Seelische Gewalt erniedrigt, nimmt die Selbstachtung, macht hilflos. Den Tätern dient sie dazu, ihr eigenes Ego zu erhöhen und ihre Gier nach Anerkennung und Bewunderung zu befriedigen. An zahlreichen Beispielen zeigt Marie-France Hirigoyen, in Ihrem Buch wie verbreitet seelische Gewalt in Beziehungen, in der Familie, am Arbeitsplatz ist, ja wie unsere gesamte Gesellschaft von dieser pervertierten Form des Umgangs durchdrungen ist. Indem sie das Thema bewusst macht, ermutigt sie die Opfer, ihrer Wahrnehmung zu trauen und sich zur Wehr zu setzen. (Aus dem Buch: ›Die Masken der Niedertracht‹, von Marie-France Hirigoyen.)

Glaube und Gewalt (in beschriebenen unterschiedlichen Formen) sind demnach etwas, das absolut nicht zusammenpasst. Ein Gläubiger, der Gewalt in welcher Form auch immer anwendet, hat keine wahre Gottesbeziehung. Jesus hat keine Gewalt angewendet, geschweige denn verkündet, keinen Aufruhr angezettelt, keine Rache oder Unterdrückung gelehrt oder die Menschen von oben herab behandelt. Er hat niemanden mit körperlicher Gewalt gezüchtigt, vor allem keine Kinder. Im Gegenteil. Jesus' Botschaft war die Liebe zu Gott und die Nächstenliebe. Seine Botschaft handelte von der Erlösung und der Vergebung von Gott für die Menschen.

Ich habe selbst leidvoll erfahren, **wie** ein Kind Gewalt erlebt und was das für Schäden anrichten kann. Wie bereits erwähnt, ist Gewalt ein Tabuthema in unserer Gesellschaft, obwohl so gut wie jeder Mensch irgendwann in seinem Leben Gewalt erfährt. Viele Menschen erlebten in der Kindheit schon ein- oder mehrmalig Gewalt, in unterschiedlicher Form. Manche Christen, oder auch ganze religiöse Gemeinschaften, legen verschiedene Bibelstellen verkehrt aus, wenn es um »Züchtigung« oder »die Rute« geht. Gott will sicher nicht, dass wir Gewalt, sei es seelische, verbale oder körperliche, anwenden. Eine Erziehung soll nun sicher nicht von impulsiven Zornausbrüchen in Form von Gewalt geprägt sein. Ein Kind zu schlagen, ist etwas, das man unter keinen Umständen tun sollte. Ich denke, das müsste auch jedem bewusst sein. So doch auch, dass solche negativen Erlebnisse Angst und große Verunsicherung bei Kindern hervorrufen.

Gewalt prägt die Persönlichkeit, den Charakter und die normale Entwicklung eines Kindes in den unterschiedlichen Bereichen dauerhaft negativ.

Solche Kinder haben meist wieder große Probleme, gesunde Beziehungen zu leben. Ein Teufelskreis. Wir Eltern sollen Zurechtweisung, vor allem körperliche, nicht missbrauchen, indem wir einfach unsere Autorität ausüben. Wir zeigen damit nur unsere eigene Schwäche und Überforderung, auch in der jeweiligen Situation. Unsere Kinder brauchen vor allem Liebe und Wertschätzung, aber auch Grenzen und Regeln. Wenn eine gute Balance von allem vorhanden ist, Kinder vertrauen können und gute Vorbilder haben, werden sie uns nachahmen wollen. Das wäre jetzt auch wieder eine spezielle Thematik, auf die ich jetzt hier nicht näher eingehen kann.

Die Liebe, die wir unseren Kindern schenken, ist das alles Entscheidende. **Liebe ist das wertvollste Geschenk**. Sie werden auch uns lieben und es wird eine gesunde und respektvolle Liebe sein, selbst wenn sie es uns während ihrer unterschiedlichen Entwicklungsphasen nicht immer zeigen können**. Gott will uns auch bei der Erziehung unserer Kinder helfen**. Aber zuallererst müssen **wir** als Eltern an Gott glauben und Jesus kennenlernen. **Nur dann** können wir unsere Kinder nach christlichen Maßstäben und vor allem in der Liebe erziehen. **Eine Liebe, die geprägt ist von göttlicher Führung, Selbstannahme, Vergebung, Wertschätzung und vor allem von Dankbarkeit. Gewalt ist also keine Lösung, um ein schlech-**

tes Verhalten eines Kindes zu verändern, im Gegenteil, es verstärkt sich dadurch nur noch mehr.

Körperliche Attacken verletzen ein Kind schwer. Der Selbstwert eines Kindes wird dadurch beeinträchtigt. Angst und große Verunsicherung sind die Folge, abgesehen davon, dass ein Kind unter den Schlägen selbst natürlich sehr leidet. Vor allem wird die seelische und soziale Entwicklung gestört. Wenn ein Kind immer wieder erlebt, dass als einziges Mittel, um einen Konflikt zu lösen oder seinem Ärger Luft zu machen, nur das Zuschlagen funktioniert, dann ist die Wahrscheinlichkeit hoch, dass es genauso agiert. Das heißt, wenn es nicht lernt, dass es auch eine verbale Möglichkeit gibt, Konflikte zu lösen, dann wird es seine Probleme auch über die körperliche Ebene zu lösen versuchen. Auch aufgestaute Wut wird es so loswerden.

Die Gewaltstatistik geht immer weiter nach oben. Das Schlimme ist, man sieht es den Eltern in der Regel nicht an, dass sie ihren Kindern Gewalt antun, sei es nun aus Unwissenheit, aus eigener emotionaler oder sozialer Not oder aus reiner Autoritätsausübung. Viele Kinder erleben zu Hause, dass Lösungen von Konflikten zwischen Eltern und Kind oft nur über Gewalt möglich ist. Solche Kinder ›lernen‹ aber auch von den Eltern, da Erziehung ja bekanntlich überwiegend durch Vorleben und Nachahmen funktioniert. Wenn Eltern ihren Kinder vorleben, dass sie untereinander oder auch den Kindern gegenüber Gewalt als Lösung einsetzen, werden die Kinder nicht nur seelisch sehr verletzt, sondern auch oft zu ›Nachahmern‹.

Diese eigene erlebte Gewalt kann also nicht nur sehr wütend machen, sie kann sich zu einem unterschwelligen chronisch aggressiven Verhalten entwickeln. Auch durch Gewaltspiele am PC wird suggeriert, dass man ›mächtig‹ sein kann, wenn man Gewalt ausübt. Es kann auch zu regelrechten Ausrastern kommen. Auch ständiger Druck auf das Kind, mangelnde Aufmerksamkeit, Liebe und Zuwendung, wenig oder keine Wertschätzung und Lob werden sowohl die Entwicklung als auch das Verhalten eines Kindes negativ prägen.

Kinder können auch ganz gegenteilig auf Gewalt reagieren; wenn sie sich zurückziehen, häufig traurig sind, wenig lachen und in ihrer eigenen Welt leben, sind das Alarmsignale. Ein gesundes Kind ist neugierig und offen, auch einmal anstrengend und wissbegierig. Das liegt in der Natur eines Kindes. Natürlich haben unsere Kinder unterschiedliche Persönlichkeiten. Ich habe fünf Kinder und sie könnten unterschiedlicher gar nicht sein. Jede Mutter weiß das. Was bei dem einen ganz normal ist, ist für den anderen eine richtige Katastrophe.

Kinder können schnell in eine ›seelische Schieflage‹ geraten, wenn Mutter und Vater ständig streiten. Auch durch die Trennung der Eltern oder durch eine überforderte alleinerziehende Mutter können Kinder seelisch geschädigt werden. Gerade allein erziehende Mütter werden immer wieder einmal an ihre eigenen Grenzen kommen. Viele würden das natürlich nicht zugeben, man schämt sich, wenn man Schwäche zeigt. Wer gibt schon gerne zu, dass einem wieder einmal die ›Hand ausgerutscht‹ ist oder es einem einfach alles zu viel wird.

Ich weiß aus eigener Erfahrung, wie schnell man an seine Grenzen kommen kann und wie sich eine Mutter fühlt, die glaubt, dass ihr alles über den Kopf wächst. Jede alleinerziehende Mutter leistet Schwerstarbeit und bleibt oft mit ihren Bedürfnissen selbst auf der Strecke. Deshalb sollte man von Verurteilung und Vorwürfen tunlichst absehen.

Kinder brauchen stets ein Fundament des Vertrauens für ihre seelische und soziale Entwicklung.

Dieses Fundament bilden nun mal, vor allem auch und gerade in den ersten Lebensjahren, die Mutter und der Vater. Seelische Gesundheit entsteht nur durch eine vertrauensvolle Bindung zur Mutter und am besten auch zum Vater. Kinder brauchen Sicherheit und eine gute Beziehung zu den Eltern, für eine gesunde Persönlichkeitsentwicklung.

Wenn Kinder Gewalt, die Trennung der Eltern erleben oder seelisch vernachlässigt werden, können sie schwer traumatisiert werden. Psychologen sprechen dann von Traumata und wiederholten Traumatisierungen, von einer posttraumatischen Belastungsstörung oder von Verhaltens- und Persönlichkeitsstörungen.

Psychologie und Psychosomatik waren schon immer meine Schwerpunkte bei der medizinischen Versorgung der Patienten. Ich habe mich viel mit Verhaltens- und Bindungsstörungen von Eltern und Kindern auseinandergesetzt, wahrscheinlich auch, weil es mich selbst betrifft. Was man auch **selbst erfahren hat,** kann man auch besser nachvollziehen, vor allem emotional. Eigene Verletzungen, Abhängigkeiten oder auch Fehlverhalten von

Eltern, aus der eigenen Unwissenheit heraus, können Kindern kein Fundament geben. Ein instabiles Elternhaus verunsichert ein Kind und kann seelische Schäden und auch soziale Phobien hervorrufen. Die Fähigkeit, soziale Kontakte zu leben, wird dadurch beeinträchtigt, das Kind kann auch zum Einzelgänger werden.

Was meine Kindheit aus mir gemacht hat, habe ich jahrelang nicht begriffen, auch nicht, dass ich ein zutiefst verletzter Mensch war. Ich habe zwar selbst verschiedene stationäre und ambulante Therapien gemacht, jedoch kam die alles entscheidende Veränderung erst durch den Glauben und durch die Entscheidung, mein Leben Jesus zu übereignen. Gott sei es gedankt, dass Er mir Seine Hand gereicht hat und ich die rettende Gnade und Seine heilende Liebe erfahren durfte. Das ist jetzt sechs Jahre her. Es war die beste Entscheidung, die ich in meinem Leben treffen konnte.

Als Kind und auch als erwachsener Mensch habe ich selbst viel Leid erfahren. Das alles musste ich auch durchleben, weil Gott mit mir einen Plan hatte. Ich habe als Kind sehr unter den körperlichen Attacken meines Großvaters gelitten, deshalb weiß ich, wie es einem Kind geht, wenn man es schlägt. Das hat mir schwere seelische Schäden zugefügt.

Meine Geschichte ähnelt sicher der von vielen Menschen, die ebenfalls körperliche Gewalt oder Missbrauch als Kind erleben mussten. Warum schreibe ich darüber so offen? Weil ich dir Hoffnung machen will, dass nichts bleiben muss, wie es ist. Ich stelle mich diesem Thema aus Mitgefühl für die Kinder, die geschlagen werden und als Hilfe für die Eltern. Denn es ist ein Tabuthema, über das in unserer Gesellschaft nicht gesprochen wird. Aber solche wichtigen Dinge weiter zu tabuisieren, bringt keinerlei Veränderung und Hilfe! **Hilfe erfährt man auch nur, wenn man sich der Situation stellt.** Das heißt aber auch, dass mir bewusst werden muss, was ich meinem Kind tatsächlich antun kann, wenn ich körperliche Gewalt anwende. Aber nicht nur körperliche, sondern auch verbale oder seelische Gewalt sind für die Persönlichkeitsentwicklung eines Kindes sehr negativ. Wer schlägt, zerstört immer ein Stück mehr von einer zarten Kinderseele. Das Kind wird sich nur schwer erholen von den körperlichen Übergriffen. Deshalb darf körperliche Gewalt kein Erziehungsmittel sein! Ich kann dieses »Eine Ohrfeige hat noch keinem geschadet« nicht mehr hören. Ich war einmal drei Tage lang fast taub von ›einer Ohrfeige‹. Viele vergessen auch die Angst, die sich im Kind festsetzt, dass sich die körperlichen Übergriffe immer wiederholen können. **Wir müssen auch endlich aufhören, Gewalt zu bagatellisieren**. Unsere Kinder haben ein Recht darauf, dass sie gewaltfrei erzogen werden. Außerdem ist es ja mittlerweile eine Straftat, Kinder körperlich zu attackieren.

Körperliche Gewalt verursacht ›nicht nur‹ körperliche Schmerzen, die emotionalen sind noch viel schlimmer. Ein unbeschreibliches Gefühl der Hilflosigkeit, der Ablehnung, der Angst kommt auf. Es gibt nichts Schlimmeres, als ein Kind zu schlagen. Ein zitterndes, verängstigtes, weinendes oder schreiendes kleines Menschenkind, das keine Chance hat, sich zu wehren, ist der schrecklichste Anblick überhaupt. Was für einen Vertrauensbruch Eltern da begehen! Was für ein Leid fügen Eltern ihren Kindern zu! Bitte, liebe Eltern, eure Kinder haben Besseres verdient!

Was aber nun tun, wenn man sein Kind dennoch geschlagen hat, wenn einem doch mal die Hand ausgerutscht ist oder man in einem Wutanfall auch unkontrolliert zugeschlagen hat? Glaubst du, das sind ›Einzelfälle‹? Nein, das glaube ich nicht. Ich habe mittlerweile zu viele Geschichten von Menschen gehört, bei denen ich **nie** vermutet hätte, dass sie in einer gewalttätigen Umgebung groß geworden sind. Was also tun, wenn es doch einmal passiert ist? Man sollte zu seinem Kind gehen und seine Handlung zutiefst bereuen und sich aufrichtig dafür entschuldigen. Den meisten Eltern wird es wirklich leidtun, ihr Kind so verletzt zu haben. Wenn man bereut und sich aufrichtig entschuldigt und um Verzeihung bittet, zeigt man seinem Kind auch, dass es ein Fehler war. Unsere Kinder merken sehr wohl, ob wir aufrichtig sind. Dies kann, wenn nicht weitere Übergriffe stattfinden, erheblich zur Verbesserung der Beziehung zwischen Eltern und Kind beitragen. Es braucht aber dann Zeit, das Ganze heilen zu lassen. Vertrauen muss erst wieder aufgebaut werden. Vielleicht denkst du jetzt auch: ›Wieso soll ich mich bitte bei meinem Kind entschuldigen? Es hat mich doch provoziert.‹ **Aber es ist unsere Verantwortung, ob wir uns provozieren lassen, oder nicht**. Wir dürfen nicht unseren Kindern die Schuld für unsere mangelnde Selbstbeherrschung und die eigene Überforderung geben. Für unser negatives Verhalten oder unsere negativen Handlungen tragen wir selbst die Verantwortung. Man kann auch nicht jemanden umbringen und dem Opfer hinterher die Schuld dafür geben.

Die Alternative zu Gewalt ist einfach. Sie heißt Liebe und Verständnis. Und Liebe beinhaltet ja immer auch Verständnis. Kinder haben eine eigene Persönlichkeit, die man zwar begleiten und führen kann, jedoch nicht einem Zwang unterwerfen darf. **Erziehung ist Beziehung**, eine liebevolle und vertrauensvolle Beziehung, die durch nichts erschüttert werden sollte. Unsere Kinder müssen wissen, dass wir immer für sie da sind und unsere Liebe nicht von ihrem Verhalten abhängt. Dies ist vor allem in unserer heutigen Zeit nicht leicht, aber auch dein Kind ist ein wertvoller, von Gott geliebter Mensch, genau wie du. Unser himmlischer Vater liebt uns auch deshalb nicht weniger, weil wir uns wieder einmal daneben benommen, einen großen Fehler gemacht oder etwas vermasselt haben. **Jeder Mensch verdient es, wertgeschätzt zu werden**. Gott liebt dich. Und Er möchte, dass auch wir unseren Nächsten und vor allem auch unsere Kinder lieben. Darf Liebe gewalttätig sein? Sicher nicht. Mit Gottes Liebe und Seiner Kraft können wir unsere Mitmenschen lieben.

Meinem Großvater tat es nie leid, was er mir antat. Er beging dieses Unrecht ja meist auch, wenn er betrunken war. Ich glaube nicht, dass er sich wirklich bewusst war, was er mir antat. Aber tief in seinem Gewissen wusste er sicher, dass es Unrecht war, was er tat. Am nächsten Tag wurde auch nie darüber gesprochen. Es wurde geschwiegen. **Ich glaube, dass in vielen Familien auch viel**

zu viel geschwiegen wird. Gewalt in Familien ist wahrlich ein Tabuthema. Kinder leben oft jahrelang mit Gewalt und du siehst es ihnen nicht an. Wenn wir aber mitbekommen, dass ein Kind Gewalt erlebt, dann dürfen wir nicht weghören oder wegschauen. Wir tragen auch Verantwortung für dieses Kind, da es in großem seelischem Leid leben muss. Wenn wir selber nicht mit der Mutter oder dem Vater reden wollen oder können, dann müssen wir uns, auch notfalls anonym, an andere Menschen, an eine Hilfsorganisation, an die Polizei oder an eine staatliche Stelle wenden, aber wir dürfen dieses Kind nicht in diesem Leid lassen. Ich bitte dich darum. Manchmal leben Menschen sogar in einem Haus zusammen und hören oft täglich die Schreie der Kinder. Wir dürfen das nicht ignorieren, wir machen uns mitschuldig. Ich glaube, dass jeder Mensch und vor allem wir Christen dazu aufgerufen sind, so etwas nicht zu ›übersehen‹. Wir müssen nicht nur Zivilcourage zeigen, damit das Kind diesem Leid nicht länger ausgesetzt ist, wir müssen es auch aus Barmherzigkeit, Mitmenschlichkeit und aus moralischer Verpflichtung tun. Jesus fordert uns auf, die Menschen zu lieben und barmherzig zu sein. Und wenn wir die Menschen lieben, dann müssen wir ihnen auch zur Seite stehen – jedem Menschen, der in Not ist. Wir haben einen christlichen Auftrag in der Nachfolge Jesu. Aber auch ein Mensch, der kein Christ ist, hat die moralische Verantwortung, nicht wegzuschauen.

Jesus war die reine Liebe, voller Barmherzigkeit und Mitgefühl. Er sagte zu den Menschen und das sagt er auch zu uns heute:

Hütet euch davor, einen dieser kleinen, unbedeutenden Menschen überheblich zu behandeln. Denn ich versichere euch: Ihre Engel haben immer Zugang zu meinem Vater im Himmel. (Mt. 17, 10)

Wenn auch dieses Bibelwort für erwachsene Menschen, den Kindern Gottes gilt, so glaube ich dennoch, dass Jesus vor allem die Kinder innig liebte, weil sie hilflos sind und unsere Hilfe, unser gutes Beispiel und vor allem unsere Liebe brauchen. Jesus liebte die Kinder, weil sie rein waren, unverfälscht und aufrichtig. Jedes Kind wird von Gott unendlich geliebt.

Wenn wir selbst aber keine oder nur wenig Liebe in uns tragen, sind wir auch nicht fähig, wirklich andere Menschen zu lieben. Natürlich trug ich auch als junge Mutter eine Mutterliebe in mir, aber ich weiß, dass diese Liebe getrübt war durch die eigenen schlimmen Erfahrungen. Mein damaliger Mann war sehr seiner Arbeit zugewandt und so war ich als verheiratete Frau mehr oder weniger auch alleinerziehend. Ich war eher hartherzig und mir fehlten auch Wissen und Erfahrung in der Kindererziehung. Mir war einfach vieles nicht bewusst, ich kannte die Konsequenzen aus meinem Handeln nicht. So geht es vielen jungen Müttern. Heute müssten es doch eigentlich fast alle Eltern wissen, dass Gewalt in der Erziehung nichts, aber auch absolut nichts zu suchen hat. Trotzdem werden heute Kinder noch immer ›körperlich gezüchtigt‹ (auch unter Christen), seelisch gedemütigt oder sexuell missbraucht. Die Dunkelziffer ist sicher hoch. Und die Gewaltbereitschaft steigt. Die Einstellung, dass eine Ohrfeige oder ein Klaps auf den Po noch niemandem geschadet hat, ist weit verbreitet. Jetzt aber einmal ganz offen gesagt: Wie oft bleibt es denn bei einem ›Klapps‹, wenn man wütend ist? Ich habe das selbst erlebt, und ich habe auch bereut, dass ich vor fast 30 Jahren eine harte und ganz andere Mutter war als heute. Ich handelte, wie viele andere Mütter auch, aus eigenen Verletzungen heraus, auch aus Überforderung und vor allem aus Unwissenheit. Heute weiß ich, dass vieles nicht richtig war. Mangelndes Wissen, auch über mich selbst, war die Ursache.

Liebe ist nun mal das beste Erziehungsmittel. Liebevolle Grenzen zu setzen und wertschätzend unseren Kindern gegenüber zu sein, ist maßgebend für eine gute Beziehung. Wir müssen unseren Kindern immer zeigen und vor allem auch sagen, dass wir sie lieben. Ich glaube tatsächlich, dass diese Art Liebesbeweis viel zu selten geschieht. Wir sind oft viel zu sehr mit uns selbst oder unseren Umständen beschäftigt. Wie oft sehen wir uns Belastungen ausgesetzt, zwischenmenschlich, finanziell oder gesundheitlich, bei denen wir als Eltern selbst an unsere Grenzen kommen. Oft ist man so gefangen in der eigenen Situation, dass man es nicht einmal merkt, dass Kinder zu wenig Aufmerksamkeit oder Zuwendung erhalten. Ich selbst war auch so sehr beschäftigt mit meinem damaligen Reitsportgeschäft, als Hausfrau und als Krankenschwester. Ich war auch der Meinung, dass man ›etwas leisten‹ muss, um Ansehen und Wertschätzung zu erhalten. Ich war rastlos und ständig auf der Suche, lebte in einer unglücklichen Ehe und war eigentlich mit allem überfordert. Natürlich müssen wir unseren täglichen Pflichten nachgehen. Wir müssen Verantwortung übernehmen für unser Handeln, für unsere Kinder, für unser Leben.

Wo aber kein Bewusstsein vorhanden ist, dass Kinder unter mangelnder Zuwendung und Fürsorge leiden, kann auch nichts verändert werden. Wir leben in einer Zeit, in der Kinder immer mehr ohne dieses seelische Fundament aufwachsen müssen. Und Kinder leiden darunter sehr. Liebe, Geborgenheit, Sicherheit, Wertschätzung und Respekt kann man auch nur weitergeben, wenn man dies selbst erfahren hat und selber ein zufriedener und seelisch stabiler Mensch ist. Eigene persönliche Probleme, der Gesellschaftsdruck, soziale Ausgrenzung oder auch einfach Ungerechtigkeit, können jede alleinerziehende Mutter an ihre Grenzen bringen. Familien mit Kindern haben es nicht leicht in unserem Land. Vor allem wenn sie auf staatliche Unterstützung angewiesen sind. Ich kann es manchmal auch gar nicht mehr hören, wenn irgendwelche Menschen, auch Christen, davon sprechen, wie ›gut‹ es doch den Menschen in unserem Land geht. Hier wird aber nur die eine Seite der Medaille angesprochen, umdrehen wollen wir sie anscheinend nicht. Natürlich leben wir im Gegensatz zu armen Ländern geradezu im ›Luxus‹, bei uns müssen Kinder nicht auf der Müllhalde nach Essensresten suchen. Wir haben ja eher Überfluss, deshalb landen auch so viele Lebensmittel im Müll. Natürlich müssen wir nicht an verunreinigtem Wasser sterben oder uns prostituieren, um zu überleben, auch wenn es natürlich auch bei uns in Deutschland Frauen gibt, die es tun oder tun müssen. Wir werden auch nicht verfolgt oder gar ermordet, weil wir unsere Religionsfreiheit ausüben oder unsere persönliche Meinung sagen. Wir müssen auch nicht auf Säcken oder stinkenden Decken schlafen, auch wenn es in unserem reichen Land Obdachlose gibt. Natürlich haben wir auch (noch) ein relativ gutes Gesundheitssystem, unsere Kinder können zur Schule gehen und wir haben gut gefüllte Supermärkte. Natürlich geht es uns gut im Gegensatz zu den armen Ländern. Aber deshalb haben wir in unserem Land auch Leid, dass eben eine andere Seite zeigt. In den Industriestaaten zeigt sich das Leid in der Überforderung, des Funktionieren-Müssens, des Strebens nach einem guten Ansehen und auch in der ständigen Hektik. Bei uns geht es um andere Dinge als in den armen Ländern. Wir müssen ›mithalten‹ mit den anderen, dürfen keine eigene Identität leben, nicht anders sein, damit wir nicht negativ auffallen. Wir stehen unter dem Druck, Status, Macht und Geld zu haben und zu mehren. Das ist das Bild unserer modernen westlichen Welt. Ohne Abitur oder Studium ist man weniger wert. Eine Person, die soziale Leistungen bezieht, ist erst einmal ein ›Schmarotzer‹, der auf Kosten der Gesellschaft lebt, und Familien mit drei oder mehr Kindern gelten heute als asozial. Wir haben ein ganz anderes Bild vor Augen als noch vor zehn oder zwanzig Jahren. Unsere Gesellschaft verändert sich immer mehr, ob es jetzt ethische oder moralische Wertvorstellungen sind, mangelnde Intoleranz Menschen gegenüber oder einfach die Verurteilung von Menschen, die anders denken oder leben. Das Leid, das wir in unseren reichen Industrieländern erleben, ist eben anders. Auch psychosomatische Erkrankungen nehmen immer mehr zu. Es gibt immer mehr verhaltensauffällige Kinder. Psychologen haben nicht umsonst eine Wartezeit von manchmal bis zu einem Jahr, wenn jemand psychologische Hilfe in Anspruch nehmen will, sei es jetzt für sich oder für sein Kind. Autogene Kurse werden zu einem Boom, da die Menschen nach Entspannung und Ausgleich suchen. Krankheitsmeldungen häufen sich, moderne Erkrankungen nehmen zu, immer mehr Menschen kommen an ihre Grenzen, sind ausgelaugt und völlig überfordert. Wir wissen aber auch, dass die Psyche und der Körper (Soma) eine Einheit bilden und somit auch nicht voneinander getrennt werden können. Meist sucht aber der Mediziner nur nach ›körperlichen Ursachen‹. Wenn die medizinische Diagnostik keinen körperlichen Befund zeigt und auch keine genetische Ursache festgestellt werden konnte, dann können die Probleme ja wohl nur im seelischen Bereich liegen. Das ist heutzutage absolut keine Seltenheit mehr. Psychosomatische Erkrankungen nehmen deshalb rapide zu, Burn-out und Depressionen sind schon fast alltäglich. Das Streben nach Erfolg, eine Gesellschaft, in der nur die Leistung zählt, hat eben auch seinen Preis, einen Preis, den wir dann mit unserer Gesundheit bezahlen. Der gesellschaftliche Druck, das Mithalten-Müssen und die ganze Hektik in unserer High-Tech-Gesellschaft lassen die persönliche Belastung immer mehr ansteigen. Letztendlich ist unser heutiges Leben absolut stresserfüllt und macht krank. Wir ›funktionieren‹ meist nur noch und trauen uns nicht mehr, unsere eigene Identität zu leben.

Das alles macht uns auf Dauer unzufrieden und krank. Wir leiden unter dem ganzen Druck, unsere Beziehungen und unsere Kinder leiden und wir überschreiten immer mehr unsere Grenzen. Das Resultat ist ein Leben ohne wirkliche Freude und ohne Sinn. Wir müssen deshalb zwingend tiefer gehen, da die Oberflächlichkeit und Hektik unser Leben regelrecht auffrisst. Wir müssen uns deshalb auch dem Glauben zuwenden. Der Glaube lässt uns intensiver leben. Der Glaube verschafft uns Ruhe, einen Sinn und wir werden tiefer in uns blicken. Ein Mensch mit Tiefgang findet eher zu sich selbst. Wir müssen uns mit der Sinnfrage ja doch irgendwann auseinandersetzen und beschäftigen. Natürlich alles zu seiner Zeit. Aber manchmal ist die Zeit bereits da, wir merken es nur nicht. Manchmal ist es eben einfach Zeit, sein Leben anzuschauen.

Du liest das, was ich hier geschrieben habe, hoffentlich mit ganzer Aufmerksamkeit. Es geht nämlich auch **um deine persönliche** Sinnfrage und deine persönliche Frage nach deiner eigentlichen Idenditätsfindung. **Der Glaube ist die Antwort darauf**. Der wahre Glaube, nicht irgendein Glaube. Der Glaube an Jesus Christus ist der einzig wahre Glaube, der auch stetige Veränderung in deinem Leben bewirkt, der dir zudem auch verrät, was nach deinem irdischen Dasein passieren wird. Es ist nicht irgendein Glaube, der dich nach deinem Tod ins ewige

Nirwana schickt. Ins Nichts! Na, das ist doch mal eine Hoffnung auf eine Zukunft – im Nichts. ☺ Nicht, dass ich Menschen verurteile oder ihnen ihren persönlichen Glauben nicht zugestehen würde. Ich respektiere das und verurteile niemanden aufgrund seiner Religion. Aber das ›Nichts‹ wäre mir echt zu wenig.

Meine wahre Identität habe ich auch erst durch den Glauben an Jesus Christus gefunden. Und nicht nur das. Ich wüsste wirklich nicht, wie ich ohne den Glauben an Gott, dieses Leben in Freude und in der Hoffnung leben könnte. Ohne die tiefe Gewissheit, dass Jesus für uns gestorben ist, damit **wir** leben können und gerettet sind, würden wir auch nicht wissen, warum wir hier auf Erden sind. Wir würden nicht mit dieser wundervollen Hoffnung leben können, die alles menschliche Denken übersteigt.

Ein Leben ohne Hoffnung ist deshalb auch sinn- und ziellos. Der Glaube an Gott gibt diese Hoffnung auf ein erfülltes Leben.

Ich möchte dir ein paar persönliche Fragen stellen: Worin siehst du den Sinn in deinem Leben? Woher bekommst du deine Erfüllung? Deine Freude? Deine Erlösung? Deine Vergebung? Deinen Halt? Deine Berufung? Sind es nur vergängliche Dinge? Geld, ein schönes Haus, ein tolles Auto, Status oder Macht oder einfach die Anerkennung anderer Menschen? Wenn du keinen Glauben hast, wo siehst du dann den eigentlichen Sinn und die Erfüllung in deinem Leben? Ich möchte dich zum Nachdenken anregen und würde dich mit dem, was ich hier schreibe, gerne dazu ermutigen, auch zu einem wahren Glauben an Gott zu finden. Nur Gott kann dir das geben, wonach du suchst. Er hat uns die Ewigkeit und die Frage nach dem Sinn auch bereits ins Herz gelegt. Und Er ist auch die Antwort auf unsere Fragen nach dem Sein, nach dem Sinn und nach unserem Ziel.

Unser tägliches Leben ist nun wahrlich mittlerweile zu einer absoluten Herausforderung geworden. Alles ist nur noch Gehetze und eine Maskengesellschaft. Aufgesetzte Freundlichkeit begegnet uns überall, obwohl man innerlich voller Sorgen und Nöte ist. Man ist ständig im ›Akkord‹ unterwegs, man muss sich mit freudlosen und unzufriedenen Menschen auseinandersetzen, sie am besten auch noch verstehen. Es ist schon eine tägliche Herausforderung, auch für uns Christen. Ich frage mich aber immer wieder: Wie können Menschen noch ohne Gott zurechtkommen? Was tun Menschen, die ihre Sorgen nicht ans Kreuz bringen können, die nicht beten und weinen können, weil sie von der Liebe Gottes erfüllt werden. Was tun Menschen, die nicht loslassen und ihre Sorgen auf Gott werfen können? Was tun Menschen in ihrer Not, in ihrer Angst, in ihrer Verunsicherung ohne Gott? Ich empfinde großes Mitleid mit den Menschen, die Jesus nicht in ihrem Leben haben. Denn die Bedrängnis und die Not werden noch größer und heftiger werden. Ich bin Christin, ich liebe Jesus und habe seine rettende Gnade erfahren. Ich möchte nach den Vorgaben von Jesus leben. Und ich möchte, dass auch du die Vergebung und die Liebe von Gott erfährst. Das tust du jetzt auch schon, wenn du dieses Buch liest. Wenn du Gott nicht in deinem Leben hast, wird Freudlosigkeit,

Angst und Verbitterung oder auch ständige Überforderung dein Leben leiten und belasten. Viele Menschen sind einfach überfordert, sie halten dem Druck nicht auf Dauer stand. Das heißt jetzt natürlich nicht, dass Christen nicht auch einmal an ihre Grenzen kommen. Ich will hier kein verkehrtes Bild vermitteln. Sogar Jesus kam an seine Grenzen, obwohl Er der Sohn Gottes war. Jeder Mensch wird immer auch einmal ›menschlich‹ reagieren. So gebe ich zum Beispiel offen zu und bekenne, dass ich mit manchen Menschen ein Problem habe. Ich habe vor allem mit überheblichen und selbstgerechten Menschen ein Problem. Trotzdem bemühe ich mich wirklich um gute Kontakte, die mir aber auch nicht immer gelingen. Vielleicht geht es dir auch in manchen Begegnungen so. Wir dürfen aber nicht zu streng zu uns selbst sein und auch die Akzeptanz bekommen, dass nicht jeder Arbeitskollege oder jedes Gemeindemitglied uns immer wohlgesonnen sein muss. Wo sich Menschen begegnen wird es auch Spannungen geben. Nicht immer läuft alles aus reiner Liebe. Das ist zwar wünschenswert, aber einfach nicht machbar. Unsere Aufgabe ist es nur, das Beste zu geben, was wir momentan geben können.

Viele Menschen kommen also an ihre Grenzen und müssen doch weitermachen. Sie haben keine Alternative, keine Ressourcen, keine Kraftquelle. Dies führt unweigerlich zu einer chronischen Überforderung. Burnout heißt ja das moderne Krankheitsbild unserer Gesellschaft. Depressionen gehören mittlerweile ebenso zum Sprechstunden-Alltag eines Mediziners, so auch ADHS oder ADS. Menschen sind auch zunehmend gereizter, viele merken ja selbst, dass sie bereits an ihre Grenzen kommen oder auch frustriert und ohne Freude sind. Doch viele machen weiter, was bleibt ihnen auch anderes übrig? Viele haben keine Alternative. Diese chronische Überbelastung, diese Freudlosigkeit und Überforderung, wirkt sich auf alle Bereiche unseres Lebens aus, natürlich auch auf die Familie, Kinder und unsere Beziehungen. Ein Teufelskreis. Man merkt es eigentlich überall da, wo man es mit Menschen zu tun hat. Die meisten können den Stress und den Druck nicht mehr so einfach kompensieren. Es ist eine absolute Herausforderung in unserer heutigen Zeit, in Frieden und mit Freude zu leben, und das bekommt mittlerweile jeder zu spüren.

Wo tankst DU eigentlich auf? Hast du auch eine Quelle? Ich kenne eine wunderbare Aufladestation, wenn ich das einfach mal so lapidar beschreiben darf. **Sie heißt Jesus.** Ich könnte mir nicht mehr vorstellen, wie ich das Leben bewältigen sollte ohne Gott. Wenn man einmal die Kraft Gottes und Seine Liebe gespürt hat, möchte man auch nicht mehr ohne Ihn leben. Diese tägliche Friedens- und Kraftquelle steht auch dir und deinem Leben zur Verfügung.

Es ist mittlerweile für jeden Menschen eine Herausforderung in dieser gefallenen und stressgeplagten Welt zu leben. Aber wenn man Christ ist, dann weiß man auch, dass wir in den letzten Tagen leben. Und weil wir das Wissen haben, dass Menschen an ihre Grenzen kommen und Gott **nicht** kennen, möchte ich auch verständnisvoll und barmherzig sein. Darum muss ich aber jeden Tag beten. Herr, hilf mir, die Menschen trotzdem zu lieben!

Gott möchte auch, dass wir Nächstenliebe und Barmherzigkeit leben. Wenn ich die sogenannte Bergpredigt von Jesus in Mt. 5,1–7,28 und in Lk. 6,17–6,49 lese, da habe ich noch viel Veränderung vor mir und vor allem brauche ich täglich Gottes Hilfe dazu, so zu leben. Ohne Gottes Hilfe können wir nicht einmal ansatzweise das, was Jesus predigte, umsetzen. Wir wissen aber, dass Gott uns täglich hilft, immer mehr in seinem Sinn zu agieren und zu reagieren. Wir müssen uns einfach nur bemühen, Gott tut den Rest! Deshalb müssen wir Christen auch Licht und Salz sein für andere Menschen. Wir können Licht für sie sein, wo sie nur noch dunkel sehen, wenn wir die Botschaft von der Versöhnung weitergeben und auch selbst mit unserem Leben zeigen, dass wir ihnen beistehen wollen. Wir können Menschen von der Hoffnung erzählen und auch gleichzeitig selbst Hoffnung schenken, indem wir für sie da sind. Wir können Salz für eine geschmacklose Welt sein und mit unserer Liebe anderen Menschen vielleicht den bitteren und faden Geschmack in ihrem Leben verändern. Wir Christen können nicht nur, sondern müssen einen Unterschied in der Welt machen und auf Menschen zugehen, überall da, wo die Welt wegsieht!

Wenn Jesus unser Vorbild ist, dann müssen auch wir barmherzig und mitfühlend sein. Menschen ohne Gott haben überhaupt keinen Halt und wissen auch nicht, wo das alles noch hinführen soll. Wir Christen wissen aber, dass Gott alles in der Hand hält und uns alles nur zum Besten dient. Wir Christen kennen das Ende, wir Christen wissen um Gottes Verheißungen. Wir Christen brauchen keine Angst zu haben, denn Gott, der Allerhöchste, ist mit uns! Wir wissen, wir sind geliebt. Unverdient! Durch Jesus!

Diese Liebe von Gott verändert alles!

Viele Menschen leben nur einfach so dahin. Sie sind gefangen im Zeitgeist. Internet, Fernsehen, soziale Netzwerke und unterschiedliche Elektronikgeräte bestimmen unser Leben. Wir leben oberflächlich und schnell. ›Beziehungen‹ leben viele Menschen, vor allem Jugendliche, überwiegend über soziale Netzwerke und Plattformen. Wir haben keine Zeit für Tiefe und Stille. Dies hat fatale Folgen für Menschen, vor allem für unsere Kinder, weil auch der soziale Kontakt, die Beziehungen zu anderen Menschen fehlen. Vom Elektrosmog und Veränderungen im Bereich der Nerven und Gehirnfunktionen einmal ganz zu schweigen. Isolation und Verschiebung der Realität in den visuellen Bereich sind die Folgen. Von den körperlichen und psychischen Folgen ganz abgesehen, können wir in dieser Situation gefangen bleiben, wenn es da nicht einen Ausweg gäbe. **Wir müssen nicht da stehen bleiben, wo wir sind.** Es gibt einen Ausweg, einen Weg, der zum wahren Leben führt, einen Weg in die Freiheit. Wir können von Gebundenheit und Abhängigkeiten frei werden. Wir können einen Weg wählen, der uns trotz aller Sorgen und Nöte ein Fundament gibt, Wissen und Hilfestellung. Dieser Weg führt uns aus unseren negativen Gedanken und Handlungen. Es ist der Weg, der zu einer übernatürlichen Hoffnung führt. Es ist ein Weg des Friedens – mit

Gott. Ein Weg der Freude, die von Gott kommt. Es ist ein Weg der Liebe.

Der Weg ist der Glaube an Jesus Christus. Geh mit Ihm diesen Weg! Du wirst es nicht bereuen. Ich habe auch nie die Entscheidung bereut, mit Gott zu gehen. Jesus hat so viel in mir verändert. Ich bin nicht mehr der Mensch, der ich einmal war. Selbst wenn meine Lebensumstände noch nicht wesentlich besser sind. Durch die Begegnung mit Gott änderten sich auch meine Gedanken, meine Worte, meine Einstellung und mein Handeln. Das heißt jetzt aber nicht, dass ich heute **immer** die richtigen Worte finde und **immer** richtig handle. Ich will hier keinen falschen Eindruck erwecken. Ich bemühe mich aber darum, und darauf kommt es an! Gott hat mich geheilt von meinen seelischen Verletzungen, von meinen Ängsten und meinen Unsicherheiten. Ich konnte den Menschen vergeben, die mich so sehr verletzt hatten. Gott kennt uns besser, als wir uns selbst. Die Veränderung, die ich erfahren durfte, wurde vor allem durch das Studium der Bibel und Gottes Geist bewirkt. Auch durch die vielen Vorträge, die ich hörte und sah, sprach Gott immer wieder einmal ganz persönlich zu mir. Und dafür bin ich einfach nur dankbar.

Mir ist auch bewusst, dass wir selbst als wiedergeborene Christen nicht immer in Frieden und Freude leben können. Denn wir sind alle nur unvollkommene Menschen mit unseren Unzulänglichkeiten, unseren Emotionen und unseren eigenen Erfahrungen. Das Wunderbare an Gott ist, dass wir sofort Vergebung erhalten, wenn wir unsere Sünden, unsere Schwächen, unsere falschen

Worte oder Handlungen bereuen. Vorausgesetzt, sie sind uns bewusst, sonst verhalten wir uns vielleicht stolz, überheblich oder selbstgerecht und merken es nicht einmal. Deshalb gebraucht Gott auch andere Menschen, die uns dann korrigieren können. Das ist zwar nicht immer leicht, aber wir tun gut daran, solche Begegnungen und Korrekturen auch anzunehmen. Die meisten Menschen können das nicht! Doch sollte sich jeder darum bemühen, denn oft kommt so eine Korrektur von Gott, die uns bestimmte falsche Haltungen aufzeigen soll.

Wir wollen doch alle reife Christen werden, das ist auch mein ganz persönlicher Wunsch.

Wir werden auf dieser Lebensreise mit Gott auch immer mehr Erkenntnisse aufnehmen und wir werden persönliche Erfahrungen mit Gott machen. Deshalb sind wir auch ständig dabei, uns zu verändern, uns weiterzuentwickeln und geistlich zu wachsen. Wir müssen nur in Verbindung mit dem Heiligen Geist bleiben, durch Gottes Wort, durch Gebet und durch Zeit mit Gott. Das ist in unserer heutigen Zeit für die meisten Christen allerdings die größte Herausforderung.

Die allergrößte Hilfe, die uns Gott für unseren Weg gegeben hat, ist Sein Wort, die Bibel. Das möchte ich auch immer wieder erwähnen. Um Gott kennenzulernen, muss man auch Sein Wort lesen. Eine persönliche Beziehung zu Jesus aufzubauen, ohne Sein Wort zu studieren, ist nicht möglich. Man lernt Ihn nur intensiv kennen, wenn man sich mit Seinem Wort auseinandersetzt. Dadurch erwächst Beständigkeit in der Beziehung zu Jesus. Er möchte, dass wir mit Ihm verbunden bleiben, weil uns das auch weiterhilft. Die Bibel hilft uns, auch unseren Alltag besser zu meistern. Die Bibel hilft uns in Beziehungen und auch in der Erziehung unserer Kinder. Durch das kontinuierliche Studium der Bibel wachsen wir geistlich. **Jesus ist das Wort,** und deshalb müssen wir die Verbindung mit Ihm aufrechterhalten, indem wir uns mit Seinem Wort beschäftigen – zu unserem eigenen Wohlergehen und für unser weiteres geistliches Wachstum. Lesen wir doch noch einmal, was die Bibel dazu sagt:

Jesus ist der menschgewordene Gott. Mit Ihm haben wir alles, was wir brauchen. Er ist das Wort, und das Wort war von Anfang an da und es war in allem Gott gleich. (Joh. 1, 1)

Er, das Wort wurde Mensch, ein wirklicher Mensch von Fleisch und Blut. (Joh. 1, 14)

Was wir brauchen, um ein Leben in Freude und Frieden und vor allem ein gottgefälliges Leben zu führen, ist einzig und allein Jesus. Er ist für uns eine Bereicherung, eine Hilfestellung und eine Hoffnung auf ein besseres Leben.

Wenn wir Jesus wirklich kennenlernen, werden wir Ihn auch lieben lernen. Unsere eigenen Beziehungen verändern sich auch, wenn uns bewusst wird, wer wir in Jesus Christus sind. Wenn uns die eigene Identität wirklich bewusst wird, dann sieht man vieles anders. Man denkt anders, man redet anders und man handelt anders. Der Glaube verändert uns in dem Bewusstsein, wer wir sind. Wir gehören zur Familie Gottes. Das muss uns immer mehr bewusst werden. Wir sind geliebt.

Die Liebe ist mächtig. Gottes Liebe ist mächtig. Die Annahme dieser Liebe verändert **dich**, deine Gedanken, deine Einstellungen und somit auch deine Handlungsweise. Wenn du geliebt wirst und das auch weißt, kannst du diese Liebe an andere weitergeben – trotz eigener Schwächen, trotz eigenen Schwierigkeiten. **Das ist das Geheimnis der Liebe Gottes**. Dadurch kommt auch eine beständige Freude tief in uns auf, das ist auch eine übernatürliche Freude. Wir haben bereits die Liebe Gottes zur Verfügung. Wir haben sie schon erhalten. Sie ist bereits ausgegossen in unsere Herzen, sagt uns Gott in Seinem Wort. Wir können dann auch aus der Liebe Gottes leben und werden immer mehr erfüllt. Vor allem wenn uns immer mehr bewusst wird, dass uns täglich die Gnade Gottes geschenkt ist und ebenfalls zur Verfügung steht. Daraus erwächst immer mehr Verständnis, Mitgefühl und Barmherzigkeit für unsere Mitmenschen, aus der Liebe Gottes heraus, die du empfangen hast. Lass dich erfüllen mit Gottes Liebe! **Diese Liebe schenkt uns auch Verständnis für uns selbst. Daraus erwächst auch eine gesunde Selbstliebe, wenn wir uns bewusst sind, dass Gott uns trotz unserer Fehler und Schwächen bedingungslos liebt. Vor allem wenn wir wissen, dass Gott uns vergeben hat und wir diese Vergebung auch annehmen können. Deshalb fällt es dann auch leichter, andere Menschen, trotz ihrer Schwächen und Fehler zu verstehen, zu lieben und auch ihnen zu vergeben. Weil Gott so wunderbar und gut ist! Letztendlich ist eine gesunde Selbstliebe und Selbstannahme auch das Ziel, das Gott mit Seiner Liebe erreichen möchte.**

Ich sehe heute auch in der Erziehung nicht mehr alles so eng. Vor allem möchte ich den Druck von außen, die ganzen gesellschaftlichen und weltlichen Vorgaben nicht mehr an meine Kinder weitergeben. Das ist aber nicht immer so einfach, weil auch ›etwas erwartet‹ wird. Der Druck von außen kann sehr stark sein, ob in der Schule oder in der Arbeitswelt. Durch ein starkes Fundament im Glauben ist man aber nicht mehr abhängig von anderen Menschen, von ihren Meinungen oder Maßstäben. **Deshalb ist es auch so wichtig, einen festen und beständigen Glauben zu erlangen**. Der Glaube kann wahrlich alles verändern. Unseren Charakter, unseren Selbstwert, unsere Gedanken, unsere Worte, unsere Handlungen, unsere Beziehungen, unsere Haltungen und nicht zuletzt auch unsere Finanzen. Einfach alles! Der Glaube ist deshalb ein Fundament für unser Leben. **Der Glaube zeigt uns, wie Leben geht.** Der Glaube an Jesus kann uns nicht nur einen beständigen Frieden mit Gott schenken, sondern auch eine tiefe Freude, die alles Natürliche übersteigt. Und Gott kann uns heilen. Ich denke oft, wenn die Menschen nur wüssten, was Jesus heute noch tun kann, dann würden Ihn sicher viele sofort annehmen. Deshalb müssen es alle Menschen wissen. **Deshalb ist unser Zeugnis von Jesus Christus so wichtig**. Menschen müssen wissen, was der Glaube an Ihn auslösen und verändern kann. Durch ein persönliches Zeugnis kann man deshalb viel bewirken. Das ist auch unser Auftrag als Nachfolger von Jesus. **Ich möchte, dass du weißt, dass Jesus auch heute noch durch Seinen Geist wirkt und dich seelisch oder auch körperlich heilen**

kann. Egal was dir widerfahren ist. Ich habe es ja schon öfter erwähnt. Und werde es auch immer wieder tun. Es ist gut und sinnvoll, wenn wir bestimmte positive Aussagen über uns, über unser Leben oder auch Schriftstellen aus der Bibel immer und immer wieder lesen und auch laut proklamieren. Es soll ja auch einen besseren Effekt haben, wenn wir uns selbst etwas zusprechen. Das glauben wir dann eher, als Aussagen von anderen Menschen. Dann dürfen wir ruhig ein paar Selbstgespräche mehr führen, richtig? Deshalb wiederhole ich auch öfter bestimmte Dinge, damit du es immer wieder lesen kannst.

So richtig konnte ich das mit dem Glauben auch erst begreifen und erkennen, als ich mich intensiv mit dem Studium der Bibel befasst habe. Es ist eine große Offenbarung, wenn man erkennt, wer man wirklich in Gott ist und warum man hier auf der Erde lebt. Aber auch unzählige Vorträge und Predigten haben mir auf meinem persönlichen Weg zu Gott weitergeholfen. Ich bin jetzt immer noch auf dem Weg mit Gott und werde das mein restliches Leben sein. Und dafür bin ich unendlich dankbar. Ich bin davon überzeugt, dass jeder Mensch, **der glaubt und Gott sucht**, Ihn auch finden wird. Wenn wir Gott ernst nehmen, wenn wir eine persönliche Beziehung zu Ihm wollen, wenn wir verzweifelt und voller Sorgen sind, dann wird sich Gott auch uns zuwenden. Er wird jedem Menschen, der an Ihn glaubt und Ihn aufrichtig sucht, seine Gnade schenken.

Macht euch keine Sorgen, sondern wendet euch in jeder Lage an Gott und bringt eure Bitten vor ihn. Tut

es mit Dank für das, was er für euch getan hat. Dann wird der Frieden Gottes, der alles menschliche Begreifen weit übersteig, euer Denken und Wollen im Guten bewahren, geborgen in der Gemeinschaft mit Jesus Christus. (Phil. 4, 6–7)

Wir dürfen Gott und Sein Wort ernst nehmen und all unsere Sorgen abgeben. Wir müssen auch um Dinge oder um Veränderung für uns oder für andere Menschen bitten. Jesus sagte auch: »Ihr habt nicht, weil ihr nicht bittet.« Gott hört unsere Gebete und unsere Bitten, wie wir im nächsten Bibelvers auch nachlesen können.

Der Herr hat aufmerksam zugehört, als die Menschen, die Ihm treu geblieben waren, so untereinander redeten. Er hat die Namen aller, die ihn ernst nehmen und ehren, in ein Buch schreiben lassen, damit sie vor Ihm in Erinnerung bleiben. (Mal. 3, 16)

Ist das nicht, eine der vielen wunderbaren Verheißungen, die wir hier in Gottes Wort lesen? Wir, die glauben, stehen im Buch des Lebens! Uns wird ewiges Leben bei Gott und auf der neuen Erde versprochen. Ich liebe Gottes Wort, die Bibel. Sie zeigt uns so viele Dinge auf, unter anderem auch viele Beispiele von Menschen, die mit Gott alles durchgestanden haben. Sie zeigt uns Gottes Charakter und Seine Zusagen an uns. Sie zeigt uns auch Gottes Plan für die Menschheit und wie Gott diesen gänzlich noch erfüllen wird. Jesus war von Anbeginn Sein Plan. Wir müssen deshalb die Wahrheit kennenlernen. Die Wahrheit im Glauben und die Wahrheit über uns selbst. Menschen wollen oder können der Wahrheit manchmal nicht ins Gesicht sehen. Es ist ja auch gar nicht so einfach, sich mit der Wahrheit auseinanderzusetzen. Weder mit der Wahrheit im Glauben, noch mit der Wahrheit über sich selbst. Das kann für viele Menschen bedeuten, dass sie von ihrem Stolz ablassen müssten. Der wahrhaftige Glaube lässt sich deshalb auch nicht mit Selbstgerechtigkeit verbinden. Der Wahrheit über uns selbst ins Auge zu sehen, kann auch kräfteraubend und vor allem auch sehr schmerzvoll sein. Wenn man erkennen kann, wo die eigenen Schwächen, Fehler und auch Grenzen sind, ist es eben auch manchmal schmerzvoll und wir können dann auch mit Schuldgefühlen belastet sein, wenn wir uns tatsächlich auf eine Eigenreflektion einlassen können. Ich muss gestehen, es hat auch gedauert, bis ich das tatsächlich auch umsetzen konnte. Mit dem Thema Glauben wollen sich die Menschen ja meist überhaupt nicht auseinandersetzen, viele wollen einfach ihr ›eigenes Ding‹ machen und sind davon überzeugt, dass es keinen Gott gibt, keinen Schöpfer, der unser ganzes Universum, die Welt in ihrer ganzen Schönheit geschaffen hat. Die Wahrheit ist aber: Viele wollen sich Gott einfach nur nicht unterordnen, sich nicht damit auseinandersetzen, nicht anerkennen, dass sie von Gott abhängig sind. Und wieder andere sind der Meinung, sie bräuchten keinen Gott. Man kann nur immer wieder Menschen einladen, Jesus kennenzulernen, weil genau durch diese Beziehung werden Menschenleben verändert. Gottes Liebe verändert Leben! Mit Gottes Liebe erfüllt zu werden, ist tatsächlich die einzige Möglichkeit, Veränderung und Erfüllung zu erfahren, wie es ansonsten auf menschlicher Ebene gar nicht möglich sein kann.

Es dauert manchmal, bis Gottes Wort, das ja immer wieder von Gottes Liebe spricht, in unser Herz gelangt ist. Aber auch wenn es dauert, Gott wird die Dinge, die er angefangen hat, auch zu Ende bringen. Wir können Ihm vertrauen auf unserem Weg. Wir müssen an den Punkt kommen, so zu beten: »Herr, danke für das, was du getan hast. Ich liebe dich so sehr, weil du mich zuerst geliebt hast!«

Weil Gott uns zuerst geliebt hat, können auch wir eine Liebesbeziehung mit Ihm eingehen. Wir müssen auch nicht erst um diese Liebe bitten. Sie ist bereits in unseren Herzen. Ein Christ, der Gottes Liebe angenommen hat, ist auch mit Freude erfüllt und von Hoffnung bestimmt. Dies ist eine beständige, übernatürliche Freude, die von Gott kommt. Das heißt natürlich jetzt nicht, dass man als Christ nicht auch einmal einen schlechten Tag haben kann oder sich vielleicht gesundheitlich nicht so gut fühlt. Christen sind erst einmal auch nur Menschen, mit den gleichen Empfindungen und Belastungen, wie jeder andere Mensch auch. Christen haben auch körperliche und seelische Beschwerden und auch Erkrankungen. Christen sollten auch nicht so tun, als wären sie immer gesund und frisch und ständig gut drauf, voller Freude und putzmunter. Wir dürfen nicht so tun, als wären wir ›geistig abgehoben‹ oder ›etwas Besseres‹ als andere Menschen. Genau das ist es, was uns auch wieder unglaubwürdig macht. Ein Beispiel von einer Glaubensschweter möchte ich hier anführen. Sie hatte erst vor einigen Monaten ihren Mann verloren und strahlte und lachte, wenn sie zum Gottesdienst kam. Anscheinend verdrängte sie die Trauer. Manchmal machen wir uns auch selbst etwas vor und wollen um jeden Preis einen guten Eindruck machen und ja keine Schwäche zeigen. Wir Christen dürfen doch nicht traurig oder wütend sein. Es ist der Herr, es ist der Herr! So oder so ähnlich, wollen wir dann argumentieren, damit wir vielleicht einen guten Eindruck hinterlassen. Ich finde es auch sehr schade, wenn Christen nur ein ›Sonntags-Kirchen-Gesicht‹ aufsetzen und den Rest der Woche leben wie alle anderen. Aber uns müsste ja bewusst sein, dass Gott auch sieht, wie wir uns in den eigenen vier Wänden verhalten. Er ist nämlich allmächtig, allwissend und vor allem allgegenwärtig. Ist uns das aber auch immer bewusst? Da möchte ich in keinen Gewissenskonflikt kommen. Deshalb sollten wir uns auch zu Hause darum bemühen, den Glauben zu leben und unsere Familie freundlich und auch liebevoll zu behandeln. Ich muss mich da auch immer wieder daran erinnern und darum beten. **Aufgesetzte Freundlichkeit ist nämlich nicht der Wille Gottes**. Die Bibel spricht in solchen Fällen auch von Heuchelei. Oh, davon möchte ich mich, so gut es geht, distanzieren. Jesus möchte, dass wir Ehrlichkeit und Offenheit vor allem im Glauben leben. Wir sollen authentische Menschen sein, frei von Heuchelei, Neid, Missgunst, Verurteilung oder übler Nachrede. Wir sollen frei von Überheblichkeit und Besserwisserei sein, frei von religiösen Vorgaben und frei von der oft subjektiven Meinung anderer Menschen. Wie schwer das doch manchmal ist!

Ich muss deshalb täglich beten: Herr, hilf mir! Gott möchte auch nicht, dass wir nur einmal in der Woche in die Kirche gehen und sonst nichts mit Ihm zu tun haben wollen. Unser ganzes Leben soll ein einziger Gottesdienst sein. Täglich sollen wir uns deshalb auch bemühen, im Willen Gottes zu leben. Auch, und vor allem, wenn es um das Bekenntnis geht. Da wir ja in dem Kapitel ›Schonungslose Offenheit‹ sind, will ich auch auf die nächsten Bibelverse hinweisen. Wenn wir uns zum Glauben an Jesus bekennen, dann sollten wir das auch mit aller Konsequenz tun. Genau das meint Jesus in der folgenden Stelle:

Ich kenne euer Tun, ihr seid weder warm noch kalt. Wenn ihr wenigstens eins von beiden wärt. Aber ihr seid weder warm noch kalt, ihr seid lauwarm. Darum werde ich euch aus meinem Mund ausspucken. (Offb. 3, 15–16)

Gott gefällt also nicht, wenn wir ›lauwarm‹ sind. Er möchte eine Nachfolge ohne Wenn und Aber. Das erinnert mich auch an viele Beispiele aus dem Neuen Testament, wie Jesus mit Schriftgelehrten und den Gesetzeslehrern verfahren ist. Heuchler mag er gar nicht, und halbe Sachen anscheinend auch nicht. Wir müssen uns also darum bemühen, mit aller Kraft unseren Glauben zu leben. Mit Gottes Hilfe und mit unseren Bittgebeten wird uns das auch gelingen. Machen wir uns also jeden Tag neu bewusst, die Liebe ist das Höchste! Die Liebe zu unserem barmherzigen Gott wird uns helfen, authentische und fröhliche Kinder Gottes zu sein oder noch zu werden. Und Jesus sagt uns in Seinem Wort ja auch noch etwas ganz Wichtiges: ***Dies ist mein Gebot: Ihr sollt einander lieben, wie ich euch geliebt habe.*** (Joh. 15, 12)

Trotz und gerade auch wegen der Nächstenliebe bin ich aber auch davon überzeugt, dass man, wenn die Situation es erfordert, auch einmal Klartext reden muss. Vor allem, wenn es um die Wahrheit im Glauben geht. Viele Menschen wollen die Wahrheit nicht hören, vor allem die Wahrheit über Sünde und die Verurteilung Gottes, dass Er auch jemanden ablehnen kann. Sie glauben, sie wären ›gut genug‹ und bräuchten keinen Gott. Man kann die Menschen aber auch nicht in Unwissenheit lassen und ihnen nur die halbe Wahrheit verkünden. **Da machen wir uns mitschuldig**. Es wäre auch mangelnde Liebe an unseren Mitmenschen, sie ins Verderben laufen zu lassen, nur weil wir vielleicht zu wenig Mut haben. Gott prüft uns und die anderen Menschen dadurch! Darum müssen wir auch die beiden Seiten der Medaille präsentieren. Wir sind dazu verpflichtet! Jesus ging auch nicht gerade zimperlich mit Menschen um, die glaubten, ›besser‹ zu sein als andere. Die Schriftgelehrten und Pharisäer meinten ja, sie haben für Gott alles getan, wenn sie nur die Gesetze erfüllten. Aber Jesus wollte keine Gesetzeswerke, die von falschen Motiven geleitet werden. Er wollte, dass sie ihre innere Einstellung und ihre Haltung den Menschen gegenüber veränderten.

Bei Gott geht es in erster Linie um die Liebe zueinander und miteinander. Denn durch die Liebe wird ja bekanntlich das ganze Gesetz auch erfüllt. Diese Liebe, vor allem auch die Feindesliebe, ist aber auch die größte Herausforderung, neben der Vergebung, die wir Christen lernen und auch erfüllen müssen. Ich denke, dass es vielen Christen schwerfällt, immer und kontinuierlich in und mit der Liebe zu leben, und ich nehme mich da natürlich nicht aus, sonst wäre ich ja auch ein Heuchler. Wir sind eben alle schwache Menschen, aber wir können auch die barmherzige Gnade von Gott täglich immer wieder in Anspruch nehmen. **Zu lieben ist eine Entscheidung und nicht ausschließlich ein Gefühl**. Ich entscheide mich dafür, andere freundlich, liebevoll, barmherzig, respektvoll und wertschätzend zu behandeln. Und schon muss ich wieder beten: Herr, hilf mir, diese tägliche Herausforderung zu bewältigen. Natürlich kann Liebe auch mit heftigen Gefühlen verbunden sein. Denken wir nur einmal daran, wie sich das angefühlt hat, als wir verliebt waren. Aber das ist nicht die Liebe, die Gott meint. **Gottes Liebe zu uns und die Nächstenliebe zu unseren Mitmenschen, ist eine andere**. Menschen zu lieben, ist aber auch nicht immer einfach. Man muss sich täglich neu darauf ausrichten und besinnen, obwohl man sich schon für die Liebe entschieden hat. Und man muss vor allem dafür beten. Ich brauche da täglich die Hilfe Gottes, weil es auch Situationen gibt, in denen man von anderen Menschen ungerecht behandelt, verkehrt eingeschätzt oder gar verleumdet wird. Ich ertappe mich selbst des Öfteren dabei, dass es mir schwerfällt, andere zu lieben. Vor allem auch, wenn sich Christen anders verhalten, als der Glaube und das Wort Gottes es uns vorschreibt. Ich kann mit selbstgerechten, überheblichen und stolzen Menschen (noch) nicht wirklich umgehen. Das kostet mich eine Menge Überwindung. Da brauche ich jeden Tag ganz viel Gnade von unserem Herrn.

Mittlerweile liebe ich die Menschen trotzdem, auch wenn es mir noch nicht immer täglich gelingt, aber durch die Liebe und die Kraft Gottes gelingt mir das immer häufiger. Das alles ist nun einmal ein Lernprozess, die Veränderung kommt eben nicht von heute auf morgen. Aber Gott ist am Werk, das müssen wir uns täglich sagen. Den größten Teil meines Lebens konnte ich Menschen nicht lieben, da mich einige sehr verletzt hatten und ich deshalb selbst sehr verunsichert und unfähig zur Liebe war. Ich habe zwar vielen Menschen geholfen, sie begleitet und ermuntert durch meinen Beruf als Krankenschwester, den ich fast 40 Jahre ausgeübt habe, aber ich kam immer wieder an meine Grenzen. Ich hatte kein Problem damit, freundlich und hilfsbereit zu sein und konnte auch großes Mitgefühl aufbringen. Aber sobald mich jemand persönlich verletzt oder mich verkehrt eingeschätzt hat, habe ich mich sehr stark verteidigt. Ich habe schnell meinen ›Selbstschutzmechanismus‹ aktiviert. Gelernt ist eben gelernt – und das seit Kindheitstagen. Die meisten Menschen haben sich anscheinend so einen ›Mechanismus der Verteidigung‹ angeeignet. Da erlebe ich ständig viele Situationen, in denen ich dann denke, anscheinend bin ich nicht der einzige Mensch auf diesem Planeten, dem es schwerfällt, einfach mal die Klappe zu halten. ☺ Unsere Reaktionen auf die unterschiedlichsten Situationen zeigen uns ja auch, wo wir auf unserem Weg mit Gott gerade stehen. Heute ist dieser

›Verteidigungsmechanismus‹ bei mir nicht mehr ganz so stark ausgeprägt, jedoch gibt es immer noch restliche Auswüchse davon. Meine Reaktionen auf Überheblichkeit und Selbstgerechtigkeit anderer Menschen – und das damit verbundene Gefühl der Ablehnung – sind stark abgeschwächt und werden auch immer weniger. Gott sei es gedankt! Er hat mir dazu verholfen und hilft mir auch weiterhin. Der Glaube und das Studium des Wortes offenbaren uns ja auch immer mehr über uns und unser Verhalten. Ich bin Gott so dankbar dafür, dass Er mir gezeigt hat, dass ich mit Ihm zusammen auf dem Weg zum Ziel auch Fehler machen darf. **Wir sind alle auf dem Weg**. Solange wir hier auf Erden in diesem irdischen Körper leben, werden wir nie von allem befreit sein. Unsere Gedanken, unsere Emotionen, unsere Reaktionen, unsere Handlungen, das alles wird aber innerhalb der Beziehung mit Jesus verändert. Wir **erkennen** immer mehr. **Unsere Gedanken werden immer mehr verändert, indem wir unseren Sinn auf Jesus ausrichten**. **Auf Sein Wort!** Es gibt zwar keinen Menschen, der keine negativen Gedanken hat, aber niemand muss diese zulassen. Wir müssen erkennen, dass sie uns schaden und uns nicht helfen. Wir können sie verwerfen, sie bewusst beenden und sie durch Zusagen aus Gottes Wort ersetzen. **Eine Veränderung der Denkweise führt auch dazu, dass man mit Problemen, die ja unweigerlich jeder hat, besser umgehen kann**. Wir sehen dann viele Dinge auch anders. **Gott hilft uns dabei, unsere Gedanken auf Ihn auszurichten.** Allerdings müssen wir erst einmal wissen, was Gott uns in Seinem Wort zugesagt hat. Wir müssen

Sein Wort kennen. Es ist daher auch wichtig und entscheidend, wie und aus welchem Blickwinkel man die Dinge betrachtet. Durch eine veränderte Einstellung der Sichtweise kann ich Probleme auch anders sehen. Joyce Meyer sagt oft in ihren Vorträgen: Unser eigentliches Problem ist gar nicht das Problem. Das eigentliche Problem ist unsere Einstellung zu unserem Problem. Deshalb möchte Gott uns auch eine veränderte Sichtweise schenken. Eine veränderte Haltung zu einem Menschen oder einer schwierigen Situation kann und wird vieles verändern. Diese positive Veränderung kann man auch auf alle anderen Lebensbereiche übertragen: Erziehung, Beziehung zum Partner oder Freunden, seelische, körperliche und geistige Gesundheit oder die Finanzen. **Voraussetzung ist, dass uns unsere negative Einstellung bewusst wird.** Wenn uns nicht bewusst ist, dass unser Leid oftmals auch selbst verschuldet ist, kann man auch nichts verändern. Nur die Erkenntnis der negativen Haltung, unseres Selbstmitleids und unserer Opferrolle kann uns verändern. Ich meine hier vor allem, wenn man als Erwachsener leidet oder einen ständigen Leidensdruck hat und aus diesem Muster ›aussteigen‹ möchte, dann muss man Veränderungen in Kauf nehmen. Gott hilft uns dabei, uns zu verändern. Leid kann vieles bedeuten: eine Partnerschaft, die von mangelnder Wertschätzung geprägt ist, ständige Unterdrückung durch andere Menschen oder auch erdrückende Lebensumstände, nicht respektiert zu werden oder ausgegrenzt zu sein, aber auch körperliches Leid, wie Krankheit oder Gewalt, die man erlebt. Wichtig ist, dass man nicht in dieser Form von Leid bleiben soll und muss. Es gibt immer einen Weg hinaus, wenn man sich Hilfe sucht. Auch ich musste durch großes Leid hindurch. Wäre ich das nicht, hätte ich nicht diesen Erfahrungsschatz. Gott zeigte mir meine negative Haltung und meine Einstellung Menschen gegenüber, bedingt durch meine eigenen negativen Erlebnisse. **Zuerst musste Gott mich aber durch Seine Liebe wieder herstellen**. Durch Seine Liebe, Seine Gnade und durch Sein Wort veränderte sich schrittweise meine Einstellung. Mein Sinn erneuerte sich immer mehr. Aber erst musste ich begreifen, wer ich in Christus wirklich bin. Ich musste aber auch verstehen, dass wir nicht gegen Menschen kämpfen, sondern gegen die unsichtbaren Mächte, gegen den Teufel und seine Dämonen.

Ein außerordentlich wichtiges geistliches Thema, auf das ich in diesem Kapitel auch eingehen möchte, ist Satan und seine Dämonen. Es ist das Wichtigste überhaupt, dass wir uns bewusst sind, dass wir in einem täglichen geistlichen Kampf stehen.

Ein wohl vielen Christen bekannter Bibelvers dürfte Folgender sein:

Seid wachsam, und nüchtern! Euer Feind, der Teufel, schleicht um die Herde wie ein hungriger Löwe. Er wartet nur darauf, dass er jemand von euch verschlingen kann. (1. Petr. 5, 8)

Deshalb ist es so wichtig, der Bibel zu glauben und das Wort als wahr zu erkennen. Satan möchte nicht, dass du glaubst, dass du zu Gott findest und gerettet wirst! Er wird versuchen, dich durch taktische Lügen und Täuschungen vom Glauben abzubringen. Lass dich nicht täuschen, lass dir keine negativen Gedanken einreden! Gott ist real und gut! So wie es das Gute gibt, gibt es auch das Böse, und das ist der Teufel, die alte Schlange. Er ist listig und versucht, die Menschen mit allen Mitteln von Gott fernzuhalten. **Und er benutzt auch Menschen dazu!** Lass uns doch deshalb anschauen, was die Bibel zu Satan sagt. Im wohl wichtigsten Buch der Bibel, in der Offenbarung, steht in Kapitel 12 geschrieben, dass im Himmel ein Krieg stattfand und Michael mit seinen Engeln gegen den Drachen kämpfte.

Der große Drache wurde hinuntergestürzt! Er ist die alte Schlange, die auch Teufel oder Satan genannt wird und die ganze Welt verführt. Er wurde auf die Erde hinuntergestürzt mit allen seinen Engeln. (Offb. 12, 7–9)

Schau dir die Welt an! Ist das nicht schrecklich? Das furchtbare Leid, der Hunger und die Perversion, der Hass, die Kriege, die Menschenrechtsverletzungen und all die Krankheiten? Das alles kommt nicht von Gott, sondern von den Menschen selbst und von Satan, dem eigentlichen Fürsten der Welt, so beschreibt es die Bibel. Satan wird alles tun, um die Menschen auf seine Seite zu ziehen. Er möchte noch so viel wie möglich an Unheil anrichten, bevor er endgültig vernichtet wird. Ist uns wirklich bewusst, dass Satan auch uns angreift? Vor allem wenn wir etwas für das Reich Gottes tun wollen? Dann werden auch ganz bestimmt Schlangen auftauchen. Satan, die alte Schlange, so sein Name in der Bibel, wird nicht tatenlos zusehen, wenn wir etwas für Gott tun.

Seitdem ich mich intensiv mit dem Schreiben beschäftige, weil ich das Manuskript endgültig fertig stellen möchte, erlebe ich viele belastende Situationen. Satan greift uns durch schwierige Umstände an. Zu allererst hat er es auf unsere Gedanken und unsere Freude abgesehen. Er kennt uns besser, als wir uns selbst, er benutzt auch unsere Schwächen, damit wir zweifeln und uns von unserem Vorhaben abbringen lassen oder sogar fallen. Das ist die Art und Weise, wie Satan agiert. Er ist ein Lügner und Betrüger, ein Meister im Täuschen. Das muss uns bewusst sein. Er will um jeden Preis verhindern, dass noch viele Menschen zur Wahrheit im Glauben finden und sich zu Jesus bekennen, damit sie gerettet werden. Auch Paulus schrieb an die Gemeinde in Thessalonich, dass der Satan sie daran hinderte, die Gemeinde zu besuchen. Jesus selbst spricht im Gleichnis von der Aussaat davon, dass der Same, die Botschaft Gottes, auch unter anderem vom Teufel weggenommen wird.

Bei manchen, die sie hören, geht es wie bei dem Samen, der auf den Weg fällt. Der Teufel kommt und nimmt weg, was in ihr Herz gesät worden ist. Er will nicht, dass sie die Botschaft annehmen und gerettet werden. (Luk. 8, 11–12)

Wir müssen deshalb wissen, wer wir in Christus sind. **Jesus hat Satan bereits besiegt.** Wie müssen deshalb offensiv gegen diese Anfechtungen und Verwirrungen im Glauben vorgehen und uns nicht beirren lassen. Der Teufel benutzt auch Menschen, die uns Dinge erzählen und uns vielleicht einreden wollen, dass wir dieses oder jenes nicht tun können oder dürfen. Lass dich nicht beirren. Bleib fest im Glauben. Jesus, der in uns lebt, ist stärker als jede Macht des Teufels. **Gott kann dich und mich nicht gebrauchen, wenn wir nicht unbeirrt am Glauben und an das, was Jesus gesagt hat, festhalten.** Ich würde auch nicht dieses Buch in der Form schreiben können. Gott verhilft uns zu einer tiefen Erkenntnis und schenkt uns auch den Mut dazu, im Glauben weiterzugehen.

In der Bibel lesen wir also nicht nur über Gott und Jesus Christus, sondern auch über den Teufel und seine Machenschaften. Das muss jetzt aber nicht heißen, dass jeder Mensch vom Teufel geleitet wird, obwohl es sicher auch Menschen gibt, die er benutzt. Oftmals merken Menschen es auch nicht, dass sie benutzt werden, eben durch die spezielle Taktik des Teufels. Man braucht sich ja nur unsere Geschichte anzuschauen. Große Politiker, Könige oder auch Päpste, die abscheuliche Gräueltaten begangen haben, und das auch noch im Namen Gottes. Aber auch Menschen, die glauben, dass sie Böses tun müssen, können vom Teufel benutzt werden. Auch vor der Gemeinde Jesu wird Satan nicht Halt machen. Er versucht immer wieder, Zwietracht und Neid oder auch Hass und Lüge zu säen. Die Bibel drückt sich an vielen Stellen sehr klar diesbezüglich aus und sagt, dass die ganze Welt in der Hand des Bösen ist. Satan kann also nicht nur unsere Gedanken, unsere Schwächen und unsere Umstände benutzen, sondern, wie schon gesagt, auch Menschen, um andere zu verunsichern oder sie vom Glauben abzubringen. Paulus, der in Gefangenschaft lebte und zuvor im Tempel von Jerusalem verhaftet wird, wurde von den führenden Juden, den Gesetzeslehrern, wegen seiner Lehre von Jesus Christus angegriffen. Einige Juden hatten sich gegen ihn verschworen und er musste vor verschiedenen Leuten, Statthaltern und Ratsältesten, Rede und Antwort stehen. In einer Verteidigungsrede an den damaligen König Agrippa sagte er, was ihm Jesus aufgetragen hatte, während er von Jerusalem nach Damaskus reiste, um Christen, die Jesus nachfolgten, zu verfolgen. Bestimmt kennen die meisten Christen die Geschichte, als Jesus dem Apostel Paulus in einem großen Licht erscheint und Er ihn fragt, warum Er ihn verfolgt (Apg. 26, 12–16). Aber ich möchte hier vor allem auch betonen, was Paulus für einen Auftrag hatte und damit auf den nächsten Bibelvers hinweisen, **der auch für uns heute noch gilt.**

Ich werde dich beschützen vor den Juden und auch vor den Nichtjuden, zu denen ich dich sende. Gerade ihnen sollst du die Augen öffnen, damit sie aus der Finsternis ins Licht kommen, aus der Gewalt des Satans zu Gott. Denn wenn sie auf mich vertrauen, wird ihnen ihre Schuld vergeben und sie erhalten ihren Platz unter denen, die Gott zu seinem heiligen Volk gemacht hat. (Apg. 26, 17–18)

Jesus richtete diese Worte nicht ausschließlich persönlich an Paulus, der Auftrag gilt für uns alle – für alle Nachfolger von Jesus, für alle, die zu seinem heiligen Volk gehören. Das sind wir, die an Jesus Christus glauben und in Seiner Nachfolge leben wollen, weil wir dadurch erkannt haben, dass wir unseren Teil dazu beitragen müssen, dass Gott Seine Herrschaft aufrichten kann. Jeder und jede hat seinen Anteil mit seinen von Gott gegebenen Gaben zu tagen.

Viele Christen glauben zwar an Gott und Jesus, jedoch die Tatsache, dass Satan genauso wirksam in der Welt ist wie Gott, wollen viele nicht akzeptieren. Satan wirkt mit Lug und Trug, er ist ein Dieb, **er möchte den Menschen ihre wahre Identität rauben**. Er täuscht den Menschen etwas vor und möchte sie vom wahren Glauben abbringen. Er möchte noch so viel Unheil wie möglich in der Welt anrichten. Er weiß, dass seine Zeit nur noch begrenzt ist. Die Anfeindungen und die Anfechtungen des Teufels erkennt man manchmal vielleicht nicht sofort, weil er von außen unsere Gedanken angreift und ein Meister des Täuschens ist. Deshalb müssen wir täglich unsere geistlichen Waffen, die wir von Gott erhalten haben, einsetzen. Ich glaube tatsächlich, dass der tägliche geistliche Kampf ein sehr wichtiges Thema ist, auch wenn viele die Augen schließen vor dem existierenden Feind. Wenn wir uns aber nicht bewusst sind, dass wir in einem täglichen Kampf stehen, können wir nicht offensiv dagegen angehen. Wir sind auch Geistwesen, wir haben einen Körper, eine Seele und einen Geist. Aber wir brauchen uns vor Satan nicht zu fürchten, denn Jesus drückte sich ganz klar aus, als er Folgendes sagte:

Ich sah den Satan wie einen Blitz vom Himmel fallen. Ja, es ist wahr. Ich habe euch Vollmacht gegeben, auf Schlangen und Skorpione zu treten und die ganze Macht des Feindes zunichte zu machen. Er wird euch nicht das Geringste antun können. (Luk. 10, 18–20)

Jesus **hat** uns also bereits die Macht dazu gegeben, Satan nicht glauben zu müssen, was er uns einzureden versucht. Negative Gedanken bezüglich der Verheißungen Gottes müssen wir nicht glauben und können diese gefangen nehmen und Christus unterstellen. Wir können unsere Gedanken auch kontrollieren. Satan wird uns also nicht schaden können. **Wir müssen einfach dem Wort Gottes mehr Glauben schenken als Satan.** Wir müssen unseren Glauben aktivieren, damit wir gegen die taktischen Angriffe des Teufels gewappnet und befähigt sind – und das durch Jesu Macht. Wir müssen dem Teufel offensiv gegenüber treten und ihn in seine Schranken weisen. Wir müssen wissen, dass er keine Macht über die Menschen erhalten kann, die in Christus verwurzelt sind. Deshalb ist es auch so wichtig, dass wir unseren Glauben auf Jesus setzen und Ihn unser Leben lenken lassen. Durch das Bibelstudium und durch Seinen Geist erkennen wir dann immer mehr die Wahrheit und lernen uns auch selbst besser kennen. Möge er uns allen dabei helfen, immer mehr Wissen und Weisheit zu erlangen.

Der Weg mit Jesus ist das richtige Ziel

Jesus – unser Retter und Erlöser – Ende der Gefangenschaft und Gebundenheit. Freiheit in Jesus – Jüngerschaft und Nachfolge

Nachdem wir nun aufgrund des Glaubens bei Gott angenommen sind, haben wir Frieden mit Gott. Das verdanken wir Jesus Christus, unserem Herrn. (Röm. 5, 1)

Eigentlich sucht doch fast jeder Mensch nach dem Sinn seines Lebens und fragt sich: Warum bin ich hier? Was ist meine Aufgabe? Menschen fragen auch: Ist der Tod das Ende, oder kommt danach noch etwas? Das sind Themen, mit denen sich die meisten Menschen irgendwann einmal im Leben beschäftigen. Keiner wird auf seinem Sterbebett nach seinem Kontostand fragen. Da geht es dann um andere Dinge. Die momentane Situation aber sieht ganz anders aus: Die Welt ist am Sterben, und bei vielen Menschen bestimmt nur noch Geld, Ruhm, Ansehen und Macht das Leben. Der Egoismus blüht mehr denn je. Nach dem Motto: Alle denken nur noch an sich, nur ich denke an mich. Die Kluft zwischen Arm und Reich wird immer größer, immer mehr Menschen sind in einer großen finanziellen und somit auch in einer seelischen Not. Auch in unserem Land kämpfen Menschen ums Überleben. Ich weiß, wovon ich rede. Ich habe selber manchmal schrecklich gekämpft. Wer glaubt, dass finanzielle Schwierigkeiten auf Dauer keine seelischen und/oder körperlichen Probleme machen können, hat wohl wenig Ahnung oder war noch nie in wirklicher Not. Man kann sogar heftige Existenzängste entwickeln. Durch den Druck, den man spürt, wenn man oft nicht weiß, wie man als alleinerziehende Mutter um die Runden kommen soll, weil das Einkommen hinten und vorne nicht reicht, kommt man schnell an seine eigene Belastbarkeit. Oft tragen mehrere Umstände dazu bei, dass man schließlich überfordert ist und den Alltag nicht mehr bewältigen kann. Ein Gefühl der Hilflosigkeit oder auch die Angst ums nackte Überleben hält Menschen im Griff. Ich schreibe hier nicht von irgendwelchen fernen Ländern, sondern von Menschen in unserem Land. Ich habe es selbst erlebt und weiß deshalb, wie schwer so etwas ist. Man möchte raus aus diesen negativen und äußerst belastenden Umständen und Gefühlen. Man möchte sich Luft verschaffen, man hält es einfach nicht mehr aus. Kennst du das vielleicht auch? Diese Flucht vor den eigenen Sorgen und Belastungen kann viele Gesichter haben. Negatives Verhalten anderen Menschen gegenüber, Gereiztheit, Zorn, Wut, oder mangelndes Interesse an anderen Menschen oder selbst an den eigenen Kindern. Aber auch das Gegenteil kann der Fall sein. Manche Menschen werden depressiv, freudlos und völlig passiv. Sie fühlen sich wie gelähmt und wertlos. Verbale und körperliche Gewalt, Alkohol, Drogen, Abhängigkeit oder unterschiedliche Süchte, können Folgen dieser ständigen Belastung und Überforderung sein. Abhängigkeiten entstehen in der Regel, wenn man der Realität entfliehen will. Man möchte diesem seelischen oder auch körperlichen Schmerz, sei es jetzt emotional, zwischenmenschlich oder wirtschaftlich, einfach entfliehen. Ich stand selbst unter massivem Druck, war gefangen in mehreren Dingen und Umständen. Ich habe nie, niemals daran geglaubt, dass eine Befreiung aus meiner Situation nur durch den Glauben möglich ist. **Aber für Gott ist nichts unmöglich**.

Manchmal bleiben Menschen auch einfach in ihrer ›Opferrolle‹ hängen, und das kann fatale Auswirkungen auf den Einzelnen und auch auf Beziehungen haben. Ich selbst war auch in einer Abhängigkeitsbeziehung, also auch in einer Opferrolle. Das ändert sich so lange nicht, bis man erkennt, in welcher emotionalen Schieflage man sich befindet. Abhängigkeit von Menschen ist nicht so selten. Wie ich ja im vorherigen Kapitel beschrieben habe, kann man da schnell hineingeraten. Man kann aber nur etwas verändern, wenn es uns auch bewusst wird. So lange wir kein Bewusstsein davon haben, dass wir von anderen abhängig sind, so lange wird sich nichts verändern. Ich wusste auch nicht, warum mich manche Menschen eher reizten oder mich zornig machten, als andere. Wir müssen für solche Dinge erst die Ursache erkennen, vorher können wir nichts dagegen tun. Es ist deshalb wichtig zu erkennen, **warum** man in Beziehungen, in der Ehe oder mit anderen Menschen situationsbedingte oder auch häufige Konflikte hat. Dieser Eigenreflektion kann man sich aber erst stellen, wenn man auch dazu bereit ist. Es kann auch durchaus sehr schmerzhaft sein, aber jede weitere Erkenntnis bringt Veränderung. Konflikte in zwischenmenschlichen Beziehungen entstehen oft, weil das Gegenüber sich einfach ›anders‹ verhält, als wir es in der jeweiligen Situation bräuchten oder es uns wünschten. Man ›erwartet‹ von anderen Menschen oft ein Verhalten, das für uns passt. Meist erwartet man einfach mehr Verständnis von seinem Gegenüber. Das Erkennen und sich etwas bewusst machen, zum Beispiel eine negative Haltung oder eine Voreingenommenheit anderen Menschen gegenüber, ist aber erst der erste Schritt zu einer Veränderung. Erst wenn ich erkenne, **warum** ich mich über meine Mitmenschen ärgere oder wütend bin, kann ich auch etwas dagegen tun und es verändern.

Dieses Erkennen oder die Erkenntnis, wie sich auch die Bibel ausdrückt, hilft uns, bestimmte Verhaltensweisen oder festgefahrene Verhaltensmuster zu verändern. Voraussetzung ist, dass man sich mit dem Wort Gottes beschäftigt, regelmäßig die Bibel studiert und stille Zeit mit Gott verbringt. Ich bin überzeugt davon, dass es viele verletzte Menschen gibt, die tief in sich drin leiden. Mittlerweile steigt die Zahl der psychosomatischen Erkrankungen immer mehr an, vor allem auch bei Kindern. Viele Menschen sind sehr unzufrieden, innerlich unruhig, suchen nach Ausflüchten und Ersatz. Zum einen, um ihren eigenen emotionalen, oftmals nicht erkannten Verletzungen, unbewusst zu entfliehen und zum anderen, weil Menschen in vielem verunsichert sind und auch nach dem Sinn des Lebens suchen. Viele sind verbittert und werden depressiv. Vielen Menschen fehlt die Lebensfreude, die Kontinuität, die Ausgeglichenheit, weil die meisten Menschen auch noch zusätzlich unter dem gesellschaftlichen Druck und den eigenen, oft schwierigen Lebensumständen leiden. **Aber nichts muss so bleiben, wie es ist.** Es gibt Menschen, die anderen gerne helfen, sei es jetzt Psychologen, Seelsorger oder Mitarbeiter bei Beratungsstellen oder einer Telefonseelsorge. Hole dir Hilfe bei Menschen, wenn du nicht mehr weiter weißt. Aber die alles entscheidende Hilfe, die erlösende Wende in meinem Leben, die Vergebung, die Liebe nach der ich immer suchte, die Befreiung aus Furcht und mangelndem Selbstvertrauen, **das alles,** bekam ich erst durch den Glauben an Jesus. **Wenn du noch nicht gläubiger Christ bist, möchte ich dich immer wieder dazu ermutigen, Jesus dein Leben anzuvertrauen**. Es gibt keinen besseren Weg, als mit ihm deinen Lebensweg zu beschreiten. Ich habe auch viel zu lange gewartet, bevor ich mir Hilfe holte. Nach der endgültigen Trennung von meinem Lebensgefährten im Jahre 2008, hatte ich große Ängste und machte mir Sorgen, wie ich das alles alleine schaffen soll. Auch meine beiden Kinder litten unter der Trennung. Deshalb machte ich eine stationäre Therapie mit meiner Tochter, auch um alles aufzuarbeiten. Damals kannte ich Gott noch nicht, Jesus war noch nicht bewusst in mein Leben getreten. Aber Er war immer da. Es hatte Seinen Grund, warum ich so lange durch dieses Leid gehen musste. Heute weiß ich, dass Gott immer bei mir war, Er holte mich zwar nicht aus den unterschiedlichen, zum Teil sehr schlimmen Situationen heraus, aber

Er hatte einen Plan mit mir. Wenn ich nicht alle diese Dinge selbst erlebt und erfahren hätte, auch in meinem Beruf als Krankenschwester, könnte ich heute nicht dieses Buch schreiben. Ich habe sehr viele negative Erfahrungen gemacht, sei es aufgrund von Gewalt, Missbrauch, Willkür von Menschen oder anderen Enttäuschungen. Ich befand mich in einer emotionalen Abhängigkeit von Menschen. Und ich war abhängig von meinen Umständen. Ich bin auch sehr intensiv mit Leiden und Sterben konfrontiert worden, durch meine langjährige Berufstätigkeit als Krankenschwester und ich bin nicht in eine Depression, in Verbitterung oder Groll in meinem Herzen verfallen. Denn.... zur rechten Zeit war Gott da! Er war da! Er lässt es nicht zu, dass du mehr auferlegt bekommst, als du tragen kannst. Gott kann alles wieder zum Guten wenden. Gott kann dich aus allen noch so widrigen Lebensumständen herausholen. Er kann alles verändern. Es gibt nichts, was Gott nicht tun könnte. Ich will dir damit Hoffnung machen, dass auch du mit Gottes Hilfe geheilt und erlöst werden kannst. Durch den Glauben an Ihn.

Gott muss noch eine Menge an mir tun. Ja, da wird Er noch viel in meinem restlichen Leben tun müssen. Aber ich bemühe mich auch, meinen Teil zu tun. Sonst funktioniert das nicht mit Gott! Mittlerweile liebe ich Jesus so sehr und ich bin so dankbar für meine Erlösung und Errettung. Ich möchte die Menschen lieben, die Gott mir in mein Leben sendet und ihnen mit Wertschätzung, einem respektvollen Umgang und Verständnis begegnen. Das alles beinhaltet die Liebe. Aber an manchen Tagen komme auch ich an meine Grenzen. Und diese Grenzen wird jeder erreichen. Ein jeder von uns sollte auch seine Grenzen kennen. Mittlerweile sind sie mir bewusst, das war aber nicht immer so. In den letzten zwölf Monaten war ich sehr krank, die Schulmedizin wusste eigentlich nicht weiter. Blutdruckkrisen von/bis 240/110 waren keine Seltenheit. Eine verdickte Herzwand, Narben auf der Milz sowie einige heftige Infektionen, unter anderem mit dem Eppstein Barr Virus, sprachen dagegen, dass dies heftige Blutdruckattacken ›nur rein psychischer‹ Natur waren. Eine Untersuchung, man nennt sie Hepar-Check, zeigte an, dass meine Leber anscheinend nicht mehr richtig entgiften konnte. Diese Fähigkeit des Organismus war wohl völlig aus dem Ruder geraten. Deshalb wurde mein Körper auch nicht mehr selbst mit einer Harnwegsinfektion fertig, und ich musste mich einer zweifachen Antibiotikatherapie unterziehen. Daraufhin wurde mein Darm anscheinend völlig lahmgelegt und die Darmflora völlig zerstört. Freie Radikale konnten somit ungefiltert in die Blutbahn gelangen, und mein Körper stand unter einem ständigen oxydativen Stress – und so fühlte ich mich auch. Ich dachte manchmal wirklich, ich überlebe es nicht! Es ging mir teilweise so schlecht, dass ich mich nicht einmal mehr auf den Beinen halten konnte. Mein Körper war ziemlich vergiftet, ich roch auch teilweise nach Aceton. Leider muss ich sagen, dass einige Ärzte aus der Schulmedizin mir das so nicht wirklich glaubten. Ich musste deshalb viel erdulden und das war wirklich nicht einfach, wenn es einem sowieso sehr schlecht geht und man ja auch berechtigte Angst hat, wenn man solche Blutdruckkrisen hat. Ich bin noch nicht hundertprozentig über den Berg, aber ich weiß, dass Gott mich da durchgebracht hat. Heute ist die Schwäche schon wesentlich weniger geworden, jedoch habe ich immer noch ab und an mit Blutdruckschwankungen und einigen anderen Symptomen zu kämpfen. Ich bin aber sehr dankbar, dass ich noch hier auf Erden sein darf, sodass ich weiter für Gott und die Menschen etwas tun, und vor allem für meine Kinder da sein kann. Ich habe in dieser schweren Zeit alles Gott übergeben, meine Gegenwart und meine Zukunft. Das war kein leichtes Gebet, aber letztendlich möchte Gott, dass wir Ihm bedingungslos vertrauen. Nur so funktioniert Glaube wirklich. Unsere Zeit liegt sowieso in Seiner Hand. Aber es ist tatsächlich nicht so einfach, wie es sich vielleicht liest. Ich fragte oft nach dem Warum. Warum, Gott, machst du mich nicht gesund? Du kannst es doch! Warum muss ich dieses Leid ertragen? Warum hilfst du mir nicht? Ich weinte viel, wenn ich mit Gott darüber sprach und erfuhr wahrlich immer Trost! Nach diesen Gebeten und dieser Zeit mit Gott ging es mir jedes Mal besser. Dadurch bin ich nicht in eine Depression gefallen. Mein körperlicher Zustand hat sich auch nicht weiter verschlechtert, ich wollte auch keine weiteren Medikamente einnehmen. Ein Arzt hat mir gleich drei verschiedene Blutdruckmedikamente verschrieben. Oh Gott, wenn ich diese alle genommen hätte, dann wüsste ich nicht, wo ich heute wäre. Ich weiß, dass Gott am Werk ist und Er mich weiter begleitet, und ich bin auch davon überzeugt, dass mein Körper sich immer mehr regeneriert, auch durch Ernährungsumstellung und Veränderung meiner Lebensweise. Gott holte mich zwar nicht heraus aus meiner schlimmen Situation, aber ich wurde überschüttet mit Liebe und Gnade. Manchmal müssen wir Dinge durchleben, **um uns völlig und absolut nur noch auf Gott zu verlassen.** Gott möchte unser volles Vertrauen, und dieses habe ich in den letzten zwölf Monaten tatsächlich entwickelt. Dadurch wird unser Glaube auch auf ein festes vertrauensvolles Fundament gestellt, dass uns niemand mehr wegnehmen kann. Ich wurde wahrlich geprüft im Glauben und ich denke, ich habe diese Prüfung bestanden. Deshalb hat Gott es auch ermöglicht, dass ich jetzt mein Manuskript fertigstellen kann und mein erstes Buch demnächst veröffentlicht wird. Obwohl ich mir immer wieder Sorgen darum gemacht habe, ob Gott jemanden mit meiner Persönlichkeit überhaupt gebrauchen kann, habe ich jetzt die Sicherheit, dass Er mich **gerade** wegen dieser und meiner Erfahrungen gebrauchen will. Wir sind Gottes Werkzeuge.

Der Teufel redete mir einige Jahre immer wieder ein, dass Gott mich nicht gebrauchen kann – und dazu benutzte er sogar andere Menschen. Ich bin nun auch eher der gradlinige Typ, der sich nicht scheut, Dinge auf den Punkt zu bringen. Damit eckt man auch öfter an. Nun gut, man muss auch nicht alles kommentieren, aber es gibt ja doch die eine oder andere Sache, die man nicht so stehen lassen kann oder will. Ungerechtigkeit muss auch für Christen ein wichtiges Thema sein. Jesus steht für Gerechtigkeit, und das nicht nur im Glauben und unter Gläubigen, sondern allen Menschen gegenüber. Ungerechtigkeit oder selbstgerechtes Handeln von Menschen ist manchmal schwer auszuhalten. Ich kann mit Überheblichkeit und Selbstgefälligkeit nicht besonders gut umgehen, das habe ich ja schon öfter erwähnt. Vor allem wenn dadurch ein anderer Mensch zu Schaden kommen kann. Jesus ging mit ungerechten, selbstgerechten oder religiösen Menschen auch nicht gerade zimperlich um. Aber es geht nicht nur um religiöse Menschen, sondern um Ungerechtigkeit und Verurteilung überhaupt. Gott hat mir ins Herz gelegt, gegen Ungerechtigkeit und Unterdrückung von Menschen etwas zu tun. Darum hat er mich auch durch mein persönliches Leid gehen lassen. Die Lehre war klar: Du kannst nur etwas wirklich nachempfinden, wenn du es selbst erlebt hast. So hat eben alles seinen Sinn. Ich bin dadurch auch willensstark geworden und scheue Konfrontationen nicht mehr, wenn es um Gerechtigkeit, Stolz, Verletzung der Persönlichkeit des Einzelnen oder um die Menschenwürde geht. Kinder liegen mir besonders am Herzen. Das heißt, ich bin nun mal sehr gradlinig und offen, was manchen Menschen nicht so gefällt. Aber jetzt mal Hand aufs Herz: Auch wenn man Christ ist, fällt es sicher nicht immer leicht, sich ständig zurückzunehmen. Es gibt viele Menschen, die sehr selbstgerecht und so von sich und ihrem Verhalten überzeugt sind, dass sie keinen Millimeter von ihrer negativen Einstellung abweichen (können) und Schwächen oder auch eigene Fehler niemals zugeben würden. Ich habe schon sehr viele solche negativen Situationen erlebt, vor allem wenn es um Kinder geht. Da muss ich auch ehrlich gestehen, dass ich immer wieder zu kämpfen habe, in solchen Situation ruhig zu bleiben. Ich bin keineswegs nachtragend, ganz im Gegenteil, ich kann für Menschen beten und ihnen auch kurzfristig vergeben. Aber in der akuten Situation kann das schon einmal ganz schön zur Sache gehen. Menschen mit einem sehr ausgeprägten emotionalen Wesen, wie ich es bin, müssen täglich dafür beten, dass man Konflikte einigermaßen sachlich austragen kann. Vor allem wenn dir Menschen nicht wohlgesinnt, wenn sie überheblich und selbstgerecht sind. Gott ließ mir auch meine Sensibilität für hochmütige und selbstgerechte Menschen, die durch meinen Leidesweg entstanden ist. Deshalb werde ich auch stolze und überhebliche Menschen auf ihre Schwächen aufmerksam machen, mit der Hoffnung, dass sie auch darüber nachdenken und Veränderung bewirkt werden kann. Gott benutzt also unsere Schwächen, um andere Menschen wiederum auf ihre eigenen aufmerksam zu machen. Hochmütige Menschen sind mir auch ein Gräuel. Diesen Stachel lässt Gott mir also. Aber ich bin dann auch wieder beruhigt, weil Gott auch Stolz hasst.

Auch die Apostel und die großen Männer und Frauen des Glaubens, die wir aus der Bibel kennen, hatten ja sehr unterschiedliche Persönlichkeiten. Sie waren sensibel, impulsiv oder auch sehr direkt. Paulus und Petrus waren wohl auch nicht immer nur sanfte ›Schäfchen‹. Entscheidend ist für mich aber, für was man sich einsetzt oder mit was man sich auseinandersetzt. Wenn man sich für Ungerechtigkeit einsetzen will, werden Konfrontationen auch nicht ausbleiben. Ungerechtigkeit hat viele Facetten. Du findest sie bei deinem Chef oder deinen Arbeitskollegen, oder wenn dein Kind von einem Lehrer ungerecht behandelt wird, im Jobcenter kannst du Ungerechtigkeit erdulden müssen, oder manchmal bist du auch einfach der Willkür von Menschen ausgesetzt. Du kannst auch ungerecht in deiner Ehe oder von deinen Kindern behandelt werden. Ungerechtigkeit ist einfach überall anzutreffen. Und sie wird immer existieren, solange diese Welt besteht. Es ist tatsächlich nicht immer einfach. Aber durch den Glauben kann man auch mit solchen persönlichen Schwierigkeiten besser zurechtkommen. Wir Christen müssen einfach auch etwas ehrlicher sein. Auch wir haben mit weltlichen Situationen zu kämpfen. Und wir können nicht immer nur ausschließlich barmherzig und mitfühlend sein, wenn zum Beispiel Ungerechtigkeit zum Himmel stinkt. Gott wird uns dabei helfen, auch die richtigen Entscheidungen zu treffen. Wir müssen aber auch barmherzig sein, uns auch selbst reflektieren, wie oft man selbst ungerecht war oder auch noch ist. Das hilft mir immer etwas weiter, wenn ich wieder einmal mit Ungerechtigkeit konfrontiert werde. Wir dürfen nicht verurteilen, aber wir dürfen auch nicht wegschauen. Denn alles hat seine Grenzen. Wenn ein Mensch durch stolzes, verletzendes oder überhebliches Verhalten oder durch Machtmissbrauch, die ein anderer auslebt, zu Schaden kommt, dann sind einfach Grenzen erreicht. Ich meine hier vor allem auch Kinder. Manchmal müssen wir einfach auch Dinge, die wir bei Menschen beobachten, ansprechen, und das nicht aus egoistischen Motiven, sondern um andere zu schützen oder Menschen auf ihre Schwächen hinzuweisen. Das ist sicher kein leichtes Unterfangen. Nicht jeder hat den Mut dazu. Aber gerade wir Christen dürfen und sollen nicht tatenlos dabei zusehen, wenn ein Kind oder auch ein erwachsener Mensch von anderen schlecht behandelt wird.

Als Gott mir das zeigte, habe ich mich erst dagegen gewehrt. Wieso sollte ich andere auf ihre schlechte Haltung oder ihre Überheblichkeit hinweisen oder sie auf bestimmte Dinge aufmerksam machen? Die Antwort: Weil Gott unsere Schwächen benutzt. Gott gebraucht unsere feinen Antennen, unsere Sensibilität, die auch aus den eigenen Verletzungen heraus entstanden sind, damit wir anderen auch ihre Schwächen aufzeigen können, auch wenn wir selbst welche haben. Die Bibel spricht öfter davon, dass wir uns ermutigen und auf erbauen, aber auch ermahnen und korrigieren sollen. In der Hoffnung, Menschen wollen und können das, nämlich sich selbst zu reflektieren und damit zu mehr Selbsterkenntnis zu gelangen. Ich habe aber leider die Erfahrung gemacht, dass die meisten Menschen die Schuld immer bei anderen suchen – und so ist das Ganze auch nicht so einfach. Bei all den Bedrängnissen und Nöten, die wir heute erleben, bei all dem Leid, das wir sehen, bei all den Sorgen, die wir selbst haben, finden wir doch in Gottes Wort, in Gott selbst Ruhe. Das schreibe ich jetzt nicht einfach mal so, sondern weil es die Wahrheit ist und ich selbst es in den letzten Jahren so erfahren habe.

Die Bibel sagt uns auch viel über die heutige Zeit, und sie sagt auch, dass wir vieles erleiden müssen. Die Bibel gibt uns aber auch die Kraft, mit den Schwierigkeiten in der Welt umzugehen. Was mir auch in solchen schwierigen Situationen immer wieder hilft, ist daran zu denken, was Jesus alles ertragen musste. Gott sei Dank müssen wir nicht ans Kreuz, so wie Jesus. Dafür bin ich mehr als dankbar, und auch dafür, dass ich im Gegensatz zu Jesus vergleichsweise nur ›solche Kleinigkeiten‹ ertragen muss.

Trotz alledem möchte ich für Menschen, auch für diejenigen, die uns ungerecht behandeln oder verletzt haben, beten. Wir werden auch wieder gesegnet, wenn wir für unsere Feinde beten und trotzdem zu ihnen freundlich sind. Wir sollen das Böse mit dem Guten überwinden und uns nach dem biblischen Prinzip der Saat und Ernte ausrichten. Du erntest, was du säst. Früher oder später erntest du deine eigene Saat. Wenn ich daran denke, kommen mir immer die Worte aus der Bergpredigt in den Sinn.

Wie könnt ihr von Gott eine Belohnung erwarten, wenn ihr nur die liebt, die euch ebenfalls lieben? Das tun auch die Betrüger. Was ist denn schon Besonderes daran, wenn ihr nur zu euresgleichen freundlich seid? Das tun auch die, die Gott nicht kennen. (Mt. 5, 46–47)

Wir müssen einfach noch mehr dankbar dafür sein, dass Gott uns mit seiner Gnade gesegnet hat. Durch diese Gnade erkennen wir auch, dass wir vergeben können und geliebt sind und dass wir selbst lieben können durch Gottes Liebe! **Die Liebe macht auch bei uns Menschen viele Sünden wieder gut**. Eine der wichtigsten

Eigenschaften im Leben eines Gläubigen sollte neben Vergebungsbereitschaft auch die Dankbarkeit sein. Ich kann dir gar nicht sagen, wie dankbar ich bin, dass Gott mich gefunden und gesegnet hat. Trotz schwieriger Lebensumstände, in denen ich noch feststecke, bin ich dankbar, so überaus dankbar. Viele Menschen sind leider abgestumpft und selbstgerecht. Sie sind nicht oder zu wenig dankbar. Deshalb müssen wir Gott täglich für alles danken, für die großen und kleinen Dinge unseres Lebens. **Danke Gott täglich im Gebet**. Es gibt unterschiedliche Arten von Gebet, **aber ein Gebet sollte nie ohne Dank zu Gott gebetet** werden:

Lasst nicht nach im Beten, werdet nicht müde darin und tut es immer mit Dank! (Kol. 4, 2)

Danke Gott jeden Tag, für alles, was er dir gibt und was er für dich getan hat. Er hat seinen einzigen Sohn für unsere Schuld gegeben, das sollte uns in tiefe Dankbarkeit und Ehrfurcht führen. Die meisten Menschen glauben, dass sie Gott nicht brauchen. Andere wiederrum leben aus einer falschen Religiosität heraus. Es gibt so viele unterschiedliche Religionen mit ganz unterschiedlichen Schwerpunkten. **Aber es ist Jesus, an dem sich alles entscheidet**. Wie könnten wir da nicht dankbar sein?

Wer sich an den Sohn Gottes hält, wird nicht verurteilt. Wer sich aber nicht an Ihn hält, ist schon verurteilt, weil er Gottes einzigen Sohn nicht angenommen hat. (Joh. 3, 18)

Es ist für unser Leben deshalb wirklich wichtig, die Bibel regelmäßig zu studieren, damit wir im Glauben wachsen. Wir möchten oft so vieles tun und haben aber manchmal falsche Motive dafür. Besonders für Gott sind aber unsere Motive das Wichtigste. Es ist also nicht so entscheidend, **was** wir tun, sondern **warum** wir etwas tun. Ich möchte dir diesen wunderbaren Vers aus dem Buch der Sprüche, geschrieben von König Salomo, nicht vorenthalten.

Ein Mensch denkt sich manches aus, aber das letzte Wort dazu spricht der Herr. Der Mensch hält alles, was er tut, für richtig, der Herr aber prüft die Beweggründe. Lass den Herrn über dein Tun entscheiden, dann werden sich deine Pläne erfüllen. (Spr. 16, 1–3)

Ich habe auch einige Jahre ›warten‹ müssen, bis Gott entschieden hat, dass ich das tun soll, was ich jetzt tue. Unsere Motive, also warum wir etwas tun, sind Gott deshalb wichtiger, als das, was wir tun.

Unser Glaube ist also bei allem, was wir tun, entscheidend. Es ist also entscheidend für unser Leben, ob wir glauben oder nicht. Ob wir gläubig sind, entscheidet letztendlich auch über Tod oder Leben – über ein ewiges Leben mit Gott oder Seine Verurteilung. Im Römerbrief, Kap. 14, 11, steht geschrieben, dass eines Tages alle vor Gott auf die Knie fallen und Ihm die Ehre geben werden. Es wird sich also jeder einzelne von uns für sein Tun vor Gott verantworten müssen. Ich möchte mir dann nicht irgendwelche Ausreden zurechtlegen müssen, wenn Gott einmal zu mir sagt: »Warum hast du nicht getan, was ich dir gesagt habe? Warum hast du nicht geglaubt und nicht getan, was ich dir aufgetragen habe?« Ich habe es schon so oft erwähnt und tue es immer wieder, denn je öfter wir etwas lesen, desto mehr bleibt es uns im Gedächtnis: Durch den Glauben an Jesus, einem vertrauenden Glauben an Gott, kannst auch du gerettet und von vielem frei werden. Du kannst geheilt werden von deinen seelischen Verletzungen, frei werden von Ängsten (auch von jenen, die aus der Kindheit stammen), frei von Gebundenheit, Abhängigkeiten oder Süchten, frei von schlechten Gewohnheiten, frei von Menschenfurcht, frei von Schuldgefühlen, von Stolz und Habgier, frei von mangelnder Selbstbeherrschung in unterschiedlichen persönlichen Bereichen, frei von Wutanfällen, von Hass, von Verurteilung, von Habsucht, frei von Neid auf andere Menschen. Du kannst vor allem auch von deiner Verunsicherung befreit werden. Ist das nicht eine ganze Menge? Lies mal, was das Wort Gottes dazu sagt:

Wer den Sohn hat, hat das Leben; wer den Sohn Gottes nicht hat, hat das Leben nicht. (1. Joh. 5, 12)

Wenn wir Jesus haben, dann haben wir das Leben! Halleluja, das ist eine Verheißung! Sie beginnt schon im Hier und Jetzt, und gilt natürlich auch für das Ewige Leben. Das Leben, das Jesus uns schenkt, verspricht uns Frieden und Freude sowie eine große Hoffnung. Das Leben, das Jesus uns schenkt, ist Zufriedenheit. Wir können glücklich sein und wir werden befähigt zu lieben. **Weil wir von Gott geliebt werden.** Das Leben zu haben heißt auch, Freiheit zu erhalten. **Freiheit durch Christus.** Wo der Geist des Herrn ist, da ist Freiheit, sonst ist es ein Leben voller Verunsicherung oder Unterdrückung, mangelnder Vergebung, Zwang oder Schuld.

Freiheit durch Christus ist die wahre Freiheit. Wir wissen um die tägliche Gnade, in Demut und Dankbarkeit vor Gott. Das ist die Freiheit durch und mit dem Geist Gottes! Freiheit durch Jesus!

Möchtest du auch frei sein? Frei in Ihm und mit Ihm? An Jesus zu glauben, Ihn kennenzulernen, Seinem Wort zu folgen, bedeutet Freiheit. Keine falsch verstandene Freiheit. Es bedeutet nicht, dass wir tun können, was wir wollen. Nein, das ist mit Freiheit nicht gemeint. Freiheit in Jesus Christus heißt vor allem zu wissen, wer du in Ihm bist und dass du aus reiner Gnade gerettet bist. Dieses Wissen, und **nur** dieses Wissen, macht dich auch frei! Du musst nur an Ihn und an Sein Wort glauben, Ihn bitten, in dein Leben zu kommen, deine Sünden bereuen und umkehren – nämlich zu Gott, damit die Wahrheit dich in alle Freiheit führen kann. Dafür ist Jesus auch gestorben, um uns den Weg zum Vater frei zu machen, damit wir von unserer Knechtschaft befreit werden und kein Leben in Schuld, Angst, Gebundenheit und reiner Gesetzlichkeit führen müssen. Wenn der Sohn dich frei macht, dann bist du wirklich frei, können wir in der Bibel lesen. Gehst du diesen Weg, **dann wird er auch dich in alle Wahrheit führen**. Es ist ein Prozess des Glaubens, des Wachsens und der immer größer werdenden Erkenntnis. **Vertrauen muss erst wachsen. Der Glaube muss erst wachsen.** Wahre Freiheit hat deshalb nichts mit einem gesetzlosen und widersprüchlichem Glauben zu tun. **Freiheit in Christus bedeutet einfach, dass wir geliebt und errettet sind, trotz unserer noch bestehenden Schwächen und Fehler.** Und wir dürfen aus der

Gnade leben. Wenn das doch nur mehr Christen verstehen würden! Ich glaube wirklich, dass es auch vielen Christen zu schaffen macht, wenn sie gesündigt haben. Unser himmlischer Vater wird uns aber immer vergeben. Die Vergebung unserer Schuld ist bereits durch das Blut Jesu am Kreuz geschehen. Wir müssen wissen, dass Gott uns liebt und Er liebt uns deshalb nicht weniger, weil wir wieder einmal versagt oder gesündigt haben. Vergiss nicht, du und ich sind aus reiner Gnade gerettet. Gott weiß, dass wir eine sündige Natur haben. Wir müssen uns nur bemühen und uns von Gott verändern lassen. Wir müssen nur wollen, nur gehorsam sein, Seinem Wort und Seinem Geist folgen. Je reifer man im Glauben wird, desto mehr wird man sich auch Christus' Liebe und der Freiheit in Ihm bewusst. Es ist sowieso alles Gnade, und nichts als Gnade.

Und Gott schaut unser Herz an! Freiheit bedeutet natürlich nicht, einfach wissentlich zu sündigen. Ja, Gott schenkt uns seine Gnade, weil Er weiß, dass wir schwache, sündige Menschen sind. Dieses Geschenk der Gnade ist es, das wir annehmen dürfen. Aber wir kommen in der Beziehung mit Gott auch an einen Punkt, an dem wir nicht mehr sündigen wollen. Aus Liebe und Dankbarkeit zu Ihm! Das ist Freiheit! Freiheit bedeutet auch zu wissen, dass wir, solange wir in unserem Körper leben, anfällig sein werden für die Sünde. Deshalb brauchen wir auch täglich Gottes Vergebung, weil wir immer irgendetwas falsch machen können. Selbst wenn es dabei nur um eine schlechte Haltung oder schlechte Gedanken geht. Paulus hat von einem Stachel im Fleisch gesprochen und er hat auch geschrieben, dass er eigentlich das Richtige tun will, aber das Falsche macht:

Ich habe unbeschreibliche Dinge geschaut. Aber damit ich mir nichts darauf einbilde, hat Gott mir einen Stachel ins Fleisch gegeben: Ein Engel des Satans darf mich mit Fäusten schlagen, damit ich nicht überheblich werde. Dreimal habe ich zum Herrn gebetet, dass der Satansengel von mir ablässt. Aber der Herr hat zu mir gesagt: Du brauchst nicht mehr als meine Gnade. Je schwächer du bist, desto stärker erweist sich an dir meine Kraft. Jetzt trage ich meine Schwäche gern, ja ich bin stolz darauf, weil dann Christus seine Kraft an mir erweisen kann. Darum freue ich mich über meine Schwächen, über Misshandlungen, Notlagen, Verfolgungen und Schwierigkeiten. Denn gerade, wenn ich schwach bin, dann bin ich stark. (2. Kor. 12, 7–10)

Das ist doch wahre Freiheit! Wir dürfen uns freuen! Auch wenn wir schwach werden, können wir stark sein und uns des Herrn rühmen. Wir können uns wieder und wieder auf das Geschenk der Gnade berufen. Jeden Tag aufs Neue. Was haben wir doch für einen guten Gott! Wir gehören zu Jesus und dürfen uns freuen, zu Ihm zu gehören. Auch wenn wir widrige Umstände und schwierige persönliche Herausforderungen meistern müssen, können wir uns stets auf Seine Kraft verlassen. Wir müssen aber auch wissen, dass wir ohne ihn nichts tun können. **Freiheit ist auch zu wissen, dass wir immer wieder einmal versagen werden**. Ich glaube, viele Christen haben damit auch ein großes Problem, sich **das** einzugestehen. Eigentlich ist es das Wichtigste, **dass wir uns**

bemühen, nicht zu sündigen. Ich denke, wir wissen auch, was Gott nicht will. Unser Gewissen verrät uns schon einiges. Je mehr wir aber die Bibel kennen, desto mehr wissen wir auch, was Gott will und was nicht.

Ich bin Gott so unsagbar dankbar für diese Erkenntnis der Freiheit, die ich durch seine Gnade und durch das Erlösungswerk von Christus bekommen habe. So unglaublich dankbar! Freiheit ist tatsächlich ein Gnadengeschenk von Gott. Gott möchte nämlich nicht, dass wir in Knechtschaft leben. Er möchte, dass wir frei sind. Ein Christ, der diese Freiheit durch die Gnade Gottes erhalten hat, ist tatsächlich frei. Frei für Jesus. Frei in der Nachfolge. Frei von den Meinungen der Menschen. Frei in und mit dem Glauben, dass Gott jedem von uns ganz persönliche Gaben und Talente gegeben hat, damit alle davon etwas haben. **Das ist die Freiheit, die wir leben sollen und auch dürfen. Wir müssen uns bewusst sein, wer wir in Christus sind und wie reich Er uns beschenkt hat.** Paulus schreibt an die Gemeinde in Galatien:

Christus hat uns befreit, er will, dass wir jetzt auch frei bleiben. Steht also fest und lasst euch nicht wieder ins Sklavenjoch einspannen. (Gal. 5, 1)

Wir müssen uns auch nicht davor fürchten, dass wir nicht immer alles so hinbekommen, wie wir es eigentlich sollten. Mit dem Sklavenjoch, von dem Paulus schreibt, sind vor allem auch die von Menschen hinzugefügten Gesetze, die über die Zehn Gebote und die Vorgaben von Jesus hinausgehen, gemeint. Zur Zeit Jesu waren die führenden Priester und Gesetzeslehrer sehr auf das Gesetz fixiert. Sie haben den Menschen eine schwere Bürde auferlegt, weil sie viele eigene menschliche Gesetze dazu bestimmt haben. Jesus wollte die Menschen deshalb auch von diesem Sklavenjoch befreien und durch den neuen Bund sind wir das auch. Er lehrte sie, dass die Liebe zu Gott und zu den Mitmenschen das ganze Gesetz erfüllt. Die Bergpredigt von Jesus ist ein klassisches Beispiel (Lk. 6, 20–49; Mt. 5,2–7,27)

Wenn Ihr wirklich vor Gott als gerecht bestehen wollt, indem ihr das Gesetz befolgt, habt ihr euch von Christus losgesagt und die Gnade vertan. Wir dagegen leben aus der Kraft des Heiligen Geistes und setzen alles auf Glauben und Vertrauen und so erwarten wir das Ziel, auf das wir hoffen dürfen: dass wir vor Gott als gerecht bestehen und das Heil erlangen werden. Wo Menschen mit Jesus Christus verbunden sind, zählt nicht, ob jemand beschnitten ist oder nicht. Es zählt nur der vertrauende Glaube, der sich in tätiger Liebe auswirkt. (Gal. 5, 4–6)

Wieder sagt uns Gott: Es zählt nur der vertrauende Glaube und die Beziehung zu Jesus Christus. Wenn wir mit jemandem verbunden sind, müssen wir eine Beziehung zu ihm haben. Richtig? Genauso ist es auch mit der Verbundenheit zu Jesus Christus und dem Vertrauen auf Ihn. Aber ich kann doch nicht jemandem vertrauen, den ich nicht kenne, denkst du vielleicht jetzt. Die Wahrheit und die Freiheit wirst du bald erkennen, wenn du an Jesus, den Sohn Gottes glaubst, dich zu Ihm bekennst und dich mit der Bibel, dem Wort Gottes, beschäftigst und betest. Daraus erwächst eine vertrauensvolle Beziehung und der Geist Gottes wird dich in alle

Wahrheit und somit auch in die Freiheit führen. Ich habe es bereits erwähnt. Aber da dies so wichtig ist, möchte ich den entsprechenden Vers aus der Bibel noch mit einbringen.

Der Herr aber, von dem dieses Wort spricht, nämlich Jesus Christus, wirkt durch seinen Geist. Und wo der Geist des Herrn ist, da ist Freiheit. (2. Kor. 3, 17)

Ich glaube tatsächlich, dass viele Christen diesen Vers intensiv studieren sollten. Wahre Freiheit ist Freude, Frieden mit Gott und die Sicherheit, dass ich nicht mit Schuld leben muss. Mir wurde vergeben. Auch dir wurde ein für alle Mal vergeben, wenn Jesus Christus Herr in deinem Leben ist. **Jesus hat bereits alles getan!** Christen, die Jesus als Ihren Retter angenommen haben, bekommen den Heiligen Geist sozusagen als Anzahlung. In diesem Bewusstsein, dass der Heilige Geist, den uns Jesus gesendet hat, auch unser Helfer, unser Beistand und unser Tröster ist, können wir gut leben. Aber er ist auch unsere Kraftquelle und unser Zeugnis für Jesus. Durch Ihn können wir überall mutig als Zeugen für Jesus auftreten.

Er sagte: Aber ihr werdet mit dem Heiligen Geist erfüllt werden und dieser Geist wird euch die Kraft geben, überall als meine Zeugen aufzutreten: in Jerusalem, in ganz Judäa und Samarien und bis ans äußerste Ende der Erde. (Apg. 1, 8)

Und das sollen wir verkünden: Vergebung durch Umkehr und den Glauben an Gott durch Jesus Christus. Jesus sagte:

Hier steht geschrieben, erklärte er ihnen: der versprochene Retter muss leiden und sterben und am dritten Tag vom Tod auferstehen. Und den Menschen aller Völker muss verkündet werden, dass ihnen um seinetwillen Umkehr zu Gott und Vergebung der Schuld angeboten wird. In Jerusalem muss der Anfang gemacht werden. (Lk. 24, 46–47)

Viele Menschen haben den Ruf Gottes gehört und sind ihm gefolgt. Sie sind Jesus' Nachfolger, erfüllt mit dem Geist Gottes und möchten gehorsam sein. Wir folgen dem Ruf vor allem aus Liebe zu Gott und zu den Menschen. Aber ich glaube, dass nicht alle Christen diesem Ruf, oder anders ausgedrückt, ihrer Berufung folgen. Vielleicht steckst du auch gerade fest. Vielleicht fehlt dir der Mut oder du bist dir noch nicht sicher, ob das, was du vielleicht im Herzen hast, tatsächlich von Gott kommt, oder ob es deine eigenen Gedanken sind. Darf ich dir etwas sagen? Wenn du Jesus nachfolgen willst, dann tue es mit aller Konsequenz. Ob im Kleinen oder im Großen. Bei deiner Arbeitsstelle, bei der Nachbarin oder beim Bäcker, bei deinen Freunden, deinem Arzt oder deinem Elektriker. Hauptsache, du gibst Zeugnis. Durch dein Zeugnis kannst du anderen mitteilen, wie gut Gott ist und was du mit Ihm erlebt hast. Jesus mag nun mal keine halben Sachen.

Jüngerschaft, oder wahre Nachfolge, entsteht auch nicht von heute auf morgen, so war es auch bei mir nicht. Den Wunsch, viele Menschen zu erreichen, hat mir Gott aber gleich nach meiner Bekehrung ins Herz gelegt. Aber wann wir diesen Weg dann tatsächlich auch zu gehen beginnen, das entscheidet alleine Gott. Im Kleinen können wir immer Zeugnis geben, so zum Beispiel durch unser Leben und wie wir es gestalten. Wir haben vor allem aber auch Verantwortung, wenn wir uns als ein Nachfolger von Jesus bekennen. Ich kann nicht dieses Buch schreiben und anderen Menschen mitteilen, was Gott von uns möchte, wenn ich es selbst nicht erfahren oder umsetzen würde. Zumindest bemühe ich mich täglich darum! Ich möchte Jesus mit all meinen, wenn auch noch so begrenzten Möglichkeiten nachfolgen. Das, was ich nicht tun kann, wird Gott tun. Wir brauchen uns deshalb nicht zu sorgen, Gott möchte nur, dass wir eine Entscheidung treffen. Hast du dich schon entschieden für eine Nachfolge mit Jesus? Du erinnerst dich sicher, dass Jesus sagte, dass er keine lauwarmen Menschen mag **(Offb. 3, 16)** Jesus möchte Nachfolger ohne Wenn und Aber:

Jesus sagte zu Ihm: Wer seine Hand an den Pflug legt und zurückschaut, den kann Gott nicht gebrauchen, wenn er jetzt seine Herrschaft aufrichten will. (Lk. 9, 62)

Vielleicht bist du auch schon ein Nachfolger von Jesus – ich weiß ja nicht, wer dieses Buch alles liest –, vielleicht bist du selbst ein Bibellehrer oder ein Hirte und du bist für eine Gemeinde verantwortlich oder bist deinem Ruf als Missionar ins Ausland gefolgt. **Gott wird dich segnen. Wir werden für das, was wir hier tun, entlohnt werden, auch wenn es manchmal anstrengend sein kann.** Aber Gehorsam bringt immer Segen. Gott möchte uns segnen.

Gott spach zum Propheten Haggai:

Ich habe euch meine Hilfe zugesagt, als ihr aus Ägypten gezogen seid und diese Zusage gilt auch jetzt noch. Mein Geist ist mitten unter euch, habt keine Angst. (Hag. 2, 5)

Wir brauchen also keine Angst zu haben und können uns auch nicht mehr herausreden, dass wir keine Möglichkeiten zum Studium der Bibel haben. Die Bibel wurde fast schon in alle Sprachen der Welt übersetzt, sodass die meisten Menschen Zugang zum Wort Gottes haben. Es gab noch nie in der Vergangenheit so viele Möglichkeiten wie heute, Gottes Wort kennenzulernen. Durch die Medien, das Internet, Apps und die zusätzlichen christlichen Fernsehsender. Jeder Mensch hat mittlerweile auch viele Möglichkeiten, gerade durch das Fernsehen und das Internet. Man kann Gottesdienste, Predigten, Dokumentationen oder auch Gesprächsrunden mit Religionswissenschaftlern oder Theologen verfolgen. Gott sorgt dafür, dass auf der ganzen Welt das Evangelium, die frohe Botschaft, verkündet werden kann. Das ist nötig, damit das zweite Kommen von Jesus Christus, unserem Herrn und Heiland, bald erfolgen kann und diejenigen gerettet werden, die noch dafür vorgesehen sind. Denn die meisten Menschen werden die Gute Nachricht, die Botschaft von der Erlösung durch Jesus Christus, nicht annehmen. Der große Teil der Menschen wird in die Vernichtung gehen. Den schmalen Weg finden nur wenige. Auch die enge Tür, von der Jesus in Lk.13, 24 spricht, beschreibt, dass sich viele bemühen, es aber nicht mehr schaffen werden – ein interessantes

Kapitel im Lukas Evangelium über die enge und die verschlossen Tür und der Aufruf zum rechtzeitigen Handeln (Lk.13, 22–30). Gott braucht deshalb vor allem beständige, treue und mutige Nachfolger, die in Jesus' Fußstapfen treten, damit noch viele Menschen gerettet werden können und erfahren, was Gott für jeden einzelnen Menschen getan hat und sie auch gerettet werden können. Denn wir wissen ja nicht, wer von Gott noch ausgewählt wurde. Die Bibel sagt uns nur, dass es viele sind, die den breiten Weg in die Vernichtung gehen, und nur wenige den schmalen Weg finden werden. Wir sollen unseren Auftrag als Nachfolger von Jesus deshalb mit ganzem Herzen erfüllen. Nutzen wir die Zeit, die uns bleibt, denn wir wissen nicht, wann es so weit ist und Jesus wiederkommt.

Dann sagte Jesus zu mir: Du darfst das Buch, in dem diese prophetischen Worte stehen, nicht für später versiegeln; denn die Zeit ihrer Erfüllung ist nahe. Wer Unrecht tut, mag es weiterhin tun. Wer den Schmutz liebt, mag sich weiter beschmutzen. Wer aber recht handelt, soll auch weiterhin recht handeln. Und wer heilig ist, soll weiter nach Heiligkeit streben. Gebt Acht, ich komme bald und euren Lohn bringe ich mit. Jeder empfängt das, was seinen Taten entspricht. (Offb. 22, 10–12)

Jesus zeigt hier deutlich, dass er bald wiederkehren wird und uns unseren Lohn mitbringt. Wie dieser aussieht, weiß niemand, vermutlich richtet er sich danach, wie wir handeln und wonach wir streben. Du sagst vielleicht, das wurde doch schon vor circa 2000 Jahren niedergeschrieben. Das ist richtig. Nur wenn man die Worte von Jesus aus dem letzten Buch der Bibel, der Offenbarung, in Verbindung bringt mit den Zeichen der Gegenwart, dann erkennt man, dass wir in der letzten Zeit leben. Wie lange es noch bis Jesu Wiederkehr dauert, ob ein, fünf, zehn oder fünfzig Jahre, oder der große Tag bereits morgen ist, weiß niemand, nicht einmal Jesus selbst. Nur unser Vater im Himmel weiß, wann es so weit ist. Deshalb müssen wir auch vorbereitet sein, wenn Er wiederkommt. Das Allerwichtigste ist deshalb, dein Vertrauen und deinen Glauben auf Jesus Christus zu setzen und Ihn zu bitten, in dein Leben zu kommen, damit Er dir deine Schuld und Sünde vergeben kann. Dann wirst auch du am großen Tag gerettet werden. Und wenn du Jesus bereits nachfolgst, dann mit allen deinen Möglichkeiten und nicht lauwarm. Wir sollen Gott an erster Stelle in unserem Leben setzen. Das heißt also auch, dass jeder Mensch, der noch nicht glaubt, noch die Möglichkeit hat, gerettet zu werden. Noch ist die Zeit der Umkehr und der Gnade. Kein Mensch weiß, wann es dafür zu spät sein wird. Deshalb müssen wir die Zeit auskosten und gut damit umgehen. Wenn du dich bereits entschieden hast, Jesus als deinen Herrn anzuerkennen, dann hast du dich bereits entschieden. Wenn nicht, dann solltest du es noch tun. Lass dich dazu einladen! Entscheide dich für Jesus, für Seine Liebe, für deine Errettung!

Und dies ist sein Gebot, wir sollen uns zu seinem Sohn Jesus Christus bekennen und einander so lieben, wie er es uns befohlen hat. (1. Joh. 3, 23)

Wir können glauben, wir sollen bekennen und dürfen in Seine Liebe hineinwachsen. Jesus hat das Gesetz der **Liebe und Barmherzigkeit** gepredigt und keine religiösen Gesetzeswerke. Mit der Liebe ist das ganze Gesetz erfüllt. Jesus setzte mit der Liebe ein Zeichen. Er lehrte das Gesetz der Liebe, das Gesetz des Herzens. Wenn wir Jesus als unseren Herrn ansehen, als unser Vorbild, als unseren Lehrer, dann möchten wir auch immer mehr so sein wie Er, Seinem Charakter und von Seiner Art zu handeln, nachstreben. Seine Worte sind uns wichtig geworden, so auch die folgenden:

Werdet barmherzig, so wie euer Vater barmherzig ist. (Lk. 6, 36)

Dieses eine Gebot gebe ich euch: ihr sollt einander lieben. (Joh. 15, 17)

Lieben und barmherzig sein. Kein leichter Auftrag, richtig? Aber **mit Jesus** – und **nur** mit Ihm – können wir immer mehr verändert werden, diese guten Eigenschaften annehmen und auch umsetzen. Wir müssen den Heiligen Geist bitten, dass er uns dabei hilft, immer mehr im Sinne Gottes verändert zu werden. In der bekannten Bergpredigt setzt Jesus aber noch einmal einen drauf. Obwohl die Liebe wohl das Schwierigste ist, und diese auch uns Christen immer wieder zu schaffen machen kann, sagt er:

Nein, eure Feinde sollt ihr lieben. Tut Gutes und leiht, ohne etwas zurückzuerwarten. Dann bekommt ihr reichen Lohn: Ihr werdet zu Kindern des Höchsten. (Lk. 6, 35)

Jesus, dafür werden aber die meisten von uns deine Hilfe brauchen. Ich auch. Das ist eine wahre Herausforderung: unsere Feinde lieben, leihen, ohne es zurück zu erwarten, dem Menschen, der dich verletzt und dir Schlimmes angetan hat, zu vergeben und ihm nichts nachzutragen. Selbst wenn dieser dich vielleicht gedemütigt und geschlagen hat, dich ständig von oben herab behandelt und dir schlimme Dinge nachsagt, sollst du ihm vergeben. Auch einem Menschen, der dich ignoriert oder dich immer wieder persönlich angreift, jemanden, der dich hasst oder dir ins Gesicht heuchelt, sollst du vergeben. Und natürlich fragen wir uns: Solchen Menschen sollen wir Gutes tun? Unsere Feinde sollen wir also lieben? Ja, geht denn das überhaupt? Soll ich dir die Wahrheit sagen? Mit Jesus geht alles! **Es gibt keine Grenzen für Jesu Macht** – das hat mir Daniel Müller vom Missionswerk Karlsruhe vor einiger Zeit in einem persönlichen Brief mitgeteilt. Lieber Herr Müller, falls Sie doch auch einmal dieses Buch in Händen halten sollten, noch mal ein herzliches Dankeschön für diese aufmunternden Worte und die Wahrheit. Gott segne Sie und Ihr Missionswerk weiterhin.

Ich konnte auch nicht gleich vergeben, aber je länger ich mit Gott ging, desto mehr wurde mir auch Seine Vergebung und vor allem Seine Liebe zu mir bewusst. Erst war aber Veränderung in mir selbst nötig. Und vor allem müssen wir das alles auch wollen. Veränderung kostet immer etwas. Wir haben alle so eingefahrene Muster, die oft nicht zu einem Kind Gottes passen. Gott hilft uns aber dabei, wenn wir diese Veränderung durchleben müssen, denn sie kann auch sehr schmerzhaft sein. Eine Veränderung, die nichts kostet, gibt es nicht. Mich musste zunächst auch erst die Liebe Gottes erfüllen und mir Seine Gnade bewusst werden. Dies war auch gleichzeitig ein Prozess der Heilung. Auch die Vergebung von Gott musste ich erst annehmen, bis es dann endlich so weit war, dass auch ich vergeben konnte. **Aber ohne Jesus wäre mir das alles nicht möglich gewesen. Der Weg mit Ihm ist also gleichzeitig auch das Ziel.** Und deshalb ist dieser Weg auch der beste. **Ich möchte das der ganzen Welt verkünden!** Und ich bekenne mich mit vollem Herzen zu Jesus, weil ich so dankbar bin für das, was Er getan hat und weil Er so gut ist! Wir sollen uns auch zu Gottes Sohn, Jesus Christus bekennen, umkehren und uns auf den Weg mit Ihm zusammen machen. Wir unvollkommenen Menschen werden durch Jesus befähigt, den Lauf unseres Lebens auf das richtige Ziel auszurichten. Paulus schrieb, dass er nicht vollkommen ist, aber durch den Geist von Jesus befähigt wurde zu erkennen, wohin er laufen soll. Er sollte Jesus Christus nachfolgen. Das ist der Weg zum Ziel. Das Ziel selbst ist das ewige Leben, der Siegeskranz, den wir bekommen werden, nachdem wir im Glauben und in der Nachfolge unser Ziel erreicht haben. Und Jesus wird auch dich dazu befähigen, deinen Lauf zu vollenden. Wenn du an Ihn glaubst, Ihm vertraust und Ihn liebst.

Ich meine nicht, dass ich schon vollkommen bin und das Ziel erreicht habe. Ich laufe aber auf das Ziel zu, um

es zu ergreifen, nachdem Jesus Christus von mir Besitz ergriffen hat. (Phil. 3, 12)

Paulus und Timotheus schreiben diesen Brief an alle in Philippi. Paulus war sich klar darüber, dass er noch lange nicht da ist, wo er sein sollte. Er kannte aber das Ziel. Er wusste, dass wir Vollkommenheit in unserem Denken, Fühlen und Handeln hier auf dieser Erde, solange wir in unserem irdischen Körper sind, nie erreichen werden. Er läuft aber auf dieses Ziel zu, nämlich einmal bei Jesus zu sein. Er sagt, dass er alles hinter sich lässt und **nur noch nach vorne schaut**. Er schaut also nicht zurück. Er will den Siegespreis, das ewige Leben erhalten. Das ist es doch, was wir alle wollen. Habe ich recht? Du bist auch auf dem Weg. Wenn du Jesus bittest, wird sein Geist dich auf deinem Weg begleiten und dir immer mehr helfen, das Gute und das Böse zu erkennen und dir die Zielgerade vor Augen führen. **Mit Jesus bist du auf dem Weg zum Ziel.** Schau deshalb nicht mehr auf deine Vergangenheit, das musst du nicht, wenn du erst einmal Jesus in dein Leben gebeten hast und deine Sünden bereust, indem du umkehrst, und einen Neuanfang mit Ihm machst. Zu deiner ewigen Errettung.

Nun, Gott ist bereit, mit Nachsicht über das hinwegzusehen, was ihr bisher aus reiner Unwissenheit getan habt. Jetzt aber fordert er alle Menschen überall auf, umzudenken und einen neuen Anfang zu machen. (Apg. 17, 30)

Mach einen Neuanfang! Wage diesen Neustart! Mit Jesus. Schau nach vorne. Du wirst von Gott nicht mehr verurteilt, wenn du zum Glauben an Ihn findest. Durch den Glauben wirst du wiedergeboren durch den Geist Christi. Jesus hat bereits alles dafür getan. Alles! Deine Schuld wurde dir vergeben. Gott möchte dir sagen, dass Er dich liebt und Er nicht möchte, dass du verloren gehst. Jesus sprach zu den Leuten in der Salamohalle in Jerusalem, nachdem sie Ihn gefragt hatten, ob Er denn nun wirklich der versprochene Retter sei. Er sagte ihnen aber, dass sie nicht zu seinen Schafen zählten, weil sie Ihm nicht glaubten (Joh. 10, 22–26).

Aber zu den Menschen, die an Ihn glauben, sagt er:

Meine Schafe hören auf mich. Ich kenne sie und sie folgen mir. Ich gebe ihnen das ewige Leben und sie werden niemals umkommen. (Joh. 10, 27–28)

Wenn Jesus sagt, dass Seine Schafe auf Ihn hören, dann ist es auch Seine Stimme, die uns ruft. Wenn wir an Ihn glauben, dann wird uns das ewige Leben zuteil. Ewiges Leben! Na, wenn das alleine nicht schon ein Grund ist, an Jesus zu glauben, dann weiß ich auch nicht mehr weiter. Wünschst du dir nicht auch ewiges Leben? Das ist ja die Krönung des Ganzen, Gottes überfließende Gnade und sein Angebot der Rettung, durch den Glauben an Jesus Christus, in Anspruch zu nehmen. Glauben ist eigentlich so einfach. »Werdet wie die Kinder«, sagte Jesus. Kinder glauben einfach, was man ihnen sagt.

Der Glaube ist vor allem ein Geschenk Gottes. Und das größte Geschenk Gottes an uns, war und ist Sein Sohn, Jesus Christus. Durch dieses Gnadengeschenk, dadurch, dass Jesus sich für uns alle hingegeben hat, sind wir erlöst und errettet. Ich möchte dieses Gottesgeschenk des ewigen Lebens sehr gerne annehmen. Du auch? Vielleicht hast du es ja auch schon angenommen. Wir müssen so dankbar sein. Dankbar dafür, was Jesus für dich und für mich getan hat.

Der Vater liebt den Sohn und hat alles in seine Hand gegeben. Wer sich an den Sohn hält, hat das ewige Leben. Wer nicht auf den Sohn hört, wird niemals das Leben finden, er wird dem Zorngericht Gottes nicht entgehen. (Joh. 3, 35–36)

Gott hat aus Liebe zu uns so gehandelt. Er, der uns geschaffen hat, damit wir hier auf Erden Gutes tun können, zu unserem eigenen Heil und für andere. Gott hat einen Plan für dein Leben, wenn du an Ihn und an Jesus glaubst.

Wir sind ganz und gar Gottes Werk. Durch Jesus Christus hat er uns so geschaffen, dass wir nun Gutes tun können. Er hat sogar unsere guten Taten im Voraus geschaffen, damit sie nun in unserem Leben Wirklichkeit werden. (Eph. 2, 10)

Ist das nicht eine wunderbare Verheißung? Gott hat bereits alles im Voraus geplant, bevor du und ich überhaupt geboren waren. Er hat unser Leben vorherbestimmt, alles, was wir erlebt haben und was wir noch tun werden. Wir können deshalb im Hier und Jetzt schon voller Freude und Hoffnung sein, auf das, was uns erwartet. Jesus hat uns die Tür zum Leben geöffnet. In der Offenbarung an Johannes spricht Er von dieser Tür zum ewigen Leben:

Ich kenne euer Tun. Ich habe euch eine Tür geöffnet, die niemand zuschließen kann. Eure Kraft ist nur klein.

Trotzdem habt ihr euch nach meinem Wort gerichtet und das Bekenntnis zu mir nicht widerrufen. (Off. 3, 8)

Wenn du Jesus bittest, in dein Leben zu kommen, umkehrst und bereust, dann öffnet Er Türen, die kein Mensch und kein Teufel wieder verschließen können. Dies bewirkt Sein Geist in dir. Wir sind dann erlöst von unseren Sünden und unserer Schuld und werden die Kraft und Liebe von Gott empfangen und ebenso die wunderbare Hoffnung auf ein ewiges Leben. Und diese Hoffnung ist von Freude und Zuversicht erfüllt, weil wir wissen, dass Jesus uns vor allem bewahren kann. Wir können Ihm vertrauen, und genau das fordert Er ja von uns: einen vertrauenden Glauben.

Ihr habt mein Wort beherzigt, mit dem ich euch zum Durchalten aufrief. Darum werde ich euch in der Zeit der Versuchung bewahren, die demnächst über die ganze Erde kommen und alle Menschen auf die Probe stellen wird. (Off. 3, 10)

Gott kann uns Versuchungen nicht ersparen, denn diese werden immer da sein. Genauso wie Bedrängnis und Anfeindungen. Es wird immer Versuchungen zur Sünde und zum Abfall vom Glauben geben. Aber wir können uns an die einzige Wahrheit, die uns tatsächlich das Geheimnis im Glauben offenbaren kann, halten, an Jesus Christus! Er gibt uns dann auch die Kraft dazu durchzuhalten. Wir müssen uns deshalb täglich neu auf Gott ausrichten, vor allem durch Sein Wort, die Bibel. Denn die Bedrängnisse in der Welt werden immer heftiger. Satan wird noch mehr wüten in den letzten Tagen, in denen wir leben. Er will so viele Menschen wie möglich auf seine Seite ziehen. Versuchungen stellen uns dann immer wieder auf die Probe. Und jeder Mensch, der Jesus nachfolgen möchte, wird mit Versuchungen konfrontiert. Satan möchte in jedem Fall verhindern, dass sich noch viele zu Jesus bekennen. Er versucht, die Menschen vor allem dadurch zu täuschen, dass er ihnen negative Gedanken eingibt, die das Wort Gottes, die Wahrheit, infrage stellen. Er kann uns auch durch schwierige Lebensumstände und durch andere Menschen angreifen. Die Prüfungen, denen wir dann ausgesetzt sind, werden vor allem Glaubensprüfungen sein. Wir müssen dann im Glauben an Jesus Christus festhalten. Wir werden es auch leichter annehmen, wenn wir uns klar machen, dass es allen Brüdern und Schwestern auf der ganzen Welt so geht. Satan möchte nicht, dass wir im Glauben an Jesus Christus verwurzelt werden, beständig sind und weiter wachsen. **Wir dürfen aber Gott vertrauen. Er wird uns hindurchtragen, was auch immer kommen mag**.

Bei meinen momentan noch etwas schwierigen Lebensumständen, ist es tatsächlich ein Wunder, dass ich trotz allem in hoffnungsvoller Freude und in der Liebe Gottes leben kann. **Vertrauender Glaube ist deshalb angesagt**. Das ist manchmal gar nicht so einfach, weil wir Geduld entwickeln müssen. Wir müssen auch durch die Wüste, wie Jesus – und da kann es manchmal nicht nur trocken sein, sondern auch noch sehr einsam. **Trotzdem sind wir mit Jesus immer auf dem richtigen Weg zum Ziel.**

Ich danke dem Herrn, dass Er mir die Erkenntnis gibt, dass kein Mensch, obwohl wir alle Sünder sind, mit einem schlechten Gewissen vor Gott stehen oder Schuld- und Schamgefühle haben muss. Der Herr als Retter und Erlöser wird jeden annehmen, der Seine Sünden bereut und umkehrt. Egal was er auch immer in seinem Leben getan oder nicht getan hat. Gott vergibt uns, wenn wir aufrichtig bereuen und an Seinen Sohn Jesus Christus glauben. Und wir müssen immer voller Dankbarkeit sein, denn wir haben alles, auch den Glauben, von Gott erhalten. Gott ist derjenige, der alles gibt und gegeben hat. Wirst du dieses Geschenk annehmen?

Kein Mensch kann sich etwas nehmen, auch nicht das Geringste, wenn Gott es ihm nicht gegeben hat. (Joh. 3, 27)

NUR ›SCHÖNREDEN‹ HILFT NICHT WEITER

Du musst eine Entscheidung treffen

Schuld und Verurteilung – gesunde Selbstliebe

Gebt Acht, dass euch niemand mit der leeren Vorspiegelung einfängt, euch die wahre Religion zu bringen. Das beruht doch alles auf Menschenlehren und hat nur mit den kosmischen Mächten zu tun, aber nicht mit Christus. In Christus wohnt wirklich und wahrhaftig die Heilsmacht Gottes in ihrer ganzen Fülle und durch ihn wird euch die Fülle des Heils zuteil, nicht durch irgendwelche anderen Mächte. Denn Christus ist das Oberhaupt jeder Macht und Gewalt im ganzen Kosmos. (Kol. 2, 8–10)

Wahre Christen, wahre Nachfolger von Jesus, erkennen Ihn als Hohepriester an und nicht irgendeinen Menschen. Das soll jetzt nicht heißen, dass wir keine Hilfe oder Ratschläge von Pastoren oder Gemeindeleitern annehmen sollen. Das soll auch nicht heißen, dass wir Obrigkeiten nicht respektvoll gegenüber treten sollen. **Aber nur Jesus allein kann alles verändern.** Wir gehen durch die Schule des Heiligen Geistes, und dieser Weg ist bei jedem Menschen anders. Gott zeigt dir, wie und wohin du gehen sollst. Aber er schickt uns auch Menschen, die uns helfen, im Glauben zu wachsen und die uns beistehen. Nur der wahre Glaube an Ihn kann unser Leben retten und erlösen.

Das Christentum ist eigentlich die Lehre von Jesus Christus, diese wird von den einzelnen Religionen unterschiedlich ausgelegt, wie auch die Bibel. Wir Menschen haben oft die negative Angewohnheit, dass wir vieles ›schönreden‹, du kennst das sicher auch. Ich habe ja bereits beschrieben, dass nur die Wahrheit uns frei machen kann. Das meint aber nicht nur die Wahrheit über uns selbst, sondern auch jene, die wir aus der Bibel erfahren. Ich bin kein Religionswissenschaftler und kein Theologe. Das muss ich auch nicht sein, weil Gott uns auch nie vorgeschrieben hat, dass wir Theologie studieren sollen. Jesus hat ganz normale Menschen berufen, um Seine Botschaft weiterzutragen. Es gibt ja nun auch das Internet, Google und Wikipedia. Wenn man etwas nicht weiß, kann man es nachsehen. Jeder Mensch kann sich mittlerweile über den Glauben informieren, und auch das ist Gottes Werk. Vergessen dürfen wir aber niemals, und das ist die wichtigste Information: Es gibt im christlichen Glauben nur einen Weg und nur eine Wahrheit, und die heißt Jesus Christus.

Wer nicht bei dem bleibt, was Christus gelehrt hat, sondern darüber hinaus geht, hat keine Verbindung mit Gott. Wer sich aber an das hält, was Christus gelehrt hat, hat den Vater und auch den Sohn. (Joh. 2, 9)

Wir müssen deshalb wissen, was uns Gottes Wort lehrt. Ich vergleiche auch manche Texte in verschiedenen Bibelausgaben miteinander und finde es sehr interessant nachzulesen, wie zum Beispiel die Elberfelder Bibel oder die Schlachter Bibel bestimmte Texte auslegen, im Gegensatz zur Guten-Nachricht-Themenbibel, in der ich das Wort studiere. Es gibt natürlich noch viele andere Bibelausgaben, auch mit einer etwas unterschiedlichen Übersetzung an einigen Schriftstellen. **Jesus Christus sollte aber immer der Maßstab sein**. Wir müssen Gottes Wort kennen, damit wir einer verfälschten Lehre entgehen können. Es gibt ja bekannter Weise drei große Weltreligionen: das Judentum, das Christentum und den Islam. Des Weiteren gibt es noch den sicher vielen bekannten Buddhismus, den Hinduismus und weitere fernöstliche oder orientalische Religionen. Im Verlauf der Entwicklung des Christentums haben sich verschiedene christliche Glaubenstraditionen entwickelt. Es ist natürlich auch mit entscheidend, unter welchen religiösen Umständen wir groß geworden sind. Ich bin katholisch getauft und ganz in der katholischen Religion und Tradition aufgewachsen. Eine persönliche Beziehung hatte ich aber nie zu Gott. Durch meine Bitte an Jesus im Februar 2011, dass er in mein Leben kommen möge und ich meine Sünden bereue, erfolgte eine geistliche Wiedergeburt.

Jesus sprach mit Nikodemus, einem jüdischen Gelehrten, der Ihn fragte, wie das mit der Neugeburt wäre. Jesus antwortet und sprach zu ihm: ***Wahrlich, wahrlich, ich sage dir: Wenn jemand nicht von Neuem geboren wird, kann er das Reich Gottes nicht sehen.*** (Joh. 3, 3)

Das hatte ich so in der Kirche noch nicht gehört. Eine geistliche Widergeburt muss also erst erfolgen. Paulus beschreibt es wie folgt:

Daher, wenn jemand in Christus ist, so ist er eine neue Schöpfung, das Alte ist vergangen, siehe, Neues ist geworden. (2. Kor. 5, 17)

Wir sind dann eine neue Schöpfung, neu geboren, wenn wir darum bitten, dass unsere Sünden vergeben werden und wir umkehren. **Wenn wir Jesus in unser Leben aufnehmen, werden wir also von Neuem geboren, durch Seinen Geist.** Wir werden nicht mehr dieselben sein, weil wir durch unsere Neugeburt einen kleinen Samen des Heiligen Geistes empfangen haben. Wir müssen diesen dann bewässern, durch Gottes Wort, damit unser Glaube wächst, und wir im Laufe der Zeit immer mehr auf die Stimme Gottes hören können. Der Heilige Geist wird uns viele Dinge aufzeigen und uns helfen, ein besseres Leben zu haben.

Ein wichtiges Thema, auf das ich unbedingt zu sprechen kommen möchte, ist die Verurteilung anderer Menschen. Es war auch für mich ein großes Thema. Für mich hatten meist die anderen schuld an Konflikten. Ich hielt ihre Reaktionen für falsch oder fühlte, dass sie mich schlecht behandelten – und ich verurteilte sie dafür. Und wir verurteilen schnell und bezüglich vieler Dinge. Vielleicht sagen wir: Also ich hätte nicht so gehandelt … jetzt lässt sie sich scheiden, ich hab es ja immer gesagt … Hast du gesehen, mit welcher Kleidung sie in die Kirche geht? … Er war aber unfreundlich und richtig gestresst … So einer soll ein Hirte sein … Kommt nicht so etwas auch über deine Lippen hin und wieder? Dann werden wir jetzt dafür beten, dass uns Gott eine Wache vor unseren Mund stellt – und uns hilft, nicht mehr gleich unsere Meinung zu allem zu sagen. Ich brauche das Gebet jeden Tag, denn ich bin schnell einmal dabei, meine Meinung zu präsentieren. Ich glaube tatsächlich, dass dieses Thema Jesus sehr wichtig ist. Wir fügen nicht nur uns, sondern vor allem auch anderen Schaden zu, wenn wir sie verurteilen. Es bleibt immer Negatives dabei im Raum. Oh, wenn uns manchmal wirklich bewusst wäre, was wir mit unseren Bemerkungen auch anrichten können. Wir alle müssen vor Gott einmal Rechenschaft für jedes unnütze Wort ablegen. Oh Gott, hilf mir, stell eine Wache vor meinen Mund. Ich habe mich zwar entschieden, täglich daran zu arbeiten, mich zu beherrschen und nicht immer meine Meinung zu etwas zu haben. »Herr, hilf mir«, muss ich eigentlich jeden Tag beten. Gott sagt uns auch durch folgenden Vers, dass wir zuerst auf unsere eigenen Fehler und Schwächen schauen sollen. Denn wir haben wahrlich genug damit zu tun, selbst gottgefällig zu leben.

Verurteilt nicht andere, damit Gott nicht euch verurteilt. Denn euer Urteil wird auf euch zurückfallen und ihr werdet mit demselben Maß gemessen, das ihr bei anderen anlegt. (Mt. 7, 1–2)

Und weiter sagt Jesus im folgenden Vers:

Warum kümmerst du dich um den Splitter im Auge deines Bruders oder deiner Schwester und bemerkst nicht den Balken in deinem eigenen. (Mt. 7,3)

Nun, das ist doch mehr als eindeutig. Wie oft glauben wir, bessere Menschen zu sein oder so etwas wie der andere niemals zu tun? Wir teilen Sünde oder falsche Taten in eine ›Kategorie‹ ein, wie es zum Beispiel das Strafgesetzbuch tut. Da wird die Schwere des Vergehens oftmals mit einer dementsprechenden Strafe belegt. »Das ist aber eine schlimme Sünde! Dass er so etwas tut, das hätte ich nie von ihm gedacht«, so oder so ähnlich argumentieren wir doch.

Lass mich zum Thema Verurteilen und Schuldzuweisungen etwas weiter ausholen. Fangen wir doch in unserem näheren Umfeld an, am besten bei unserer Familie. Hier fällt es nämlich oft am schwersten, weil da auch die größeren emotionalen Verletzungen stattfanden oder vielleicht auch noch stattfinden. Bei mir waren immer die anderen schuld, wenn es zu Konflikten kam. Doch Gott hat mir sehr bald gezeigt, dass ich selbst verantwortlich für mein Verhalten war und bin, auch wenn andere mich verletzten. Solange wir nämlich nicht erkannt haben, welchen Ursprung, welche Ursache unsere Verletzlichkeit hat, solange können wir davon nicht befreit werden und auch unser Verhalten nicht ändern. Wenn wir selbst noch mit den verschiedensten Verletzungen und negativen Gefühlen zu kämpfen haben, können wir nicht frei sein. Wir können auch Probleme haben, aufrichtig zu lieben. Deshalb muss Gott uns erst einmal von unseren Verletzungen heilen. Das tut er durch seine bedingungslose Liebe, die wir geschenkt bekommen und annehmen können. Vor allem werden wir durch die Verbindung mit Jesus zu einem neuen Menschen und wieder hergestellt.

Jesus las aus einer ganz bestimmten Schriftstelle aus Jesaja vor, als er seinen wirkungsvollen Dienst begann:

Der Geist des Herrn hat von mir Besitz ergriffen, weil der Herr mich gesalbt und bevollmächtigt hat. Er hat mich gesandt den Armen gute Nachricht zu bringen, den Gefangenen zu verkünden, dass sie frei sein sollen, und den Blinden dass sie sehen werden. Den Misshandelten soll ich die Freiheit bringen und das Jahr ausrufen in dem der Herr sich seinem Volk gnädig zuwendet. (Lk. 4, 18–19)

Jesus wusste um seine Autorität und was er für einen Auftrag hatte. Er hat uns die Gute Botschaft der Versöhnung gebracht. Das alles können wir annehmen. Wir sind errettet, wir sind frei und bekennen Jesus als unseren Herrn und Heiland. Wir werden durch Seinen Geist wieder hergestellt werden, wenn wir Seinem Wort und Seinen Möglichkeiten Glauben schenken. Das Ganze ist letztendlich auch ein Prozess der Heilung, in dem Wissen, dass Gott uns bedingungslos liebt und wir Seinen Verheißungen absolut glauben können. Diese Liebe muss nun wachsen, sie basiert auf einem stetig wachsenden Glauben, der wiederum auf Vertrauen gegründet werden soll. Zunächst musste ich mich auch erst selbst erkennen, selbst wertschätzen und selbst in gesunder Weise annehmen und lieben. Das verändert wahrlich eine Menge, vor allem auch in der Beziehung mit anderen Menschen. Natürlich hat das nichts mit einem übertriebenen Selbstwertgefühl zu tun, auch soll es keine ›Selbstverliebtheit‹ sein, die eventuell in Stolz und Überheblichkeit anderen Menschen gegenüber ausartet. Sich selbst zu lieben, heißt letztendlich, sich selbst zu mögen, sich zu akzeptieren, ob mit oder ohne Glatze, Falten, dicken oder dünnen Oberschenkeln. Wir müssen erst einmal eine Akzeptanz für unsere charakterlichen Schwächen und Fehler entwickeln, diese eingestehen und auch anerkennen. **Wir dürfen uns dann von Gott verändern lassen.** Sich selbst kennenzulernen, kann aber auch eine schonungslose Offenbarung an uns selbst sein. Uns die eigenen Schwächen und Fehler auch bewusst zu machen, ist wie eine Reise zu uns selbst. Und auf dieser Reise wurde ich von Gott begleitet und ich bin weiter mit Ihm auf dem Weg und werde es bis an mein Lebensende sein. Vor allem musste ich auch bereit dazu sein, mein Fehlverhalten erst einmal anzuerkennen und mich auch mit meinen Schwächen auseinanderzusetzen. Letztendlich wurde mir während dieser Begegnung mit mir selbst auch immer mehr meine eigentliche Identität als geliebtes Kind Gottes bewusst. Gott zeigt aber jedem von uns unterschiedliche Wege auf, deshalb ist auch kein Weg gleich. Aber den Prozess der Heilung und der Veränderung müssen wir alle gehen. In Seinen Augen sind wir auch alle gleichsam geliebte Menschen, die Gott retten und heilen möchte. Gott möchte, dass wir diese Akzeptanz auch untereinander haben, uns mit unseren Schwächen anzunehmen und auch gegenseitig wertzuschätzen und nicht auf den anderen herabzusehen. **Wir sollen anderen auch das zugestehen, was uns Gott zugesteht**. Ich weiß, dass es besonders auch als Christ manchmal schwer ist, wenn einem Unrecht widerfährt, oder man für etwas gerade stehen soll, was man gar nicht getan hat. Da kommen wir sicher alle an unsere Grenzen. Ungerechtigkeit und Unterstellungen, die nichts mit den tatsächlichen Gegebenheiten zu tun haben, sind oftmals schwer auszuhalten. Und oft hat man nicht einmal die Möglichkeit, dies zu klären. Kennst du das auch? Von anderen Menschen falsch eingeschätzt oder gar verleumdet zu werden, ist nichts für schwache Seelen. Ich habe viele Situationen erlebt, in denen mir großes Unrecht angetan wurde. Da könnte ich eigentlich schon bei meiner Kindheit beginnen, vielleicht ging es dir ja auch nicht anders. Aber wir sollen es ja auch Gott überlassen, für unser Recht zu kämpfen. Das heißt jetzt aber nicht, dass wir nicht auch einmal die Klärung einer bestimmten Situation herbeiführen dürfen. Vor allem wenn es um das Thema Glauben geht.

Die Idee, ein Buch zu schreiben, hatte ich schon lange, bevor ich mit diesem hier begonnen habe, nur war mir damals noch nicht so klar, **über was** ich schreiben sollte. Ich hatte so viele unterschiedliche Themen, auch in Bezug auf meinen Beruf als Krankenschwester. Mittlerweile verstehe ich auch, warum ich das damals nicht umgesetzt habe. Die Zeit war noch nicht reif. Und vor allem war das richtige Thema noch nicht in meinem Kopf. Gottes Zeitplan muss nicht zwangsläufig mit unserem übereinstimmen. Das hätten wir zwar manchmal gerne, jedoch wird uns der eigene Antrieb, der eigene Wille nicht wirklich dahin bringen, wo wir hin sollen. Aus eigener Kraft wird dir nichts gelingen, du kannst es nur mit Ihm tun. Und wenn dir etwas gelingt und du es ohne Gott machst, bist du nicht in Seinem Willen. Wahrscheinlich wollte Gott von mir, dass ich auch gleichzeitig Zeugnis gebe, was Gott heute noch im Leben eines Menschen tun kann. So macht das Ganze jetzt erst einen richtigen Sinn. Jetzt verstehe ich auch, was ich damals noch nicht verstehen konnte. Es kann eben eine Weile dauern, bis man erkennt, welche Gaben wir von Gott bekommen haben und was wir tun sollen, damit wir auch in seinem Sinn handeln. Ich hatte bereits kurz nach meiner Bekehrung einen brennenden Wunsch im Herzen, viele Menschen zu erreichen. Warum und wieso, war mir aber zu diesem Zeitpunkt noch nicht bewusst. Jedem von uns gibt Gott Talente, Gaben und besondere Fähigkeiten, man bezeichnet sie in der Bibel auch als ›Gnadengaben‹. Der Apostel schreibt im Brief an die Römer:

Durch den Glauben hat jeder von Euch seinen besonderen Anteil an Gnadengaben bekommen. Daran hat jeder den Maßstab, nach dem er sich einschätzen soll. Denkt an den menschlichen Leib: Er bildet ein lebendiges Ganzes und hat doch viele Teile und jeder Teil hat seine besondere Funktion. So ist es auch mit uns: Als Menschen, die zu Christus gehören, bilden wir alle ein unteilbares Ganzes; aber als Einzelteile stehen wir zueinander, wie Teile mit ihrer besonderen Funktion. Wir haben ganz verschiedene Gaben, so wie Gott sie uns in seiner Gnade zugeteilt hat. Einige sind befähigt, Weisungen für die Gemeinde von Gott zu empfangen, was sie sagen, muss dem gemeinsamen Bekenntnis entsprechen. Andere sind befähigt, praktische Aufgaben in der Gemeinde zu übernehmen; sie sollen sich treu die-

sen Aufgaben widmen. Wer die Gabe hat, als Lehrer die Gemeinde zu unterweisen, gebrauche sie. Wer die Gabe hat, andere zu ermahnen und zu ermutigen, nutze sie. Wer Bedürftige unterstützt, soll sich dabei nicht in Szene setzen. Wer in der Gemeinde eine Verantwortung übernimmt, soll mit Hingabe bei der Sache sein. Wer sich um Notleidende kümmert, soll es nicht mit saurer Miene tun. (Röm. 12, 3–8)

Als ich einmal wieder stille Zeit mit Gott verbrachte und betete, fragte ich Ihn, was genau ich denn eigentlich tun soll. Ich bekam meine Antwort: »Rede und schreibe!« Nun, ich schreibe jetzt, und reden werde ich auch noch, so Gott will. ☺

Nur wenn wir uns auf Gott einlassen und das auch wirklich wollen, erfahren wir all das Gute, das Gott für uns vorbereitet hat. Entscheiden musst du das aber alleine, niemand kann dir das abnehmen. Vielleicht kann ich dir mit diesem Buch helfen, dich für Jesus zu entscheiden und regelmäßig in der Bibel zu lesen. Aber du sollst auch wissen, dass Menschen die die Gute Botschaft oder das Evangelium ablehnen, also das, was Gott für dich und mich durch seinen Sohn Jesus Christus getan hat, auch von Gott nichts zu erwarten haben. Jesus spricht oft von der Hölle, vom ewigen Getrenntsein von Gott. Jemand sagt: Also, dann glaube ich lieber, denn dann habe ich ein besseres Leben und bin auf der sicheren Seite. Wenn ich glaube, mache ich also nichts verkehrt. Wenn ich aber nicht glaube und der Glaube ist tatsächlich die Wahrheit, dann habe ich verloren, mein Leben verloren. Ich habe keine Zukunft, keinen Himmel, keine Ewigkeit.

Ewiges Getrenntsein von Gott steht mir bevor. Und das muss schrecklich sein. Es wäre deshalb auch nicht in Ordnung, wenn ich nur die ›halbe Botschaft‹ des Evangeliums aufschreiben würde. Jeder hat und soll die Möglichkeit haben, die Wahrheit zu hören oder zu lesen, und jeder Mensch wurde von Gott mit einem freien Willen ausgestattet, sich zu entscheiden. Gott möchte aber, dass auch DU glaubst und sein Erlösungswerk durch Jesus Christus anerkennst. **Er will es dir einfach als Geschenk geben, weil Er dich und mich einfach liebt.** Ich würde mich sehr darüber freuen, wenn auch du den richtigen Weg zu Gott findest.

Jesus spricht zu ihm: Ich bin der Weg und die Wahrheit und das Leben. Niemand kommt* zum *Vater als nur durch mich. (Joh. 14, 6)

Du musst auch eine Entscheidung treffen. Ich hoffe, dass du erkennst, dass Jesus dich auf den richtigen Weg führen kann.

Leben mit Erkenntnis

Das Allerwichtigste im Leben ist, die Wahrheit zu erkennen. Die Wahrheit im Glauben und über sich selbst. Wir sind alle Sünder – Liebe und Vergebung ist der Plan Gottes – Einheit unter Christen – Gnade und nichts als Gnade – das Ende der Zeitgeschichte

Ich bin der festen Überzeugung, dass das Thema Glaube eines der wichtigsten ist im Leben eines Menschen. Für mich war der Weg zur Wahrheit und zur Erkenntnis lang und schwer. Ein Leben ohne Gott zu führen, ist schwer! Ich will mit dir in diesem letzten Kapitel meine persönlichen Erfahrungen teilen. Ich werde hier auch mitteilen, wie mir erlernte Verhaltensweisen, die ich aufgrund negativer Erfahrungen entwickelte, bewusst wurden. Ich tue das, weil ich anderen damit helfen möchte, sich auch selbst besser kennenzulernen und zu verstehen. Vor allem auch, sich selbst wertzuschätzen und anzunehmen, bis hin zur völligen Akzeptanz seiner ganz persönlichen Schwächen und Stärken, seiner Persönlichkeit, seines Aussehens und seines Charakters. Damit kämpfen sicher viele Menschen, vielleicht auch du. Jemand, der sich selbst nicht kennt, handelt auch aus Unkenntnis. Er weiß nicht, was er sich und anderen Menschen antun kann. Es geht jetzt hier nicht um die Erkenntnis der Wahrheit im christlichen Glauben, dazu komme ich noch. Erkenntnis habe ich ja nun einmal erst, wenn ich etwas erkannt habe. Solange mir meine negativen Gedanken, Worte oder Haltungen nicht bewusst sind, habe ich auch keine Erkenntnis über mich selbst. Mir ist letztendlich auch gar nicht bewusst, dass ich eine schlechte Haltung oder eine negative Einstellung zu mir selbst, zu andern Menschen oder überhaupt zu meinem Leben habe. Ich wusste auch nicht, dass ich nicht alles denken muss, was mir in den Sinn kommt. Und mir war auch nicht wirklich bewusst, dass ich andere Menschen mit meinen Worten oder meinem Verhalten manchmal sehr verletzte. Ich war ständig bemüht, mich zu schützen und habe auch eine etwas cholerische Persönlichkeit. So sah nun einmal meine Persönlichkeit aus und so lebte ich jahrelang. Vor allem auch mit negativen Gedanken, auch über mich selbst, einer negativen Einstellung und einem unsicheren Verhalten, das mir nicht bewusst war. So sah mein Leben aus. Ich schreibe das auch deshalb, weil ich fest davon überzeugt bin, dass viele Menschen oft gar nicht merken, wie unfreundlich oder hart sie anderen gegenüber auftreten. Ich war auch ohne Erkenntnis und ohne Bewusstsein über meine negativen Prägungen und über meine große Verunsicherung Menschen gegenüber. Ich hatte regelrecht Furcht vor Menschen aufgrund der schlimmen Erfahrungen, die ich in meiner Kindheit gemacht habe. Ich könnte hier jetzt viele Beispiele anführen, wodurch es im zwischenmenschlichen Bereich immer wieder zu Spannungen und Konflikten kommen kann. Grundsätzlich treten diese doch auf, weil jeder seinen Standpunkt behaupten will, manchmal die Chemie nicht stimmt, aber auch, weil viele Menschen nur auf sich bezogen reagieren. Viele Menschen wünschen sich sicher mehr Verständnis, sei es in der Ehe, mit den Kindern, bei den Arbeitskollegen oder in einer Freundschaft. In persönlichen Beziehungen, in der Ehe oder in Freundschaften spielt die jeweilige Lebensgeschichte der einzelnen Menschen auch eine wesentliche Rolle, ob Beziehungen gut verlaufen oder nicht. Das musste ich selbst leidvoll erfahren, aufgrund meiner eigenen schwierigen Biografie. Wir haben nun einmal sehr unterschiedliche Erfahrungen gemacht und sind dadurch auch mehr positiv oder mehr negativ geprägt worden. Wir haben unterschiedliche Wertevorstellungen, Prinzipien, Ideale und Träume. Die meisten Menschen wurden verletzt oder enttäuscht. Darum reagieren viele Menschen in bestimmten Situationen oft heftiger, als es angemessen wäre. Unsere Impulse und Reaktionen auf bestimmte Situationen in unserem Leben, haben oft mit unserer Vergangenheit zu tun. Ich möchte hier einmal ein paar Beispiele aufzeigen, was uns alles nicht bewusst sein kann. Solange ich mir nicht bewusst bin, dass ich aufgrund meines Verhaltens selbst beteiligt an der Ablehnung anderer Menschen bin, wird sich nichts verändern. Solange ich mir als Elternteil nicht bewusst bin, dass ich mit bestimmten Aussagen oder Handlungen bei meinem Kind Trotz und Abwehr bewirken kann, wird sich nichts verändern. Solange ich mir als Ehepartner nicht bewusst bin, dass ich dem anderen zu wenig Wertschätzung und Respekt entgegen bringe, wird sich nichts verändern. Solange ich mir nicht bewusst bin, dass ich stolz und selbstgerecht bin, wird sich nichts verändern. Solange ich mir nicht bewusst bin, dass ich oberflächlich und egoistisch bin, wird sich nichts verändern. Solange ich mir nicht bewusst bin, dass ich in einer Opferrolle lebe, wird sich nichts verändern. Solange ich mir nicht bewusst bin, dass ich ein Workaholic bin, wird sich nichts verändern. Solange ich mir nicht bewusst bin, dass ich eifersüchtig, neidisch oder verurteilend bin, wird sich nichts verändern. Solange ich mir nicht bewusst bin, dass ich Groll im Herzen habe und verbittert bin, wird sich nichts verändern. Solange ich mir nicht bewusst bin, dass ich gefangen in einer Sucht bin, wird sich nichts verändern. Solange ich mir nicht bewusst bin, dass ich unversöhnlich bin, wird sich nichts verändern.

Diese Liste ließe sich noch endlos weiter fortführen. Uns sind oft so viele Dinge **nicht wirklich** bewusst. **Aber erst das Erkennen oder das bewusst machen unserer eigenen negativen Haltungen oder Schwächen führt uns letztendlich zu einer Veränderung. Vorausgesetzt, man ist auch bereit dazu.** Ich weiß nicht, wie viele Menschen ohne wahre Erkenntnis über sich selbst sind. Ich glaube aber, es sind sehr viele. Die meisten Menschen sind überfordert, frustriert oder verunsichert. Sei es im Berufsleben, in Beziehungen, Partnerschaften, in der Ehe oder aus wirtschaftlichen Gründen. Genauso herrscht bei vielen Verunsicherung wegen des Weltgeschehens, des Klimawandels oder der täglichen Schreckensmeldungen in den Nachrichten, Gewalt, Perversion, Krieg und Gräueltaten. Unsere Existenz und Lebensqualität, auch unsere Würde scheint nicht nur bedroht, sie ist es tatsächlich. Sei es jetzt betreffend der Pflegesituation im Alter, der Renten, der Angst vor einem wirtschaftlichen Zusammenbruch oder einem Super Gau. Verunsicherung ist die Geißel der Menschheit. Und inzwischen ist doch nichts mehr wirklich sicher. Es gibt mittlerweile viel mehr Verunsicherung und Unzufriedenheit als jemals in der Menschheitsgeschichte. Obwohl unser Lebensstandard nicht mehr zu vergleichen ist mit früheren Zeiten, kommen immer mehr Menschen an ihre Grenzen. **Unsere Wohlstandsgesellschaft leidet immer mehr am eigenen Wohlstand**. Obwohl wir so viele Informationen wie noch nie und Verbesserungen in den unterschiedlichsten Lebensbereichen haben, wird die Unzufriedenheit unter den Menschen immer größer. Bestimmte Erkrankungen nehmen immer mehr zu. Depression gab es zwar schon immer, aber mittlerweile ist sie in ihren unterschiedlichsten Formen zu einer Volkskrankheit geworden. Die WHO hat in einer Studie die Depression an die erste Stelle der Erkrankungen noch vor Alzheimer und Alkoholmissbrauch gesetzt. Menschen brennen aus, bekommen Burn-out, und mittlerweile wird ADS oder ADHS bei Kindern schon fast regelmäßig diagnostiziert, und das oft ohne genauere Diagnostik und Anamnese der Familiensituation.

Ich will das Ganze nicht dramatisieren. Das sind einfach nur Fakten. Wenn man sich ganz bewusst die Gesichter der Menschen ansieht oder auch ihre Worte hört, dann merkt man eine Unzufriedenheit und große Frustration. Gehetzte Menschen, freudlose, aggressive, verunsicherte Menschen. Viele Menschen sind ohne Sinnfindung und ohne Ziel unterwegs. Rastlos, ziellos. Menschen, die nur noch existieren oder reagieren, aber nicht mehr bewusst leben und das Leben genießen können, begegnen uns inzwischen überall. Für viele gibt es nichts zu genießen. Das ist die Realität. Natürlich betrifft es nicht jeden, aber der Großteil der Menschheit lebt nur noch, um zu überleben.

Verunsicherung, ich wiederhole mich gern, ist die Geißel der modernen Gesellschaft. Was ist heute noch sicher? Die Bibel beschreibt uns die Zeichen der heutigen Zeit ganz klar, und das Neue Testament wurde vor circa 2000 Jahren geschrieben. An vielen Stellen weist uns die Bibel darauf hin, dass wir gegenwärtig in der Endzeit leben. Jesus lehrte im Tempel in Jerusalem viele Menschen und Er sagte ganz bezeichnende Worte über die Vorzeichen des Weltendes:

Ein Volk wird gegen das andere kämpfen, ein Staat den anderen angreifen. Schwere Erdbeben wird es geben und in vielen Ländern Hungersnöte und Seuchen. Noch Schrecklicheres wird geschehen und am Himmel werden gewaltige Zeichen zu sehen sein. (Luk. 21, 10–11)

Paulus schrieb an Timotheus Folgendes:

Du musst wissen: In der letzten Zeit vor dem Ende der Welt stehen uns schlimme Zustände bevor. Die Menschen werden selbstsüchtig, geldgierig, prahlerisch und eingebildet sein. Sie werden Gott lästern, ihren Eltern nicht gehorchen und vor nichts mehr Ehrfurcht

haben. Sie sind undankbar, lieblos und unversöhnlich, verleumderisch, unbeherrscht und gewalttätig, sie hassen das Gute, sind untreu und unzuverlässig und aufgeblasen vor Überheblichkeit. Sie kümmern sich nicht um das, was Gott Freude macht, sondern suchen nur, was ihre eigene Lust vermehrt. (2. Tim. 3, 1–4)

Wir leben in so einer Welt, in einer noch nie dagewesenen Zeit der Menschheitsgeschichte. Nicht nur die Menschen verändern sich immer mehr, sondern auch unser gesamtes Weltgeschehen. Den meisten Menschen ist auch bewusst, dass es so nicht weitergehen kann. Der Mensch kann die Erde nicht mehr retten, und wenn er noch so viele wissenschaftliche Erkenntnisse erringt und Rettungsversuche startet. Es ist zu spät. Das ist natürlich keine Schwarzmalerei, sondern nackte Tatsache. Was bleibt uns denn noch? Wie viel Zeit bleibt uns tatsächlich noch, bis sich erfüllt, was uns Gott in seinem Wort sagt: »... und dann wird das Ende kommen.« **Was uns eigentlich nur noch bleibt, ist der Glaube**. Das soll jetzt aber nicht heißen, dass wir nicht mehr handeln sollen. Aus dem Glauben erkennen wir auch, dass wir uns trotzdem nicht derart verunsichern lassen müssen, nicht aufgeben brauchen oder in Angst und Schrecken leben müssen. Weil uns die Bibel auch zeigt, wie wir mit diesen schlimmen Zeiten umgehen können und was Gott denen versprochen hat, die an Ihn glauben. **Die alles entscheidende und auch lebensverändernde Erkenntnis kommt nur durch den wahren Glauben.** Der Glaube an einen Schöpfer, an den einen wahren Gott der Bibel und **vor allem an Jesus Christus**, ist die Vorausetzung, um zu dieser Erkenntnis zu gelangen. Ein Leben ohne Erkenntnis im wahren Glauben heißt, dass ich mir nicht bewusst bin, wer ich in Christus bin. Ich bin mir dann des großen Gottesgeschenks nicht bewusst. Ich bin mir nicht bewusst, dass Jesus meine Errettung, meine Erlösung und die Vergebung meiner Schuld bewirkt hat – durch Sein Leiden, Seinen Tod und Seine Auferstehung. Dies ist aber die alles entscheidende Erkenntnis. Ich muss erfahren, wer ich in Christus bin. Lies mal den nächsten Vers aus der Bibel.

Durch das, was Gott verlangt hat, nämlich dadurch, dass Jesus Christus seinen eigenen Leib zum Opfer brachte, sind wir nun ein für alle Mal von jeder Schuld gereinigt und zu Gottes Eigentum geworden. (Hebr. 10, 10)

Ist das nicht eine wunderbare Verheißung aus dem Wort Gottes? Wir sind durch Jesus ein für alle Mal von unserer Schuld erlöst und dürfen uns als Gottes Eigentum betrachten. Gott hatte schon von Anfang an den Plan, dass Jesus für uns den Sühne- und Opfertod stirbt. Er wusste ja schon, was passiert und dass die Menschen sich gegen Ihn auflehnen und damit sündigen würden. Jesus Christus nahm gehorsam den Tod auf sich, weil unser himmlischer Vater dadurch ein für alle Mal die Sündenschuld von uns Menschen nehmen konnte, um uns mit Ihm zu versöhnen. So groß war Seine Liebe zu uns Menschen. Es ist eigentlich unglaublich, was unser Gott und Schöpfer für uns getan hat, dass Er Seinen Sohn auf die Welt sandte, um für uns einzutreten, um uns zu befreien. Wie dankbar müssen wir dafür sein! Um so viel Liebe zu begreifen, fehlen mir schlicht die Worte.

Gott tat es, weil Er uns so sehr liebt. Es war auch ein längerer Prozess, bis ich das erkannte. Gott zeigt uns auch erst nach und nach bestimmte Dinge auf. Und Er tut es aus ganz bestimmten Gründen. Wir könnten gar nicht alles auf einmal verstehen, verkraften und auch nicht umsetzen. Allein unsere Bußbereitschaft, unsere Umkehr und der Zeitplan Gottes sind dafür maßgebend. Wenn du Jesus dein Leben gibst, dann wird sich aber auch etwas verändern. Es wird nichts bleiben, wie es ist. Er verändert dich und Er heilt dich. Deine Verletzungen, deine negativen Sichtweisen, deine schlechten Neigungen, deine Beziehungen, alles wird verändert. Du wirst auch zu einer veränderten Sichtweise dir und den Menschen gegenüber gelangen. Und das alles Entscheidende: Er rettet dich. Gott wünscht sich eine vertrauensvolle Beziehung zu dir, weil Er für dich ans Kreuz gegangen ist, um dich zu erlösen, zu befreien und dich auf ewig zu retten. Jesus hat das aus reiner Liebe und aus Gehorsam getan, weil Er wusste, dass der Vater ihn liebt und Ihm dafür die ewige Herrlichkeit und die höchste Anerkennung geben würde.

Paulus schreibt im Hebräerbrief über das Leid von Jesus kurz vor seiner Kreuzigung:

Und doch: Obwohl er Gottes Sohn war, hat er zunächst, durch das, was er durchmachen musste, Gehorsam gelernt. Nachdem er nun das Ziel erreicht hat, ist er für alle, die ihm gehorchen, zum Begründer ihrer endgültigen Rettung geworden. (Hebr. 5, 8–10)

Jesus ist und bleibt also unser Retter und unser Heiland. Und Jesus möchte, dass wir auch gerettet werden. Er ist ja nicht umsonst ans Kreuz gegangen, um uns zu erlösen. Und durch den Glauben an Ihn sind wir das auch. Wir sind errettet und erlöst. Aber Er möchte auch, dass wir den Glauben bewusst leben und uns verändern lassen, damit wir in Seinem Sinn leben können. **Wir müssen deshalb auch gehorsam sein, so wie Jesus es war.** Wir werden auch einiges durchmachen müssen, bis wir Gehorsam erlernt haben. Aber wir können getrost mit Gott zusammen den Weg gehen. Wir sollen so leben, dass es in Seinem Sinn ist und Gottes Plan für unser Leben erfüllt werden kann. Das beinhaltet nun auch vor allem Gehorsam. Gott lehrt uns auch diesen Gehorsam. Wir werden auch immer wieder geprüft. Ich sage oft zu Gott: »Die Prüfung habe ich aber heute bestanden, Herr.« Oder doch nicht? Nun, wenn nicht, dann werde ich es merken, wenn ›Wiederholungen‹ folgen. ☺ Wir sollen das tun, was Gott uns sagt. **Wann** Er es sagt, **wie** Er es sagt und **was** Er sagt. Gott spricht viel durch Sein Wort zu uns, aber Er spricht auch zu unserem Herzen. Wir wissen dann einfach, wann etwas dran ist und dass es Gottes Wille ist. Wir dürfen uns von Gott einfach verändern lassen, ohne dass wir uns unter einem Zwang begeben. Sonst könnten wir ja nicht mehr in der Freiheit und aus der Gnade leben. **Wir müssen die Veränderung einfach auch wollen und auf Gott hören. Gott wird uns nie überfordern, Er wird uns für das, was wir verändern, oder für Ihn und für andere Menschen tun sollen, auch die nötige Kraft dazu geben. Da können wir uns sicher**

sein. Das verspricht Er uns in Seinem Wort an vielen Stellen.

Eine wunderbare Verheißung finden wir im Psalm 16:

Ich preise den Herrn, der mir sagt, was ich tun soll; auch nachts erinnert mich mein Gewissen, an seinen Rat. Er ist mir nahe, das ist mir immer bewusst. Er steht mir zur Seite, ich fühle mich ganz sicher. Darum bin ich voll Freude und Dank, ich weiß mich beschützt und geborgen. (Ps. 16, 7–9)

Gott sagt, was wir tun sollen, Er erinnert uns auch an Sein Wort und Seine Vorgaben. Er ist immer da, und das soll uns bewusst werden. Wir dürfen uns sicher fühlen mit Gott an unserer Seite und in uns. Wir dürfen uns beschützt und geborgen wissen. Was für wunderbare Zusagen doch in Seinem Wort stehen, richtig? Leider kannte ich fast mein ganzes Leben Gott nicht wirklich. Aber Er hat ja noch rechtzeitig eingegriffen. Jemand hat gesagt: Gott kommt niemals zu früh, aber auch niemals zu spät. ☺ Meine Zeit, die ich jetzt noch hier auf dieser Erde verbringen kann, werde ich aus Dankbarkeit für Gott und für die Menschen leben.

Ich möchte hier nun auch beschreiben, was ich für ein Leben geführt habe, solange ich Gott nicht kannte. Ich glaube, es kann dir auch helfen und dir Mut machen, dass du auch Veränderung durch Gott erfahren kannst. Ich hatte kein gutes Leben. Keinen guten Start. Ich hatte eine verkorkste Einstellung, war ein tiefverletzter Mensch und war ständig auf der Suche nach Anerkennung und Liebe. Ich glaubte, dass mein Verhalten meist in Ordnung war und andere immer die Schuld an einem

Konflikt hatten. Mir war ja nicht bewusst, warum ich in den unterschiedlichsten Situationen eben so und nicht anders reagierte. Ich möchte hier aber auch noch über Angst, Ablehnung, Ärger und Unbeständigkeit sowie deren Ursachen schreiben. Dies muss zwar so nicht zwingend für jeden zutreffen, aber ich glaube, dass es vielen anderen Menschen ähnlich ergeht. Vielleicht findest du dich in einigen Dingen wieder, die ich hier beschreibe.

Ein Hauptthema bei mir waren meine negativen Erfahrungen schon als Kind in der Familie, körperlicher und sexueller Missbrauch und die dadurch entstandenen negativen Gefühle. **Unsere negativen Gefühle und vor allem unsere Reaktionen zeigen uns, in welch emotionalen Schwierigkeiten wir stecken können.** Wenn Wut, Aggression, Traurigkeit, Freudlosigkeit, Groll, ständiger Ärger, Angst oder das Gefühl der Hilflosigkeit unser Leben bestimmen, dann sind wir nicht frei. Wir sind gebunden und gefangen in unserem negativen Denken, Fühlen und Handeln. Das alles hat natürlich eine Ursache und kann sich in unserer Seele, vor allem in unserem Leben, verfestigen. Das heißt, dass daraus ein Teufelskreis entstehen kann, aus dem man alleine meist nicht mehr herauskommt. Ich spürte oft Ärger oder auch Wut und reagierte meist aus einem ›Verteidigungsmechanismus‹ heraus, wenn ich nicht ernst genommen oder ungerecht behandelt wurde. Und auch heute bin ich noch nicht komplett davon frei. Ich trage meine Narben noch, und diese sind auch immer vorhanden. Auch die Veränderung, die wir durch Gott erhalten, geht oft nicht so schnell, wie wir uns das manchmal wünschen. Ich habe nun mal viel Unrecht erlitten. Schon als kleines Kind. Ungerechtigkeit ist deshalb auch heute noch ein brennendes Thema für mich. Wenn mir jemand etwas einreden wollte, mich kritisierte oder seinen Willen durchsetzen wollte, erzeugte das großen Druck in mir. Auch heute noch fühle ich mich manchmal schnell ungerecht behandelt, und Ablehnung ist das dazugehörige Gefühl dazu. Seit meiner Kindheit wurde ich oft ungerecht behandelt und das bewirkte in mir viele negative Gefühle. Hilflosigkeit und Angst machten sich ebenso breit in meinem Leben wie Zorn, ein aufbrausendes Wesen und Wut. Die Angst vor weiterer Ablehnung war einfach mit Ärger und Wut verbunden. Als Kind war mehr die Angst präsent, als Erwachsener kann man sich dann ja auch zur Wehr setzen. Meine Angst wurde letztendlich ›gedeckelt‹ mit Ärger und Wut. Wut ist auch leichter ›auszuhalten‹ als Angst, weil man da auch ›aktiv‹ sein kann und nicht etwas passiv ›über sich ergehen lassen‹ muss. Ich musste ja schon jahrelang als Kind viele schlimme Dinge über mich ergehen lassen. Intuitiv lernte ich also Verhaltensweisen, die mich schützen sollten, vor allem vor diesem ohnmächtigen Gefühl der Angst. Es gibt ja viele verschiedene Ängste. Ich spürte zum Beispiel ganz stark die Angst vor Menschen, die durch meine negativen Erfahrungen schon als Kind entstanden ist. Ablehnung war auch ein ständig vorhandenes Gefühl. Aber es war ja nicht nur ein Gefühl, sondern einfach Realität. Ich war nicht geplant, meine Mutter wurde ungewollt schwanger und war selbst noch sehr jung. Sie wußte nicht, wie das Leben weitergehen sollte. Meine Großmutter nahm mich auf, aber mein Großvater war nicht damit einverstanden. Und das bekam ich all die Jahre seelisch und auch körperlich zu spüren. Es hat einfach schlimme Folgen, wenn ein Kind unter solchen Umständen aufwachsen muss. Das Kind spürt, dass es eigentlich nicht erwünscht und abgelehnt ist. Ich wurde dadurch auch sehr negativ geprägt, durch die ständige Angst und das Gefühl, dass mich niemand liebt und ich keine Sicherheit hatte. Ich habe mir in all den Jahren einen Schutzmechanismus angeeignet, der sich nun wieder in unterschiedlichen Formen und Auswirkungen bei anderen Menschen gezeigt hat. Die meisten von uns haben ja angelernte Verhaltensweisen. Wir wurden von unseren Eltern – oder zumindest von einer Bezugsperson, meist der Mutter – geprägt. Sicher viele Menschen erlebten negative Dinge in der Kindheit, zudem haben wir erbgenetische Veranlagungen. Oft werden ja nun auch aus unterdrückten und lieblos erzogenen Kindern, die vielleicht nie eine Bindung zur Mutter hatten, auch wieder lieblose Eltern, weil sie selbst nie ein Fundament der Liebe und der Sicherheit erfahren haben. Unsere negativen Erfahrungen bleiben in uns, werden ›abgespeichert‹, bis sie situationsbedingt dann wieder zum Vorschein kommen. Die ›passenden‹, meist negativen Gefühle, gibt es gleich gratis dazu.

Bei mir wurde nun die Angst, die Verunsicherung, das Misstrauen, die Ablehnung als Erwachsene dann durch Wut ›ersetzt‹. Ich spreche hier aber nicht von einer natürlichen, sondern vielmehr von einer diffusen Angst.

Einer unbekannten Angst, deren Ursache mir nicht bewusst war. Aus Angst entsteht in der Regel auch Unsicherheit, die viele unterschiedliche Facetten haben kann. Ich glaube, dass viele Menschen eine große Verunsicherung in sich tragen, die sich durch negative Erlebnisse festsetzen konnte. Mancher Mensch verdrängt negative Erlebnisse, bewusst oder auch unbewusst, der andere bringt es in unterschiedlichen Gefühlsausbrüchen nach außen, wieder ein anderer ist ein ungelernt guter Schauspieler. Bei mir waren alle drei Varianten vorhanden.

Solange man sich nicht bewusst ist, wo eigentlich starke negative Gefühle wie Angst, Wut, Zorn oder auch Traurigkeit ihren Ursprung haben, sind wir ihnen hilflos ausgeliefert. Ursachen gibt es viele: soziale und emotionale Unsicherheit schon in der Familie, keine oder zu wenig Bindung an die Eltern, körperliche und/oder sexuelle Gewalt, Überforderung und vor allem zu wenig Wertschätzung, Sicherheit und Liebe.

Ich wuchs in einem völlig unbeständigen Umfeld auf. Ich wusste nie, wann mein Großvater wieder betrunken von der Arbeit kam, denn dann war Angst vorprogrammiert. Wenn Kinder in Angst aufwachsen, können sie kein seelisches Fundament entwickeln. Diese dauernde Unsicherheit prägte mein Leben. Auch im Erwachsenenalter blieb diese Unsicherheit und Angst weiter präsent und zeigte sich oft wieder durch andere negative Verhaltensweisen. Auch Abhängigkeiten entwickelten sich aus dieser Verunsicherung und vor allem eine tiefsitzende Angst. Unsichere Menschen können als Erwachsene, vor allem natürlich aus der eigenen Verunsicherung heraus, auch wieder schnell überreagieren. Mir war auch überhaupt nicht bewusst, dass ich ein verletzter Mensch war und dass ich anderen Menschen großes Misstrauen entgegen brachte. Einige stationäre und ambulante Therapien brachten auch nicht den gewünschten ›Erfolg‹. Trotzdem können Psychologen und Ärzte wirklich hilfreich sein in der jeweiligen Situation. Der endgültige Durchbruch, wenn ich das einmal so beschreiben darf, kam aber letzten Endes erst durch meine Beziehung zu Gott. Erst dadurch erlebte ich nach und nach Heilung der erlittenen Verletzungen, Verunsicherungen und der Ängste. **Diese Heilung kam durch Gottes Liebe.** Deshalb ist der christliche Glaube ja auch so wertvoll für die Menschen. **Weil Gott die Liebe ist!** Der Weg zu Gott ist auch nicht schwer. Er ist nur ein Gebet weit entfernt. Ich habe es ja schon in den anderen Kapiteln beschrieben, wie wir zu Gott finden können. Wir müssen nur die Bereitschaft haben, Ja zu sagen. Außerdem ist es wichtig, sich mit der Bibel zu beschäftigen, sie zu studieren, damit wir immer mehr Erkenntnis erhalten. **Gott möchte uns in erster Linie wieder herstellen. Seelisch, geistig, auch körperlich und vor allem geistlich. Gott möchte an den tiefsten Punkt unseres Seins, Er möchte unser Herz frei machen und heilen. Er möchte uns in die ganze Wahrheit führen, weil Er uns liebt**. Wir dürfen Gottes Liebe einfach annehmen, uns verändern lassen, damit wir zu Seinen Ehren leben können und Seinen Plan für unser Leben verwirklichen können. **Und Er hat einen guten Plan für unser Leben, auch für dein Leben.**

Die Veränderung, die wir durch den Glauben erfahren können, ist mächtig. Zuallererst wird Gott durch Sein Wort Seine Gedanken zu unseren machen. Vorausgesetzt, wir beschäftigen uns mit der Bibel. **Veränderte Gedanken verändern dann auch unsere Worte, unsere Gefühle und auch unsere Handlungen**. Gottes Wort zeigt uns auch unsere schlechten Haltungen und Neigungen. Durch diese Erkenntnis, die wir in aller Regel in einem längeren Prozess begleitet von Gott erhalten, können wir nun auch Veränderung erfahren. Aber nicht nur das: **Gott will uns vor allem durch Seine Liebe heilen**. Er will unsere Verletzungen heilen, die wir durch unsere negativen Erlebnisse erfahren mussten. Er will uns erkennen lassen, wer wir in Ihm sind, Er will uns wieder aufrichten und uns Seine Kraft schenken. Er heilt uns und Er segnet uns, damit wir auch andere Menschen wieder segnen können.

Gottes Liebe hatte ich nie erfahren, bis zu dem Tag, an dem ich Jesus mein Leben anvertraute. Ab diesem Tag begann Gott, an mir zu arbeiten. Er führte mich zuerst zu Seinem Wort. Ich habe mich deshalb auch die letzten Jahre intensiv mit der Bibel auseinandergesetzt. **Bis ich immer mehr verstand, dass Gott mich wirklich liebt**. Danach erst führte Gott mich in den Prozess der Vergebung. Die Vergebung meiner Schuld konnte ich auch nicht sofort annehmen. Aber Gott gibt ja bekanntlich nicht so schnell auf. Er bleibt an uns dran, Er holt uns immer wieder ein, wenn wir zu schnell oder auch davon laufen. Durch ganz unterschiedliche Situationen oder durch Menschen zeigt Gott uns auch viele Dinge auf.

Auch Prüfungen werden folgen, damit wir das, was wir erkannt haben, auch lernen umzusetzen – und dabei hilft uns Gott immer wieder.

Manchmal kann es auch sehr schwer sein, wenn Gott dabei ist, uns etwas aufzuzeigen, um uns zu verändern. Gott möchte uns ganz, Er möchte uns helfen, deshalb muss Er uns zuerst zerbrechen. Gott weiß, wenn wir unseren selbstsüchtigen Wünschen weiter folgen würden, würde das nicht gut für uns sein. Deshalb ist unser Weg manchmal eben auch sehr hart, damit wir schließlich unser Ego sterben lassen, kapitulieren und uns Gott unterstellen. Das ist wahrlich nicht immer einfach, aber unser selbstsüchtiges und oft selbstzentriertes Wesen muss verändert werden. Zerbrochen – damit Gott uns Stück für Stück wieder zusammenfügen und etwas Gutes daraus machen kann. Aus uns selbst können wir das nicht. Wie sollte das denn auch funktionieren? Und Gott wird uns Stück für Stück verändern. Die Bibel spricht von Herrlichkeit zu Herrlichkeit. Wir werden dann immer mehr als heilige Menschen leben können. Und Gott wird alles gelingen, was Er sich vornimmt. Für Gott ist nichts unmöglich und Er bringt auch zu Ende, was Er angefangen hat. Wir müssen uns deshalb auch vor Gott demütigen. Erst dann können wir frei sein. Das mag im ersten Moment widersprüchlich klingen, ist es aber nicht. Die Freiheit kommt auch durch das Erkennen, dass wir von Gott abhängig sind. Liest sich vielleicht im ersten Moment unverständlich, ist aber tatsächlich so. Auch Gottes bedingungslose Liebe und dass uns Seine unerschöpfliche Gnade zuteil geworden ist, lässt und frei werden.

Aber vor allem, dass wir durch Jesus errettet wurden und seine Kinder sind. **Demut vor Gott wächst nur in der Wüste!** In schwierigen Zeiten lernen wir Gott kennen und wir wachsen im Vertrauen zu Ihm. Wir können unserem Gott bedingungslos vertrauen! Wir müssen uns auch immer bewusst sein, was Gott uns geschenkt hat und vor allem, was Gott für uns alle tut.

Bringt das Gute, was Gott euch geschenkt hat, nicht in Verruf. Denn wo Gott seine Herrschaft aufrichtet, geht es nicht um Essen und Trinken, sondern um ein Leben, der rettenden Treue Gottes und in Frieden und Freude, wie es der Heilige Geist schenkt. Wer Christus mit einem solchen Leben dient, gefällt Gott und wird von Menschen geachtet. (Röm. 14, 16–16)

Bei Gott geht die Veränderung einher mit einer persönlichen Beziehung zu Ihm. Und das ging bei mir nicht von heute auf morgen. Nach einer gewissen Zeit führte mich Gott zum Thema Vergebung. Es war an der Zeit, den Menschen zu vergeben, vor allem jenen, die mich sehr verletzt haben. Ich denke da auch an das Gespräch zwischen Jesus und Petrus, als dieser den Herrn fragte, wie oft er vergeben sollte (Mt. 18, 21; Luk. 17, 4). Wenn wir die Antwort von Jesus lesen, sollen wir also immer vergebungsbereit sein. Immer. Ich behaupte jetzt natürlich nicht, dass es leicht ist, Menschen zu vergeben, die uns verletzen, uns Unrecht tun, die uns verleumden oder uns schlecht und von oben herab behandeln. Und da wird mir wohl auch jeder recht geben müssen. Das ist wahrlich nicht einfach! Natürlich ist es auch ein Unterschied, was und wem wir vergeben müssen. Eine traumatisierte Kindheit zu erleben und den Menschen, die dafür verantwortlich sind, zu vergeben, ist sicher ein anderes Kaliber, als jemandem, der dich am Tag zuvor einfach nur unfreundlich behandelt hat. Vergebung kann deshalb auch ein längerer Prozess sein, bis man an den Punkt kommt, die Vergebung auch aussprechen zu können.

Wir können aber auch erst vergeben, wenn wir selbst die Vergebung unserer Schuld von Gott empfangen haben. Wenn wir Gottes Liebe empfangen, wenn wir diese Liebe annehmen können, werden wir geheilt. Ein Prozess der Heilung, der Wiederherstellung beginnt. Gottes Liebe ist heilsam, das habe ich immer und immer wieder erfahren. Liebe und Vergebung gehören bei Gott zusammen. **Die Vergebung von Gott auch zu empfangen, ist unweigerlich mit Seiner Liebe verbunden. Er hat uns ja bereits vergeben, weil Er uns liebt!** Wenn wir verstehen, dass Gott uns unsere ganze Schuld bereits vergeben hat, vorausgesetzt, wir glauben an Seinen Sohn Jesus Christus, kehren um und bekennen uns zu Ihm, dann sind uns unsere Verfehlungen, unsere Sünden und unsere Schuld auch vergeben. Wir können dann auch Gottes Vergebung annehmen. Seine Liebe wird uns dann in die Vergebungsbereitschaft führen, das heißt wir selbst können dann auch ebenfalls vergeben. Manchmal kann das einige Zeit in Anspruch nehmen. Aber Gott wird uns helfen. Paulus schreibt an die Gemeinde in Kolossä:

Ertragt einander! Seid nicht nachtragend, wenn euch jemand Unrecht getan hat, sondern vergebt einander,

so wie der Herr euch vergeben hat. Und über das alles zieht die Liebe an, die alles andere in sich umfasst. Sie ist das Band, das euch zu vollkommener Einheit zusammenschließt. (Kol. 3, 13–14)

Jesus hat uns also bereits vergeben, wenn wir unsere Sünden bereuen und umkehren. Wir selbst sollen dann auch vergeben. Aus Liebe und Dankbarkeit, dass Gott uns vergeben hat, sollen wir den Menschen auch vergeben, die uns verletzt haben. **Das ist uns aber ohne Gott nicht möglich.** Ich lebte auch als verletzter Mensch ohne Liebe. Ich war immer auf der Suche, emotionale Bedürfnisse, wie Liebe, Wertschätzung und Sicherheit, von anderen Menschen zu bekommen. Konflikte waren deshalb auch vorprogrammiert, weil ein anderer Mensch niemals deine innere Leere ausfüllen oder deine Verletzungen heilen kann. Beziehungskonflikte mit Menschen waren also mein täglich Leid und Brot. Und den großen Teil davon hatte ich selbst verschuldet. Auch wenn nicht immer und nicht alles mein Verschulden war, so trug ich doch meinen Teil dazu bei. Mir war aber nicht bewusst, dass ich durch mein eigenes negatives Verhalten auch Ablehnung erfuhr. Natürlich können uns auch Ungerechtigkeit und Verleumdung widerfahren, woran wir keinen Anteil haben. Aber es gibt auch Beziehungskonflikte, die auch durch unser Verhalten oder durch unsere Worte entstehen. Wenn wir respektlos mit anderen umgehen, mangelnde Wertschätzung für Menschen zeigen, zu wenig oder kein Verständnis haben, egoistisch oder fordernd sind, unser Gegenüber verletzen, dann dürfen wir uns nicht wundern, dass Beziehungen nicht funktionieren. Unabhängig von unserem eigenen Zutun, können aber Konflikte und Schwierigkeiten in Beziehungen auch auf Missverständnissen oder auch Unverständnis beruhen. Oft hören wir einfach nicht intensiv genug zu, da wir ja selbst damit beschäftigt sind, unsere Meinung kundzutun oder uns zu verteidigen. Ich konnte kaum Verständnis für andere Menschen aufbringen, meine Sichtweisen waren einfach zu eingefahren. Ich war sehr engstirnig und verspürte eine tiefe seelische Bedürftigkeit. Außerdem hatte ich schon genug damit zu tun, mich zu schützen. **Aktives Zuhören ist wohl auch das größte Problem unter uns Menschen.** Vielen fällt es schwer, einfach nur zuzuhören, ohne gleich eine eigene Meinung zu diesem oder jenem abzugeben. Beziehungskonflikte können aber auch auftreten, weil wir keine oder nur wenig Empathie für den anderen aufbringen können. Unsere eigenen Gefühle sind vielleicht ›verschüttet‹. Wenig Verständnis für den anderen zu haben, spiegelt aber ganz gut die Gesellschaft wider, in der wir leben. Es ist eine große Herausforderung als Christ, sich auch immer wie ein Christ zu verhalten. Ich schaffe das nicht täglich. Und wer ganz ehrlich mit sich selbst ist, wird das bestätigen. Wir alle haben auch unsere Schwachpunkte und unsere Grenzen. Jeder hat unterschiedliche Bereiche, mit denen er zu kämpfen hat. Der nachfolgende Bibeltext hat mir diesbezüglich sehr weitergeholfen:

Wenn wir behaupten, wir sind ohne Schuld, betrügen wir uns selbst und die Wahrheit lebt nicht in uns. Wenn wir aber unsere Verfehlungen eingestehen, kön-

nen wir damit rechnen, dass Gott treu und gerecht ist. Er wird uns dann unsere Verfehlungen vergeben und uns von aller Schuld reinigen. Wenn wir behaupten: Seit wir Christen sind, haben wir nie mehr Unrecht getan, machen wir Gott zum Lügner und sein Wort lebt nicht in uns.
(1. Joh. 1, 8–10)

Gottes Wort hat mir sehr dabei geholfen, meine eigenen Schwächen zu erkennen und mich zu diesen auch zu bekennen. Gott hat mir auch die Augen geöffnet für meine schlechten Haltungen und meine verkorkste Sichtweise den Menschen gegenüber. Wenn man das Leben unseres Retters und Erlösers Jesus Christus betrachtet, dann können wir viel lernen und uns Ihn zum Vorbild nehmen. Das Leben von Jesus war geprägt von Liebe und Barmherzigkeit. Wenn wir eine Beziehung zu Jesus haben, werden wir auch verändert werden. Nur durch Ihn konnte auch ich vergeben, was der Anfang zur Heilung meiner seelischen Verletzungen war. Ich verbrachte vor allem stille Zeit mit Gott. Sein Geist steht uns tatsächlich auch immer zur Verfügung, durch ihn werden wir auch verändert. Unser Denken, alles in uns, wird nach und nach verändert, damit wir immer mehr den Sinn von Jesus erhalten. Wir sollen uns auch von Gott verändern lassen, damit wir geistlich weiter wachsen können.

Lass einfach den Heiligen Geist seine Arbeit tun. Setze dich nicht unter Druck. Gott selbst setzt auch niemanden unter Druck. **Unser weiteres geistliches Wachstum findet zu gegebener Zeit statt.** Wachstum ist ein Prozess, nicht etwas, was von heute auf morgen ›funktionieren‹ muss. Das erwartet Gott auch nicht von uns. Wir wachsen unser ganzes Leben. Manche Dinge, Situationen, negative Haltungen oder Eigenschaften lassen sich schneller verändern, manche brauchen eben länger. Gott verspricht uns auch, dass Er sich durch unsere Schwächen zeigt. Er gebraucht sie auch, damit andere erkennen, dass nur Gott so etwas verändern oder tun kann. Wir dürfen deshalb auch zu unseren Schwächen stehen. Das wiederrum hilft uns persönlich weiter, da es uns ja auch befreit. Jeder Christ wird das erkennen, wenn er eine persönliche und vertrauensvolle Beziehung zu Gott und Seinem Wort hat. Paulus schreibt an die Gemeinde in Korinth:

Aber der Herr hat zu mir gesagt: du brauchst nicht mehr als meine Gnade. Je schwächer du bist, desto stärker erweist sich an dir meine Kraft. Jetzt trage ich meine Schwäche gern, ja ich bin stolz darauf, weil dann Christus seine Kraft an mir erweisen kann.

(2. Kor. 12, 9)

Wenn wir zu unseren Schwächen stehen, wird Gott uns auch die Gnade und die Kraft geben, dazu zu stehen und wir werden feststellen, dass wir dadurch auch freier werden.

Paulus schreibt weiter:

Darum freue ich mich über meine Schwächen, über Misshandlungen, Notlangen, Verfolgungen und Schwierigkeiten. Denn gerade, wenn ich schwach bin, dann bin ich stark.

(2. Kor. 12, 10)

Wenn uns bewusst wird, dass wir in unserem täglichen Leben und auch bezüglich unserer negativen Eigenschaften nur Gottes Gnade brauchen, um uns zu befreien, dann erleben wir, dass das Bekennen unserer Schwächen eigentlich eine Stärke ist. Wir dürfen Fehler machen, wir dürfen auch schwach sein. Wenn ich mir die Bibel so anschaue, dann waren die meisten großen Männer und Frauen Gottes auch schwache Menschen, die durchaus auch einmal versagten. Mose, Abraham, David, Saul oder auch die Propheten, sogar die auserwählten Apostel waren Menschen mit Fehlern und Schwächen. Gott hat nicht umsonst diese unzähligen Beispiele in Sein Wort schreiben lassen, Er wollte uns wissen lassen, dass es unseren Vorgängern genauso ging. Warum haben wir nur so ein Problem damit in unserer Gesellschaft und unter uns Christen? Schwäche dürfen wir anscheinend nicht zeigen. Ich wünsche mir viel mehr authentische Glaubensgeschwister. Gott sieht doch unser Herz sowieso, also brauchen wir uns gegenseitig auch nichts vorzumachen. Wir müssen uns nur bemühen, aufrichtig zu sein. **Liebe Geschwister, machen wir uns doch immer wieder bewusst, wir dürfen aus der Gnade leben!** Deshalb sollten wir danken und beten: Aus Dankbarkeit nehme ich nun dieses Gnadengeschenk an, auch wenn es so groß ist, dass man es gar nicht so einfach begreifen und umsetzen kann. Aber wenn die Beziehung zu Gott wächst, dann wird auch die Gnade irgendwann unser Herz erreichen.

Heißt das nun, dass ich tun und lassen kann, was ich will, weil ich ja sowieso tägliche Gnade beanspruchen kann? Nein, das heißt es sicher nicht. Das wäre eine falsche Auslegung von Gottes Gnade. **Gehorsamkeit schließt Gnade und Freiheit nicht aus, und umgekehrt verhält es sich genauso**. Wir können doch auch mit Freude gehorsam sein, weil wir gleichzeitig um die Gnade Gottes wissen. Richtig? Auch wenn es durchaus auch Prüfungen gibt, die unseren ganzen Einsatz fordern. Ich möchte es noch mal und immer wieder betonen: Jesus hat uns kein Joch auferlegt, sondern uns befreit. **Jesus möchte, dass wir frei sind**. Wir sollen ein erfülltes Leben haben. Und ein erfülltes Leben schließt vor allem die Gnade mit ein. Er sagt selbst:

Ihr plagt euch mit den Geboten, die die Gesetzeslehrer euch auferlegt haben. Kommt alle zu mir; ich will euch die Last abnehmen! Ich quäle euch nicht und sehe auf niemand herab. Stellt euch unter meine Leitung und lernt bei mir; dann findet euer Leben Erfüllung. Was ich anordne, ist gut für euch, und was ich euch zu tragen gebe, ist keine Last. (Mt. 11, 28–30)

Geht es eigentlich noch deutlicher? Ich denke doch, damit ist alles gesagt. Aber können wir das auch begreifen und annehmen?

Danach rief Jesus: Vater, Herr über Himmel und Erde, du hast angefangen, deine Herrschaft aufzurichten. Das hast du den Klugen und Gelehrten verborgen, aber den Unwissenden hast du es offenbar gemacht. (Mt. 11, 25)

Wer also begreift, dass Jesus kam, um uns nicht nur von aller Sünde und Schuld zu befreien, sondern auch von den Gesetzeswerken, der hat Gottes Offenbarung wahrlich empfangen. Wir dürfen einfach aus der täglichen Gnade leben. Jesus bürdet uns keine Last auf! Deshalb gibt es doch die Errettung aus reiner Gnade. Und Gottes Herrschaft ist die Liebe! Ich glaube, dass viele Christen nicht verstehen, was der Unterschied zwischen Gesetzeswerken und vertrauendem Glaube aus der Gnade ist. Die Taten, die Früchte, die der Glaube hervorbringt, sind doch unsere Veränderung durch Gott. Unser Mitgefühl, unsere Nächstenliebe, unsere Barmherzigkeit, unsere selbstlose Hilfe für andere Menschen, ohne sie zu verurteilen, und letztendlich ist die Erkenntnis unserer Freiheit in Jesus Christus, auch eine Wirkung des Geistes. Wir sind ja nicht wegen unserer religiösen Werke errettet. Sondern durch Gnade! **Durch die Veränderung und aus dem Wissen heraus, dass wir geliebt sind und aus der Gnade leben dürfen, wollen wir dann auch aus Liebe und Dankbarkeit und vor allem aus freien Stücken Gott gefallen und anderen Menschen Gutes tun. Gott will, daß wir einfach glauben!**

Aber wir wissen, dass kein Mensch vor Gott als gerecht bestehen kann, weil er das Gesetz befolgt. Nur die finden bei Gott Anerkennung, die in vertrauendem Glauben annehmen, was Gott durch Jesus Christus für uns getan hat. Deshalb haben auch wir unser Vertrauen auf Jesus Christus gesetzt, um durch das Vertrauen auf ihn bei Gott Anerkennung zu finden und nicht durch Erfüllung des Gesetzes; denn mit Taten, wie sie das Gesetz verlangt, kann kein Mensch vor Gott bestehen. (Gal. 2, 16)

Ist das nicht eine wunderbare Verheißung und Erkenntnis? Wir können vor Gott also nicht bestehen, wenn wir Jesus nicht in unserem Leben haben. Das ist die Vorrausetzung. Jesus wünscht sich eine vertrauensvolle Beziehung zu uns. Weil Er aus Liebe für uns gestorben ist. Ich kann meinen Dank dafür kaum in Worte fassen.

Der Glaube soll zu keinem religiösen Zwang werden, denn dann ist er nicht mehr frei. Religionen fordern oft gesetzliche Werke, aber du musst Gott mehr gehorchen als den Menschen. Obwohl über Freiheit durch Jesus viel diskutiert wird und dieser Punkt auch immer wieder unterschiedlich ausgelegt und gelebt wird, darfst du dir sicher sein, dass Jesus dir kein Joch auferlegt. Er kam doch nicht in diese Welt und befreite uns von aller Schuld, um uns dann ein Leben in Knechtschaft und Zwang aufzubürden. Oder moderner ausgedrückt: Jesus ist doch nicht gestorben, damit wir hier auf Erden ein armseliges und jämmerliches Leben führen, schon gar nicht in Depressionen, Freudlosigkeit und Verbitterung. Wie sollte das denn auch zu dem passen, was Jesus selbst gesagt hat:

Der Dieb (Satan) kommt nur, um die Schafe zu stehlen, zu schlachten und ins Verderben zu stürzen. Ich aber bin gekommen, um ihnen das Leben zu geben. Leben im Überfluss.

(Joh. 10, 10)

Wenn Jesus uns ein Leben im Überfluss schenkt, dann meint er wohl kaum gleichzeitig, dass wir unter Zwang, unter Knechtschaft, Freudlosigkeit, Hoffnungslosigkeit oder ohne Frieden, Kraft und Liebe leben sollen. Er sagt uns doch, »mein Joch ist nicht schwer«. Wir dürfen also frei sein, im Willen Gottes zu leben. Wir können Leid und Nöte auch besser ertragen, wenn wir wissen, dass wir frei und vor allem geliebt sind! Das ist die reine Gnade Gottes. **Die Freiheit zu wissen, wer man in Christus ist und dass man tatsächlich frei ist, ist eine große Offenbarung Gottes.** Freiheit in Jesus bedeutet also: keine Knechtschaft mehr, keine Werke aus Gesetzlichkeit und keine Verdammnis mehr. Keine dauernden Schuldgefühle, keine Zweifel und keine Menschenfurcht. Und vor allem keine Angst vor Gott und seinen ›Strafen‹.

Vor dem Gericht Gottes gibt es also keine Verurteilung mehr für die, die mit Jesus Christus verbunden sind. Denn dort wo Jesus Christus ist, gilt: du bist befreit von dem Gesetz, das von der Sünde missbraucht wird und zum Tod führt. Denn du stehst jetzt unter dem Gesetz, in dem der Geist Gottes wirkt, der zum Leben führt.

(Röm. 8, 1–2)

Das ist doch eine klare Aussage. Der Text sagt uns zum einen, dass wir nicht mehr verurteilt werden, weil wir durch die Verbindung mit Jesus befreit wurden. Die Gebote, das Gesetz Gottes hätten wir alleine auch niemals erfüllen können und wir würden ohne den Glauben an Jesu Tod und Auferstehung auch nicht gerettet werden. Wir dürfen wissen, dass wir durch seinen Geist für immer zum ewigen Leben bestimmt sind. Wir müssen deshalb mit Jesus verbunden bleiben und Seinem Wort glauben. Dann erhalten wir auch den Geist der Wahrheit und die richtige Hilfe für unser Leben. Und wo der Geist des Herrn ist, da ist auch Freiheit. Diese Freiheit schenkt uns unser Herr Jesus Christus. Das ist die wahre Erkenntnis! Und ich bin so unbeschreiblich dankbar für so viel Gnade und dafür, dass mir Gott diese Erkenntnis geschenkt hat, die ich jetzt gerne an andere weitergeben will. Gott schenkt uns noch viel mehr. Es verleiht uns auch verschiedene Gaben, aber auch ganz unterschiedliche Fähigkeiten, diese einzusetzen. Ich zum Beispiel habe auch eine sehr ausgeprägte Sensibilität für Menschen. Durch mein eigenes Leid wurde diese Empathie stärker ausgeprägt als bei vielen anderen Menschen. Deshalb versuche ich, meine Gabe auch in der Seelsorge einzusetzen. Mal sehen, ob dies auch Gottes Wille ist. Manchmal müssen wir tatsächlich auch erst einmal etwas ausprobieren, um zu sehen, ob wir im Willen Gottes sind. Es gibt hochsensible Menschen, die spüren sofort, wenn etwas ›nicht stimmt‹. Manchmal würde ich auch gerne etwas weniger wahrnehmen. Diese Gabe kann ein Segen sein, aber manchmal ist das auch nicht einfach. Du spürst vielleicht eher, dass jemand dich ablehnt, dir misstraut oder einfach nicht aufrichtig zu dir ist. Oder man merkt Spannungen zwischen Menschen, schwelende Konflikte oder erkennt auch ein Kommunikationsproblem. Das sind Gaben und Fähigkeiten, die manche Christen erhalten haben, auch ohne ›spezielle weltliche Ausbildung‹. Gott schickt uns durch die Schule des Heiligen Geistes und hat auch Dinge in unserem Leben zugelassen, unsere persönlichen Erfahrungen, die wir dann wiederrum einsetzen können, um anderen zu helfen. Das ist ein Prinzip Gottes. Unser eigenes erlebtes Leid kann Gott wieder für andere Menschen einsetzen, um ihnen zu helfen. Wir müssen wissen, dass alles, was Gott an und in uns tut, nicht ausschließlich für uns alleine ist oder dazu gedacht ist, dass wir uns vielleicht damit rühmen. Wir haben alles Gott zu verdanken, denn alles hat Gott an uns getan und es dient allein Seinem Plan.

Alles was ich tue, möchte ich zu Seiner Ehre tun. Ihm gebührt alle Ehre, nicht uns Menschen. Als ich meinen Weg mit Gott begann, war ich noch sehr selbstsüchtig und hatte noch wenig Erkenntnis und kein festes Fundament im Glauben. Gott arbeitete an meinem verletzten Selbstwert und meinem Stolz, sodass ich heute sagen kann, ich handle oder reagiere nicht mehr ausschließlich aus meinen eigenen Verletzungen oder aus Selbstgerechtigkeit heraus. Ohne Gott wäre ich aber nie da, wo ich heute bin. Kein Mensch hätte mir das jemals geben können, was Gott mir Tag für Tag gibt. Kein Mensch kann dich so von innen nach außen verändern, als nur Gott allein. Kein Mensch kann deine Seele so wiederherstellen und dir diese Liebe schenken, die Gott schenkt. Psychologen oder Therapeuten können dich zwar ein Stück deines Lebens begleiten und mit dir einige Dinge aufarbeiten. Jedoch kann kein Mensch diese Veränderung bewirken, diese Heilung deiner Seele und diese Liebe, die man erfährt, wenn man auch Gottes Vergebung empfängt. Vergebung schenken, das vermag allein Gott in unserem Leben zu tun. Der Glaube schenkt Frieden, Freude und eine große Hoffnung, das bewirkt auch keine Psychotherapie. Gott schenkt inneren Frieden, eine übernatürliche Freude und Beständigkeit, nur durch den Glauben. Er schenkt dir Hoffnung auf ein erfülltes Leben im Hier und Jetzt und in der Ewigkeit. Das heilt deine Seele und schenkt dir Erfüllung, sodass du endlich zur Ruhe kommst. **Der Glaube an Jesus Christus ist der Schlüssel dazu.**

Trotz unserer Erkenntnis und des Wissens, dass wir aus der Gnade leben dürfen, sollten wir uns aber auch weiter täglich bemühen, in unserem Glaubensleben das Richtige zu tun. Wir sollten auch, trotz aller Gnade von Gott, in dem Bewusstsein leben, dass wir Sünder bleiben, solange wir hier auf dieser Erde sind. Das macht uns demütig vor Gott! Seit Adam besteht dieser Zustand der Erbsünde in uns. In jedem von uns steckt deshalb eine Wurzel des Übels. Sünde beherrscht die Menschen und die Welt. Aber wir Christen brauchen uns nicht von der Sünde beherrschen zu lassen, da wir Jesus in unserem Leben haben, der uns befreit hat.

Sünde ist einfach alles, was sich gegen Gott und Seine Zehn Gebote, die Er uns gab, und das, was Jesus uns gelehrt hat, auflehnt. Wir werden unser ganzes Leben auch Versuchungen ausgesetzt sein, und das in jeglicher Form. Vieles kann uns auch in Sünde führen. Selbst wenn wir nicht absichtlich sündigen, wir werden unser Leben lang damit kämpfen. Aber jetzt kommt die Gute Nachricht: Je länger wir mit Gott unseren Lebensweg bestreiten, desto einfacher wird es auch, in seinem Willen zu leben. Gottes Gnade ist jeden Tag neu. Jeden Tag. Allerdings dürfen wir die Gnade auch nicht ›ausnützen‹, wenn ich das einmal so weltlich beschreiben darf. Mit Gottes Gnade zu leben bedeutet einfach, abhängig von Gott zu sein. Wir sind durch Jesu Tod am Kreuz, der

Sünde gegenüber tot. Das heißt aber nicht, dass wir nicht mehr sündigen, sondern nur, dass wir nicht mehr sündigen müssen. Wir wollen dann auch aus Dankbarkeit für das, was Gott für uns getan hat, nicht mehr sündigen. Zumindest sollte ein wiedergeborener Christ so denken, dem ja bewusst ist, was Jesus für uns alle getan hat. Aus großer Dankbarkeit und mit Seiner Liebe in uns, wollen wir uns ja auch verändern lassen. Wir wollen nicht mehr sündigen. Aus reiner Dankbarkeit! Weil Gott uns unsere Schuld bereits vergeben hat. Er wusste und weiß bereits, dass wir es aber nicht ohne ihn schaffen können. Deshalb ist Christus gekommen, um unsere Schuld von uns zu nehmen und mit ihm zusammen ein neues Leben zu beginnen.

Ein lebendiger Glaube beinhaltet nun auch das Wissen, dass wir durch Jesus befreit sind. Und wir dürfen um Seine Gnade wissen. Wir dürfen uns auch Seiner Liebe und Seiner Barmherzigkeit gewiss sein. Er hilft uns dabei, immer freier zu werden – frei von allem, was unser altes Leben betrifft. Immer mehr Freiheit durch Jesus, bedeutet auch immer mehr geistliches Wachstum und Veränderung durch Ihn. Das hat zur Folge, dass man immer weniger sündigen will. So habe ich es erfahren. Heute weiß ich, dass Gott mir meine Sünde nicht mehr ankreidet, wenn ich doch einmal gesündigt habe. Ich darf um Vergebung bitten, diese annehmen und weiter gehen. Und ich darf mit all meinen Schwächen und Fehlern zu Ihm kommen. Er sieht, dass es uns leid tut. Er sieht unser Bemühen, aber auch unser Versagen. Vor allem sieht Er unser Herz. Wir dürfen die Vergebung einfach annehmen und weiter machen. Wir dürfen aus der Gnade und aus der Vergebung und aus dem Glauben leben.

Nicht, dass du jetzt den Eindruck bekommst, ich würde es mir leicht machen. So einfach mal ›locker aus der Gnade heraus‹ zu leben, sollten wir nicht tun. Ich möchte mir nicht Gottes Gnade ›verscherzen‹ oder wie die Schrift es ausdrückt, wir müssen achtgeben, dass wir Gottes Gnade nicht vergeblich empfangen.

Ich weise die Gnade Gottes nicht zurück. Wenn wir vor Gott damit bestehen könnten, dass wir das Gesetz erfüllen, wäre ja Christus vergeblich gestorben.
(Gal. 2, 21)

Wenn Gott uns gebrauchen will und wir von Gott auch gebraucht werden wollen, dann funktioniert das auch nicht, wenn wir ständig mit Schuld oder Scham leben oder mit Verdammnis. Das raubt uns wieder Kraft und wir können auch nicht frei vorwärts gehen, so wie Gott es uns ins Herz legt. Wir dürfen diese Vergebung unserer Sünden täglich annehmen, nachdem wir sie vor Gott bekannt und bereut haben. Die Bibel sagt uns auch, dass wir uns gegenseitig unsere Sünden bekennen sollen. Es ist unbeschreiblich, was uns Gott für ein Geschenk gemacht hat mit Jesus Christus. Er hat uns unsere ganze Schuld vergeben.

Einst wart ihr tot, denn ihr wart unbeschnitten, das heißt in ein Leben voller Schuld verstrickt. Aber Gott hat euch zusammen mit Christus lebendig gemacht. Er hat uns unsere ganze Schuld vergeben.
(Kol. 2, 13)

Dieser Vers beschreibt, dass wir lebendig wurden, weil uns Christus zum Leben gebracht hat. Wir können aber nicht gleichzeitig voller Leben und voller Schuldgefühle oder Verdammnis sein. Beides geht nicht. Du kannst auch nicht voller Selbstmitleid und gleichzeitig voller Kraft sein. Wir müssen uns entscheiden und dem Wort glauben. König David hat ein Lied geschrieben mit seiner Bitte um Vergebung der Schuld. Wir können dies im 51. Psalm in der Bibel nachlesen. Unter anderem schreibt David auch:

Ich bin verstrickt in Verfehlung und Schuld, seit meine Mutter mich empfangen und geboren hat. Das war mir verborgen, du hast es mir gezeigt. Dir gefällt es, wenn jemand die Wahrheit erkennt.

(Ps. 51, 7–8)

Die Wahrheit ist Jesus Christus. Ihn sollen wir erkennen und anerkennen. Und deshalb wissen wir auch, dass wir in Seinem Namen und durch den Glauben an Ihn gerettet sind und befreit wurden. Jeder Mensch wird bei Gott so angenommen wie er ist. Es gibt keine Verdammnis mehr für die Menschen, die in Christus sind, sagt uns die Bibel. Zumindest in Gottes Augen nicht. Das gibt es nur unter den Menschen. Gott ist es egal, wie viele Titel ein Mensch vor seinem Namen trägt oder was er für einen Rang oder was für eine Stellung in der Welt oder in seinem Leben hat. Gott will nur, dass wir unser Herz geben, bei allem, was wir tun. Manchmal ist es wahrlich sehr interessant, wie Gott Situationen und Menschen benutzt, um uns dann auch im Glauben zu prüfen. Oft wurde mir das aber erst im Nachhinein klar.

Wenn ich dann feststellen konnte, dass ich die Prüfung bestanden habe, konnte ich mich freuen. Wenn nicht, versuche ich es das nächste Mal wieder. Wir dürfen immer weiter üben. Die Welt ist doch ein ›großes Übungsfeld‹ auf unserem Weg zu einer immer größeren geistlichen Reife, oder nicht? Wir, die durch die Verbindung mit Jesus Christus für Gott ausgesondert und zu Seinem heiligen Volk berufen sind (1. Kor. 1, 2), **wir dürfen jeden Tag die Gnade Gottes in Anspruch nehmen, selbst wenn wir nicht immer alles so hinbekommen und so ›heilig‹ aussehen.** Damit jetzt nicht ein Missverständnis entsteht, unsere ›Heiligkeit‹ gründet nur in der Verbindung mit Jesus Christus. Ich gebe zu, manchmal komme ich mir gar nicht so ›heilig‹ vor, aber Gott ist gut. Und wenn Er sich entschieden hat, dich und mich zu berufen und wir dadurch zu Seiner Familie gehören, dann ist das auch so. Gott will uns durch Prüfungen auch auf die Ewigkeit vorbereiten. Er prüft immer wieder unseren Gehorsam und Er zeigt uns mit solchen Prüfungen, wo wir stehen. Das ist oft sehr aufschlussreich! Er will uns ja auch segnen. Und auf Gehorsam folgt Segen. Gott schenkt uns aber auch Seine Kraft und vor allem Seine Gnade, wenn wir wieder einmal versagen. Mir ist heute auch bewusst, dass ich oft aus der eigenen seelischen Not heraus nicht richtig gehandelt habe. Menschen wirklich wertzuschätzen oder sie sogar zu lieben, ist für einen verletzten Menschen kaum möglich. Ich hatte wirklich keinen Grund, die Menschen zu lieben, nach all dem, was mir schon in meiner Kindheit angetan wurde. Ich liebte ja auch mich selbst nicht. Ich glaube tatsächlich, dass viele Menschen sich nicht wertschätzen können. Kannst du selbst von dir sagen: »Ich schätze mich«, oder: »Ich liebe mich. Trotz meiner Schwächen und Fehler, liebe ich mich«? Wenn nicht, dann solltest du dir das Folgende immer wieder sagen: **Gott liebt mich, so wie ich bin und ich darf diese Liebe annehmen!** Je öfter du das aussprichst, desto eher wirst du das verinnerlichen. Oder schreibe es auf und hänge dir diesen Zettel an den Spiegel, die Türe oder über die Kaffeemaschine. Es dauerte auch bei mir einige Zeit, bis ich mich selbst schätzen und lieben konnte mit all meinen Fehlern und Schwächen. Und es dauerte vor allem, bis ich andere Menschen lieben konnte. Aber so etwas braucht nun einmal Zeit, das passiert nicht einfach so über Nacht. Gott übt mit dir und mit mir. Gott ist so geduldig. Wie oft habe ich schon versagt, aber Seine Liebe kennt keine Verurteilung oder Verdammnis. **Seine Liebe bleibt uns immer.**

Liebe braucht also ein Fundament. Ohne einen vertrauenden Glauben an Jesus, kann die Liebe noch sehr verkümmert sein. Mein Selbstwert war derart ›misshandelt‹, dass ich mich auch nicht wertschätzen und akzeptieren konnte. **Heilung ist aber mit Gott möglich.** Durch das Studium Seines Wortes wurde mir immer klarer, dass wir Menschen Gott brauchen. **Wir brauchen Gott**. **Und nicht umgekehrt!** Ohne Erkenntnis, ohne Sinngebung für unser Leben, ohne Ziel, wird der Mensch weiter blind umherirren und ständig auf der Suche sein. So wie ich es war. Jesus sagte, dass wir wie Schafe waren, die sich verlaufen hatten und umherirrten. Das heißt nichts anderes, als dass wir ohne Jesus verloren sind. Sinnlos und ziellos ist unser Leben deshalb ohne Jesus. Aber wir alle brauchen einen Sinn und ein Ziel. Im Glauben finden wir einen Sinn und können uns auf das Ziel ausrichten. Mit dem Glauben haben wir im Hier und Jetzt bereits ein besseres Leben. Und ein ewiges Leben mit Jesus nach unserem irdischen Tod. Seitdem ich weiß, wer ich in Christus wirklich bin, wurde mein Selbstwert erneuert und gestärkt. **Ich kann dir nur sagen: Was Jesus in den letzten Jahren in mir bewirkt hat, ist tatsächlich ein Wunder.** Ich kann Menschen jetzt besser verstehen, sie wertschätzen und ihnen barmherzig gegenübertreten. Vielleicht nicht immer, manchmal klappt es einfach nicht ganz so gut, aber es wird besser. Ich konnte aber vor allem auch vergeben. Das war die größte Befreiung überhaupt. Und ich kann auch mittlerweile verstehen, warum viele Menschen so sind, wie sie sind. Viele Menschen stecken selbst in großen Nöten. Viele Menschen haben viel Schreckliches erlebt. Die Bibel sagt uns auch, dass die ganze Welt in der Hand des Bösen ist. Unser Kampf geht nicht gegen Menschen, sondern gegen die Dämonen und finsteren Gewalten. Satan ist am Werk in unserer gefallenen Welt, und er kann unsere Umstände und uns selbst negativ beeinflussen, das habe ich ja auch schon erwähnt. Oft sind wir uns nicht bewusst, dass Satan uns angreift. Deshalb brauchen wir Gottes Wort, die Bibel, damit wir Klarheit darüber erhalten, was in der geistlichen Welt passiert. Wir brauchen Jesus, und wir brauchen seinen Geist. Wenn wir Gott in unserem Leben haben und wir eine persönliche Beziehung zu Ihm anstreben, wird Er sich uns auch offenbaren, uns helfen und uns in Seinem Sinn verändern. Ich bitte dich, dass du betest und dein Leben unserem Herrn übergibst. Er wartet nur auf dich. Er wird dir entgegenkommen und dir helfen.

Der Herr sagt: Ich war bereit, diesen Leuten zu helfen, aber niemand hat mich um Hilfe gebeten. Ich war für dieses Volk immer zu finden, aber niemand hat mich gesucht. Obwohl keiner von ihnen meinen Namen rief, sagte ich immer zu: Ja, ich höre! Die ganze Zeit über streckte ich einladend die Hände aus; aber dieses widerspenstige Volk will nichts von mir wissen. Sie folgen ihren eigenen Gedanken und gehen beharrlich ihre eigenen verkehrten Wege.
(Jes. 65, 1–2)

Viel zu viele Menschen möchten sich Gott nicht anvertrauen. Sie wollen ihr ›eigenes Ding‹ machen. Dabei wartet Gott nur darauf, dass du dich Ihm zuwendest. Wir alle brauchen Gott. Er ist nun einmal klüger als du und ich, klüger als die ganze Menschheit mit ihrem ›Fachwissen‹. Wir alle brauchen Gottes Führung.

Ich wurde durch Gottes Wort wahrlich verändert, bin ein neuer Mensch geworden. Gottes Wort sagt: »Wenn jemand in Christus ist, so ist er eine neue Schöpfung, das Alte ist vergangen, siehe Neues ist geworden.« Das ist aber erst der Anfang einer wunderbaren und interessanten Reise. Lass mich noch etwas mitteilen, damit du weißt, was dieser wunderbare Gott tun kann. Vielleicht hilft dir das auch weiter, wenn du selbst noch suchend bist oder noch zweifelst. Gott kann jeden Menschen wieder herstellen und aufrichten. Gott kann so viel mehr tun, als du und ich uns jemals ausdenken könnten. Ich war ein missbrauchter und verletzter Mensch, war abhängig von Menschen und von einer Sucht. Ich habe noch Verbindlichkeiten, auch aus einer Scheidung im Jahr 1990 und aus einer zweimaligen Selbstständigkeit. Ich war die letzten zwölf Monate sehr schwer krank und kann deshalb auch in meinem Beruf als Krankenschwester nicht mehr arbeiten. Es ist Gottes Gnade, dass ich noch am Leben bin. Er hat noch einen Plan mit mir. ☺ Aus rein ›weltlicher‹ Sicht müsste ich längst depressiv, verbittert, verhärmt oder vielleicht von Medikamenten oder Alkohol abhängig sein. Weil man so viele negative Erfahrungen und auch so viel Leid nicht einfach sein ganzes Leben tragen kann, ohne dass es ›Auswirkungen‹ auf Körper oder Seele hat. Mit 53 Jahren habe ich Jesus mein Leben anvertraut. Solange war ich suchend und im Leid. Durch Jesus hat diese Suche nun ein Ende gefunden. Jemand sagte: **Gott kommt nie zu früh, aber auch niemals zu spät.** Jetzt nach fast sechs Jahren intensivem Zusammensein mit Gott habe ich meine Berufung erkannt, ich weiß nun, was ich tun soll, warum ich hier bin und dass ich geliebt werde. Aber vor allem habe ich Folgendes erkannt: Ich werde einmal ewig bei Gott sein, mit Ihm auf der neuen Erde. In der wunderbaren Stadt, das neue Jerusalem. Wo alles Leid, aller Schmerz, alles Böse ein für alle Mal beendet ist (Offb. Kap. 21). **Außer Jesus brauchen wir also nichts, um einmal ewig bei Gott zu sein.**

Daher, wenn jemand in Christus ist, so ist er eine neue Schöpfung; das Alte ist vergangen, siehe, Neues ist geworden. (2. Kor. 5, 17)

Wir sind durch die geistliche Wiedergeburt, durch die Umkehr, eine neue Schöpfung, ein neuer Mensch geworden. Durch Christus. Wir sind nicht mehr der Mensch, der wir einmal waren. Geistlich gesehen sind wir vollkommen neue Geschöpfe. Unsere negativen Verhaltensmuster, unsere negativen Gedanken oder Gefühle sind aber immer noch vorhanden. **Ab dem Zeitpunkt der Lebensübergabe fängt aber etwas Neues an**. Eine geistliche Wiedergeburt hat stattgefunden. Die Reise mit Jesus beginnt, und das ist eine wunderbare, wenn auch manchmal auch anstrengende Reise. Wir beginnen ein neues Leben und wir werden Schritt für Schritt Veränderung erfahren. Unsere Gedanken, unsere Sichtweisen, unsere Gefühle, unsere negativen Haltungen oder schlechte Neigungen werden verändert. Durch das Bibelstudium denken wir immer mehr wie Gott selbst, wir erhalten den Sinn Christi. Und wir müssen uns täglich immer wieder sagen: Wir sind aus reiner Gnade und nicht aus Werken gerettet. Das ist manchmal ein großes Problem unter gesetzlichen Christen.

Denn aus Gnade seid ihr gerettet durch den Glauben, und das nicht aus euch, Gottes Gabe ist es, nicht aus Werken, damit niemand sich rühme.
(Eph. 2, 8–9)

Wir müssen also nicht Gott gefallen oder bei Gott ›Punkte sammeln‹, damit wir uns etwas verdienen. Wir sind bereits erlöst, durch Jesus Christus. **Erlösung aus**

Gnade lässt sich nämlich nicht verdienen, nicht durch Taten und nicht durch Werke, sonst wäre es ja auch keine Gnade mehr. Unser Gott ist ein gerechter Gott. Er schenkt allen Liebe und lässt jedem Seine Gnade zuteilwerden. Er kann gar nicht anders. Jeder Christ kann diese Gnade in Anspruch nehmen. Jesus war das Gnadengeschenk, und das erhalten wir auch heute noch von Ihm.

Lebt immer mehr aus der Gnade unseres Herrn und Retters Jesus Christus und lernt, ihn immer tiefer erkennen. Ihm gehört die Ehre jetzt und in Ewigkeit. Amen.
(2. Petr. 3, 18)

Liebe Geschwister, wir müssen deshalb aus der Gnade leben. **Wir alle – ein Leib** in Christus und alle Gläubigen auf der ganzen Welt, die Gemeinde, die auf Jesus Christus gegründet ist.

So seid ihr nun nicht mehr Fremde und Nichtbürger, sondern Mitbürger der Heiligen und Gottes Hausgenossen. Aufgebaut auf der Grundlage der Apostel und Propheten, wobei Christus Jesus selbst Eckstein ist. In ihm zusammengefügt, wächst der ganze Bau zu einem heiligen Tempel im Herrn und in ihm werdet auch ihr mit aufgebaut zu einer Behausung Gottes im Geist.
(Eph. 2, 19–22)

Denn wir sind Glieder seines Leibes.
(Eph. 5, 30)

Wir Christen sollen eine Einheit sein. Doch das ist wohl noch ein unerfüllter Traum. Schon die Bibel berichtet davon, dass es schon seit jeher Spaltungen gab. Ich frage mich, warum Christen einander oft so feindlich gesinnt sind, was die unterschiedlichen Konfessionen oder auch Religionen angeht. Es steht uns doch gar nicht zu, andere zu richten. Wir sind in Jesus Christus alle Glaubensgeschwister. Die Bruderliebe, von der die Bibel spricht, finde ich oft selbst bei bekennenden Christen nicht. Ich finde diese Spaltung und auch teilweise die Art und Weise, wie man anderen christlichen Gemeinden und Gemeindeleitern gegenüber steht, absolut nicht christlich. Dieses Verhalten ist nicht im Sinne Jesu, wenn man sich die hier aufgeführten Bibelstellen einmal wirklich vor Augen hält.

Woher kommen Kriege und woher Streitigkeiten unter euch? Nicht daher: aus euren Lüsten, die in euren Gliedern streiten.

(Jak. 4, 1)

Wenn ihr aber einander beißt und fresst, so seht zu, dass ihr nicht voneinander verzehrt werdet.

(Gal. 5, 15)

Wenn jemand sagt: ich liebe Gott und hasst seinen Bruder, ist er ein Lügner. Denn wer seinen Bruder nicht liebt, den er gesehen hat, kann nicht Gott lieben, den er nicht gesehen hat.

(1. Joh. 4, 20)

Jakobus, Paulus und Johannes finden doch klare Worte, oder? Also, liebe Geschwister, lasst andere gelten und maßt euch nicht an zu wissen, was andere tun dürfen oder nicht. Ich nehme mich da natürlich nicht aus! Keiner soll dem anderen bezüglich seiner Berufung und seines Glaubens Vorschriften machen. Und wir müssen auch aufpassen, was wir sagen. Wenn Gott einem Menschen etwas zu tun ins Herz legt, dann ist es nur eine Sache zwischen Gott und ihm. Mir ist das selbst passiert, dass fremde Christen, die mich nicht einmal kannten, angeblich von Gott gesagt bekommen haben, dass es am Ende viele falsche Propheten gibt. Das muss man sich einmal überlegen, was sogar Glaubensgeschwister einander antun können. Hätte Gott mir nicht so einen starken Glauben geschenkt, wäre ich vielleicht dadurch vom Glauben abgekommen oder hätte nicht den Willen Gottes erfüllt. Aber wir dürfen nicht vergessen, dass Satan keinen roten Teppich ausrollt, wenn jemand für das Reich Gottes baut. Er will es mit aller Macht verhindern, dass noch viele andere Menschen die Wahrheit erfahren und gerettet werden. Es muss uns bewusst werden, dass Satan auch Menschen benutzt, um uns zu schaden! Wir sollen aber unbeirrt weiter mit Gottes Kraft gehen und unseren Auftrag erfüllen. Die Bibel spricht so oft davon, dass wir uns nicht fürchten brauchen, da der Herr selbst mit uns ist und für uns kämpft. Jeder, der sich mit einem Kind Gottes anlegt, sollte sehr vorsichtig sein, denn wir alle müssen uns eines Tages vor Gott rechtfertigen.

Kein Feind wird sich gegen dich behaupten können; denn ich werde dir ein Leben lang zur Seite stehen, genauso wie ich Mose zur Seite gestanden habe. Niemals werde ich dir meine Hilfe entziehen, nie dich im Stich lassen. Sei mutig und entschlossen.
(Jos. 1, 5–6)

Gott verspricht uns, immer bei uns zu sein und denke jetzt ja nicht, dass diese Verheißung nur Josua galt. Sie gilt für uns alle! Wenn du sie jeden Tag liest, wird sie immer mehr für dich zur Realität werden.

Wir alle sind ein Leib in Christus – alle, die an den Sohn Gottes glauben und Jesus in ihr Leben gebeten haben. In jeder Konfession oder Denomination gibt es aufrichtige Christen, die Gott lieben und Ihn ehren. **Wir können uns also nicht einfach über andere erheben, sie richten oder verurteilen, nur weil sie einer anderen Glaubensrichtung angehören**. Für mich zählt das lebendige Wort aus der Heiligen Schrift, und da steht deutlich, dass wir nicht verurteilen und richten dürfen. Paulus schreibt an die Gemeinde in Korinth Folgendes:

Brüder und Schwestern, im Namen von Jesus Christus, unserem Herrn, rufe ich euch auf: Seid einig! Bildet keine Gruppen, die sich gegenseitig bekämpfen. Haltet in gleicher Gesinnung und Überzeugung zusammen!
(1. Kor. 1, 10)

Und in Vers 12 mahnt er weiter:

Ich meine damit, dass ihr euch alle irgendeiner Gruppe zurechnet. Die einen sagen: Ich gehöre zu Paulus, oder auch: Ich gehöre zu Petrus: Und wieder andere erklären: Ich gehöre zu Christus! Christus lässt sich doch nicht zerteilen! Ist vielleicht Paulus für euch am Kreuz gestorben oder wurdet ihr auf seinen Namen getauft? Wenn die anderen sagen: Ich gehöre zu Paulus und die anderen sagen: ich gehöre zu Apollos – seid ihr da nicht immer noch die alten Menschen?
(1. Kor. 3, 4)

Wenn ich mir die heutige Realität anschaue, wie viele Hunderte Konfessionen es gibt und das alles im Namen Jesu. Wir sollen und müssen aber trotzdem offen sein für andere Christen, für andere Glaubensgeschwister, auch wenn ihre ›Prinzipien‹ nicht unsere sind. Wer weiß schon, was Gott am Gerichtstag tun wird? Eines muss uns allen klar sein: Er ist ein gerechter Richter, Er urteilt nach dem Gesetz des Herzens. Er urteilt aus der Liebe und Er möchte, dass wir uns alle lieben. Deshalb ist es so wichtig, Jesus Christus zu kennen. Er ist der Weg zum Vater. Er hat mir den Weg zu unserem Schöpfer geöffnet. Er sagt selbst:

Ich bin der, an dem sich alles entscheidet.

(Joh. 8, 24; Joh. 8, 28)

Das ist die wahre Erkenntnis, die Freiheit durch Jesus Christus, der Weg aus dem Sklavenjoch. Der Weg aus der Gesetzlichkeit hin zur Freiheit, der Weg aus der Gebundenheit und Abhängigkeit, der Weg zum Frieden mit Gott.

Ich bin der Weg, die Wahrheit und das Leben, einen anderen Weg zum Vater gibt es nicht.

(Joh. 14, 6)

Ich bin Gott so sehr dankbar, dass ich die wahre Gotteserkenntnis als Gnadengeschenk erhalten habe. Er möchte sie uns unverdient schenken, weil er uns liebt. Er möchte sich über uns alle erbarmen.

Gott hat alle, ohne Ausnahme dem Ungehorsam ausgeliefert, weil er sich über alle erbarmen will.

(Röm. 11, 32)

Dies ist die wahre Erkenntnis.

Gott hat großes Erbarmen mit uns Menschen. Gottes Gnade und Vergebung und vor allem Gottes Liebe zu empfangen, ist ein Geschenk. Durch den Glauben an Jesus Christus. Nimmst du es an?

GEBET FÜR DICH:

Meine Hilfe kommt vom Herrn, der Himmel und Erde gemacht hat! Und du sollst wissen: Der Herr lässt nicht zu, dass du zu Fall kommst.
(Ps. 121, 2–3)

Himmlischer Vater, ich möchte dir danken, dass du mich beim Schreiben dieses Buches geleitet hast. Ich bitte für alle Leserinnen und Leser, dass du ihnen ganz persönlich zeigst, dass du sie liebst und sie in alle Wahrheit führst. Segne dieses Buch, das ein Zeugnis ist für dich, für deine wunderbaren Werke und Verheißungen. Bringe dieses Buch zu den Menschen, die es lesen sollen, damit sie dich besser kennenlernen und sich für einen Glauben an dich entscheiden können. Ich bete auch für alle, die bereits zu dir gehören, damit sie persönlich inspiriert werden durch dein Wort. Vater, ich danke dir für deine Güte, deine Liebe und deine Gnade, die ich täglich erfahren darf. Große Dankbarkeit erfüllt mich, wenn ich daran denke, was du uns für ein Geschenk durch Jesus Christus gemacht hast. Herr, ich danke dir für das, was du für uns alle am Kreuz getan hast. Bitte leite die Menschen, dass sie durch dieses Zeugnis gesegnet werden und auch zu einem wahren Glauben an dich finden. Ich danke dir dafür, dass ich dieses Buch schreiben durfte. Wenn du möchtest, werden weitere folgen. Danke, Herr, ich liebe dich. Ich bete in Jesu Namen. Amen.

Die Übersetzungen der Bibelverse stammen aus:

»Gute Nachricht Themenbibel«

Deutsche Bibelgesellschaft
(Evangelisches Bibelwerk)
Ausgabe 2002

Themenvorschau des zweiten Teils:

Kap. 1:
Die wahre Gotteserkenntnis schenkt Dir auch Freiheit

Kap. 2:
Du darfst Gottes Vergebung auch annehmen

Kap. 3:
Glauben heißt erst einmal vertrauen - mehr nicht.

Kap. 4:
Keine Zeit keine Zeit.

Kap. 5:
Jeder erfährt Gott anders.

Kap. 6:
Höre nie auf mit Gott zu kommunzieren - bete immer.

Kap. 7:
Die Bibel ist das beste Lehrbuch für Geist und Seele.

Kap. 8:
Der tägliche geistliche Kampf muß uns bewusst werden.

Kap. 9:
Leben – Glauben – Sterben – Tod – Auferstehung

Impressum

Ingeborg Ferstl

KOMM

Mit Zuversicht und Hoffnung
zu einem vertrauenden Glauben finden

Ratgeber

1. Auflage • Juni 2017
ISBN Buch: 978-3-95683-282-6
ISBN E-Book PDF: 978-3-95683-283-3
ISBN E-Book epub: 978-3-95683-284-0

Lektorat: Ulrike Rücker
ulrike.ruecker@klecks-verlag.de
Umschlaggestaltung: Ralf Böhm
info@boehm-design.de • www.boehm-design.de

Würzburger Straße 23 • D-63639 Flörsbachtal
info@klecks-verlag.de • www.klecks-verlag.de

Bibliografische Information der Deutschen Nationalbibliothek:

Die Deutsche Nationalbibliothek verzeichnet diese Publikation in der Deutschen Nationalbibliografie; detaillierte bibliografische Daten sind im Internet über http://dnb.d-nb.de abrufbar.

Kontakt zur Autorin:
glaubeundliebe@gmail.com